allemand

Guide de conversation

allemand

7 500 mots et phrases indispensables

LAROUSSE
DICTIONNAIRES

21, rue du Montparnasse 75283 Paris Cedex 06

Direction de la publication
Carine Girac-Marinier

Direction éditoriale
Claude Nimmo

Édition
Marc Chabrier

Rédaction et traduction
Anne-Claire Brabant, Anne Cassagne-Brockmeier,
Britta Nord, Nicolas Sconza

Correction
Madeleine Biaujeaud, Henri Goldszal, Joëlle Narjollet, Chantal Pagès

Direction artistique
Ulrike Meindl

Mise en page
Sylvie Fécamp
ABNS Multimédias

Informatique éditoriale
Dalila Abdelkader, Monika Al Mourabit, Philippe Cazabet

Photos
Olivier Ploton (page 60)
Ulrike Meindl, Anne Cassagne-Brockmeier (pages 138, 170, 188)

21, rue du Montparnasse
75283 Paris Cedex 06

ISBN 978-2-03-589202-7

Avant-propos

Votre guide de conversation Larousse « S'exprimer en voyage » est un ouvrage pratique, facile à consulter, qui vous aidera à bien préparer votre séjour en Allemagne, Autriche ou Suisse alémanique, et à en profiter pleinement dès votre arrivée à destination.

Les mots et les phrases en allemand contenus dans ce guide sont systématiquement accompagnés de leur prononciation accessible à chacun, quel que soit son niveau de connaissance de la langue allemande.

L' ouvrage comprend trois grandes parties :

L'introduction vous présentera l'évolution historique de la langue allemande et sa diversité actuelle. Le mode d'emploi vous familiarisera avec les grandes lignes de la grammaire allemande, vous permettant d'en réviser les règles essentielles.

La partie principale présente neuf thèmes qui se suivent dans un ordre logique : communiquer - organiser son séjour - se déplacer - se loger - à table - en ville - loisirs de plein air - shopping - urgences. Vous trouverez là les phrases et les mots indispensables pour bien s'exprimer en allemand. Les mots-clés surlignés en jaune dans chaque phrase rendront votre recherche très rapide. Vous seront également donnés en ouverture de chaque thème tous les renseignements nécessaires à votre voyage, ainsi que des informations d'ordre pratique ou culturel dans de très nombreux encadrés, un plus appréciable avant votre départ comme durant votre séjour.

Si vous avez trouvé la phrase dont vous avez besoin mais qu'il vous manque un mot, la dernière partie composée de deux dictionnaires vous donnera la réponse : le dictionnaire français-allemand vous aidera en toute circonstance ; le dictionnaire allemand-français vous permettra de décrypter sans peine panneaux de signalisation, pancartes, menus de restaurant et autres inscriptions.

En complément,
vous pourrez télécharger plus de 250 phrases prononcées sur

www.larousse.fr/dictionnaires/guide

Gute Reise [g**ou**te r**aï**ze]

Table des matières

TABLE DES MATIÈRES

L'allemand en Europe

Un peu de géographie

On peut estimer actuellement à une centaine de millions le nombre des locuteurs de l'allemand. C'est la langue officielle de l'Allemagne et de l'Autriche, et l'une des langues officielles de la Suisse. Il y a lieu de considérer que, globalement, le Luxembourg est plutôt de langue allemande, même si le français y est, de fait, la langue officielle, et le luxembourgeois, une variante de l'allemand, la langue véhiculaire. À quoi viennent s'ajouter les minorités germanophones du Trentin-Haut-Adige en Italie, d'Alsace et de Lorraine en France (où la langue allemande est admise dans les relations avec l'administration et la justice dans les trois départements du Haut-Rhin, du Bas-Rhin et de la Moselle), d'Eupen et de Malmedy en Belgique. Une curiosité historique : l'allemand est la langue officielle de la garde suisse au Vatican.

Avec le français et l'anglais, l'allemand fait partie des langues officielles et des langues de travail des institutions européennes. À l'intérieur de l'Union européenne, c'est l'allemand qui compte le plus de locuteurs natifs.

Résultat d'une émigration importante aux XIXe et XXe siècles, l'allemand est encore parlé en dehors de l'Europe, mais en langue seconde : aux États-Unis surtout et au Canada, en Amérique du Sud, voire dans le Sud-Ouest africain, en Namibie.

Enfin, la langue allemande a connu une très grande importance en Europe centrale, avant la Seconde Guerre mondiale. Elle y était non seulement devenue langue de communication prédominante, et il y avait en outre des minorités et des îlots linguistiques germanophones en très grand nombre. Mais, au terme des transferts de populations massifs qui ont suivi la Seconde Guerre mondiale, l'aire linguistique des parlers allemands s'est arrêtée aux frontières orientales de l'Allemagne et de l'Autriche. Les minorités germanophones toujours existantes sont protégées au Danemark, en Roumanie, en Hongrie, en République tchèque et en Slovaquie.

Par ailleurs, 55 millions de personnes ont appris ou apprennent l'allemand en langue étrangère, surtout en Europe.

Comment dit-on « allemand » dans les différentes langues ?

À la différence de ce qui se passe pour les autres langues, les appellations données à l'allemand n'ont pas de dénominateur commun. En français, espagnol, turc et arabe, on parle de l´allemand comme de la langue des **Alamans**, une tribu germanique. D'autres langues, comme l'anglais (« allemand » se dit **German**), mais aussi le grec et le roumain, se réfèrent à la langue latine **germanus**. Plus étonnant, les langues slaves parlent du **njemski**, langue de ceux qui ne parlent pas une langue slave. Le finlandais et l'estonien emploient le mot **saksa**, « saxon ». C'est **deutsch** que calquent non seulement l'italien (« allemand » se dit **tedesco**), mais aussi la plupart des langues germaniques telles que les langues scandinaves (« allemand » se dit **tysk**) et le néerlandais (« allemand » se dit **duits**).

Un peu d'histoire

Au début de notre ère, les dialectes ***haut allemands*** – parlés au sud du Main – et les parlers ***bas allemands*** – se situant au nord de cette frontière linguistique – ont pour origine le germanique occidental, lui-même issu du germanique commun, qui appartient à l'ensemble indo-européen.

Les dialectes haut allemands se sont ensuite séparés des dialectes bas allemands, en vertu de la seconde mutation consonantique opposant **b** et **p**, **d** et **t**, **g** et **k** (le germanique s'étant lui-même distingué des autres idiomes indo-européens par une première mutation consonantique).

Le bas allemand donnera naissance au néerlandais à l'ouest, et, ailleurs, restera à l'état de dialecte (**plattdeutsch**) *[plat'd**oï**tch]*. Au sud, le haut allemand s'est lui-même divisé : dialectes alémaniques parlés en Suisse, Alsace, Souabe, Bavière et Autriche et le groupe francique, parlé au Luxembourg, en Lorraine et dans le centre de l'Allemagne, appelé également ***moyen allemand.***

Au XIe siècle commence la période dite « du moyen haut allemand », se manifeste un premier grand mouvement allant à contre-courant de la tendance à la dialectalisation. En Allemagne du Sud, sous l'influence française et à partir des dialectes alémaniques et bavarois, s'élabore une littérature courtoise qui représente la première tentative d'unification linguistique. Mais, confinée à l'élite sociale de la chevalerie, cette langue commune disparaît avec elle.

La langue qui s'imposera sera une langue administrative, à base de dialecte moyen allemand, utilisée en Saxe, région située à l'est de l'Allemagne. C'est cette langue que reprendra Luther en l'enrichissant dans sa traduction de la Bible.

Ce sont les débuts du « nouvel haut allemand », c'est-à-dire à peu de chose près de l'allemand moderne... Comme l'allemand de Luther bénéficie en outre de l'invention de l'imprimerie, voilà assurée la victoire de cette langue écrite, en pays protestant d'abord, puis dans toute l'Allemagne au XVIe siècle.

Les grandes langues donatrices : le latin, le français et l'anglais

Les apports du latin

Au fil des siècles, du fait de sa place au centre de l'Europe, l'allemand s'enrichit grâce aux langues avec lesquelles il est en contact rapproché. Citons tout d'abord le latin, pour lequel on peut parler de trois vagues d'influence.

La première coïncide avec la colonisation romaine de l'Ouest et du Sud germaniques. Les emprunts au latin sont légion dans un grand nombre de domaines, comme l'architecture (**Mauer** *[m**ao**er']* ***murus, le mur***, **Fenster** *[fèn'ster']* ***fenestra, la fenêtre***) ou l'administration (**Kaiser** *[k**aï**zer']* ***caesar, l'empereur***). La toponymie des pays rhénans a gardé de nombreuses traces de cette époque : **Trier** *[tr**i**r]* ***Augusta Treverorum, Trèves*** et **Köln** *[keuln]* ***Colonia Agrippinensis, Cologne*** n'en sont que les plus connues.

La deuxième vague va de pair avec la christianisation et la troisième, avec l'humanisme du XVe siècle.

Des mots ayant une apparence tout à fait germanique sont en fait des calques linguistiques du latin.

Il en va ainsi de **Fortschritt** *[fort'chrit']* ***fort = pro, schreiten = gresser ; progrès*** et de **Mitleid** *[mit'l**aï**t']* ***mit = com, leid = passio ; compassion***.

Les apports du français

Les XVIIe et XVIIIe siècles sont les grands siècles du français – langue de nombreuses cours des pays allemands et langue de la diplomatie. Cette influence française est surtout notable en Prusse qui accueille un grand nombre de protestants français fuyant leur pays à la suite de la révocation de l'édit de Nantes. Au début du XVIIe siècle, un cinquième de la population de Berlin est d'origine française. Cette influence se fait bientôt ressentir dans la langue courante dans des domaines aussi divers que la mode (**Garderobe** *[garde-r**o**be]* ***garde-robe*** et aussi ***vestiaire***, **Frisör** *[friz**eu**r]* ***coiffeur***), l'ameublement (**Kommode** *[kom**o**de]* ***commode***), la nourriture (**Bouillon** *[bouli**on**]* ***bouillon***, **Ragout** *[rag**ou**]* ***ragoût***) ou la vie militaire (**General** *[guénera**l**]* ***général*** et **Leutnant** *[l**oï**tnan't]* ***lieutenant***).

Les verbes français ainsi intégrés sont souvent reconnaissables au suffixe **-ieren** :

sich frisieren *[zish friz**i**ren']* ***se coiffer*** ; **diskutieren** *[diskut**i**ren']* ; **profitieren** *[profit**i**ren']*. Certains ont changé de sens, tel **sich blamieren** *[zish blam**i**ren']* ***se rendre ridicule***.

Les acquis du XIXe siècle, tels que les services postaux généralisés et le chemin de fer, portent en allemand sur le plan linguistique la marque du français : **frankieren** *[fran'k**i**ren']* ***affranchir***, **Kuvert** *[kouv**é**r]* ***enveloppe***, **Signal** *[s**i**knal]* ***signal***.

Mais, comme avec le latin, le calque est un phénomène linguistique très fréquent. Le schéma du mot allemand ne fait que reprendre syllabe par syllabe l'original français : **Ausstellung** *[**ao**s'chtèloun'g]* ***exposition*** (**aus** = ***ex*** et **stellung** = ***position***).

Le vocabulaire issu du français est toujours très actif, ainsi que le montre le langage des jeunes qui utilisent volontiers des mots comme : **Fete** *[f**é**te]* ***fête*** ou **super** *[z**ou**per']* ***super***.

Les apports de l'anglais

À partir du XXe siècle, l'anglais prend le relais du français. C'est d'abord dans le domaine du sport, souvent par le biais du calque : **Fußball** *[f**ou**ssbal]* ***football*** et **Ecke** *[èke]* ***corner***. Depuis 1945, tous les domaines de la vie sont concernés, notamment les médias, la publicité et le vocabulaire spécialisé : ainsi on achète aujourd'hui ses **Tickets** *[tikets']* ***tickets*** au **Servicepoint** *[z**eu**rvispo**in**t]* ***guichet*** de la **Deutsche Bahn**, et ses plantes au **Gartencenter** *[garten'tsèn'ter']* ***jardinerie***. Notez l'amalgame entre un élément allemand **Garten** et le terme anglais.

L'allemand intègre avec facilité des verbes anglais en les adaptant aux schémas de conjugaison habituels :

mailen *[m**é**len']* pour envoyer des mails, **canceln** *[kèn'tseln]* pour annuler, dont le participe se forme bien entendu sur **ge-** *[gue-]* : **der flug wurde gecancelt** *[dèr' fl**ou**k vourde guekèn'tselt']* ***le vol a été annulé***.

Cool *[c**ou**l]* est en concurrence avec **super** *[z**ou**per']* et, pour exprimer un état de bonheur, l'allemand emploie facilement **happy**

[hèpi]. Il existe également les pseudo-anglicismes, le plus connu étant **Handy** *[hèn'di]* ***téléphone portable*** qui, à partir d'un nom de marque, a été fortement plébiscité car le terme rappelle le mot **handlich** *[han'tlish]* ***maniable, pratique***.

L'allemand – langue de variétés dialectales

L'allemand d'aujourd'hui est toujours marqué par ces dialectes, à des degrés variables. Les dialectes dits de moyen ou de haut allemand sont très vivaces, tandis que les dialectes du bas allemand parlés jadis au nord d'une ligne allant de Cologne à Berlin sont tombés en désuétude. Le lexique, notamment pour les aliments, s'en ressent toujours : le petit pain individuel très prisé outre-Rhin se dit **Brötchen** *[br**eu**tshen']* en allemand standard, mais dans le Nord on lui préfère le terme de **Rundstück** *[roun'tchtuk]*, à Berlin on dit **Schrippe** *[chripe]*, en Souabe die **Weck** *[vèk]*, en Suisse das **Weggli** *[vèkli]*, et en Bavière et en Autriche on l'appelle die **Semmel** *[zèmel]*. Le steak haché ne connaît pas de traduction unique en allemand standard ; sa traduction varie selon les régions : dans le Nord-Ouest, il est appelé **Frikadelle** *[frikadèle]*, dans le Nord-Est **Bulette** *[boulète]*, en Bavière **Fleischpflanzl** *[fl**aï**chpflan'tsel]*, dans le Sud-Ouest et en Suisse **Fleischküchl** *[fl**aï**chkushel]*, et **Fleischlaibchen** *[fl**aï**chlaïpshen']* en Autriche.

La manière dont l'heure est indiquée peut varier d'une région à l'autre : pour 10 h 15 on peut entendre **Viertel nach zehn** *[f**i**rtel narr ts**é**n']*, littéralement ***un quart (d'heure) après dix heures***, ou **Viertel elf** *[f**i**rtel èlf]* ***un quart de la onzième heure***. Parallèlement, on dit pour 10 h 45 **Viertel vor elf** *[f**i**rtel f**o**r èlf]* ***un quart (d'heure) avant onze heures*** ou **drei Viertel elf** *[dr**aï** f**i**rtel èlf]* ***trois quarts de la onzième heure***.

L'allemand de Suisse

L'allemand pratiqué en Suisse et en Autriche partage certains éléments avec les dialectes du sud de l'Allemagne, mais dispose d'éléments propres. Le **Schwyzerdütch** *[chv**i**tser'd**u**tch]* ***l'allemand de Suisse*** est phonétiquement et lexicalement très séparé des autres parlers. L'allemand standard n'est utilisé qu'à l'écrit. 64 % des Suisses pratiquent des dialectes allemands. Les autres idiomes officiels de la Suisse sont le français, l'italien et le romanche. Le français est très présent dans le suisse allemand : on dit ainsi **merci, Velo, Pneu, Trottoir, Glace** et **Konduktor**.

L'allemand d'Autriche

L'Autriche est à 98 % germanophone. Les différences se situent souvent au niveau des domaines administratif et culinaire : le mois de ***janvier***, **Januar** *[ianouar]* en allemand standard, se dit **Jänner** *[iéner']*, et ***aujourd'hui***, **heute** *[hoïte]* en allemand standard, se dit **heuer** *[hoïer']*. C'est le domaine culinaire qui enregistre un grand nombre de différences entre l'Allemagne et l'Autriche

En Autriche	En Allemagne	Terme français
das Beiried *baïrit*	**das Roastbeef** *rostbif*	*rosbif*
die Blunzen *bloun'tsen'*	**die Blutwurst** *bloutwurst*	*boudin noir*
das Eierschwammerl *aïerchvamel*	**der Pfifferling** *pfifer'lin'g*	*girolle*
die Eierspeis(e) *aïerchpaïze*	**das Rührei** *ruraï*	*omelette*
die Erdäpfel *értèpfel*	**die Kartoffeln** *kartofeln*	*pommes de terre*
das Faschiertes *fachirtess*	**das Hackfleisch** *hakflaïsh*	*viande hachée*
die Fisolen *fizolen'*	**die grünen Bohnen** *grunen' bonen'*	*haricots verts*
das Fleischlaibchen *flaïshlaïpshen'*	**die Frikadelle** *frikadèle*, **die Bulette** *boulète*	*steak haché préparé*

En Autriche	En Allemagne	Terme français
die Frittaten *frit**a**ten'*	**die Pfannkuchen-streifen** *pfan'k**ou**rren'chtr**aï**fen'*	*lanières de crêpes (utilisées en garniture)*
die Germ *guèrm'*	**die Hefe** *h**é**fe*	*levure*
der Gugelhupf *g**ou**guelhoupf* *(aussi en Bavière)*	**der Napfkuchen** *napfk**ou**rren'*, **Rodonkuchen** *rod**on**k**ou**rren'*	*kouglof*
der Häuptelsalat *ho**ï**ptelzal**a**t'*	**der Kopfsalat** *kopfzal**a**t'*	*laitue*
das Hüferl *huferl*	**die Hüfte** *hufte*	*rumsteack*
der Karfiol *karfi**o**l*	**der Blumenkohl** *bl**ou**men'k**o**l*	*chou-fleur*
die Kohlsprossen *k**o**lchprossen'*	**der Rosenkohl** *r**o**zen'k**o**l*	*chou de Bruxelles*
der Kren *kr**é**n* *(aussi en Bavière)*	**der Meerrettich** *m**é**r'rètish*	*raifort*
der Kukuruz *koukourouts'*	**der Mais** *maïs*	*maïs*
der Leberkäse *l**é**ber'k**è**ze*	**der Fleischkäse** *fl**aï**chk**è**ze*	*pain de viande*
der Lungenbraten *loun'guen'br**a**ten'*	**das Filet** *fil**é***	*filet de bœuf*
die Marille *marile*	**die Aprikose** *aprik**o**ze*	*abricot*
die Mehlspeise *m**é**lchp**aï**ze* *(aussi en Bavière)*	**die Süßspeise** *z**uss**'chp**aï**ze*, **das Dessert** *dèss**é**r*	*dessert*
die Melanzani *mélan'ts**a**ni*	**die Aubergine** *ober'gine*	*aubergine*

En Autriche	En Allemagne	Terme français
die Nuss *nouss*	**die Kugel** *kouguel*	*noix (de veau)*
das Obers *obers',* **der Rahm** *ram,* **der Schlag** *chlak*	**die Sahne** *zane,* **der Rahm** *ram*	*crème liquide et en Chantilly*
der Paradeiser *paradaïzer*	**die Tomate** *tomate*	*tomate*
die Palatschinke *palatchin'ke*	**der (Eier-)Pfannkuchen** *(aïer-)pfan'kourren'*	*crêpe épaisse*
der Powidl *povidl*	**das Pflaumenmus** *pflaomen'mouss,* **das Zwetschgenmus** *tsvètchguen'mouss*	*confiture de prunes*
die Ribisel *ribizel*	**die Johannisbeeren** *iohanis'béren'*	*groseilles*
der Rindsbraten *rin'tsbraten'* *(aussi en Bavière)*	**der Rinderbraten** *rin'der'braten'*	*rôti de bœuf*
der Rostbraten *rostbraten'* *(aussi en Bavière)*	**das Roastbeef** *rostbif*	*rosbif*
die Rote Rübe *rote rube* *(aussi en Allemagne du Sud)*	**die Rote Bete** *rote béte*	*betterave rouge*
der Schlögel *chleuguel,* **der Schlegel** *chléguel* *(aussi en Bavière)*	**die Keule** *koïle*	*cuisse*
der Schopfbraten *chopfbraten'* *(aussi en Bavière)*	**das Nackensteak** *naken'sték*	*épaule*
der Schweinsbraten *chvaïnsbraten'*	**der Schweinebraten** *chvaïnebraten'*	*côte de porc*

En Autriche	En Allemagne	Terme français
die Stelze *chtèltse*	**das Eisbein** *aïsbaïn'*, **die Hachse** *hakse*	*jarret*
die Teebutter *tébouter'*	**die Markenbutter** *marken'bouter'*	*beurre fin*
der Topfen *topfen'* (*aussi en Bavière*)	**der Quark** *kvark*	*fromage blanc*
der Vogerlsalat *foguerlzalat'*	**der Feldsalat** *fèlt'zalat'*	*mâche*
die Weichseln *vaïkseln* (*aussi en Allemagne du Sud*)	**die Sauerkirschen** *zaoer'kirchen'*	*griottes*
die Zibeben *tsibében'*	**die Rosinen** *rozinen'*	*raisins secs*
die Zwetschke *tsvètchke*	**die Pflaume** *pflaome*, **die Zwetschge** *tsvètchke*	*quetsche*

L'orthographe de l'allemand

L'allemand utilise les mêmes lettres que le français, auxquelles s'ajoutent les lettres portant le tréma **ä** et **ö** et le **ß** [èstset']. Cette lettre n'est pas utilisée en Suisse.

L'allemand a cette particularité que toutes les lettres sont prononcées. Il s'écrit donc comme il se prononce. Il s'agit d'une orthographe phonétique.

Ce qui surprend, ce sont les majuscules par lesquelles commencent les noms propres et noms communs, soit tout mot prenant un article **der, die, das**. Récemment, une réforme de l'orthographe a essayé de systématiser davantage les majuscules et de supprimer d'autres incohérences.

Cette réforme a été très discutée, et modifiée à plusieurs reprises. Mais les fondements de cette réforme ont finalement été acceptés par l'Allemagne, l'Autriche et la Suisse.

L'ALLEMAND : MODE D'EMPLOI

Les sons de l'allemand

La prononciation allemande se déduit facilement de la graphie, à condition de retenir quelques règles simples indiquées ci-dessous, de respecter les sons longs (par exemple **a**) et de bien les distinguer des sons brefs (par exemple a). Les diphtongues sont toujours longues en allemand. Par ailleurs, il faut savoir qu'il n'y a pas de lettres muettes et que tout ce qui est écrit se prononce.

Les lettres **b**, **d**, **f**, **k**, **m**, **n**, **p** et **t** ont quasiment la même prononciation qu'en français ; certaines sont cependant plus explosives. Le **h** est aspiré en allemand.
Dans ce guide, les mots en allemand sont systématiquement suivis de la transcription phonétique, que vous trouverez expliquée dans ce tableau :

lettre	son	exemple allemand	exemple français	commentaire
a	a	**Kasse** *kasse*	***patte***	**a** bref
	a	**Kater** *kater'* **Saal** *zal*	***pâte***	**a** long
ä	è	**Hälfte** *hèlfte*	***bec***	**è** bref
	è	**Fähre** *fère*	***air***	**è** long
au	***ao***	**Auge** *aogue*		*Diphtongue, son n'existant pas en français.*
äu	***oï***	**läuten** *loïten'*		*Diphtongue, son n'existant pas en français.*
b	*b*	**Bart** *bart'*	***bas***	*Plus explosif qu'en français.*

lettre	son	exemple allemand	exemple français	commentaire
c	*k*	**Computer** *kompiouter'*	***canapé***	Devant **a**, **o** et **u** se prononce *k*. Devant **e** et **i** se prononce *s ou ts*.
	ts	**CD** *tsédé*	*(mouche)* ***tsétsé***	
	s	**Cent** *sen't*	***centime***	
ch	*sh*	**Nicht** *nisht'*		Après **e**, **i** et les voyelles infléchies (avec tréma) **ä**, **ö** et **ü** se prononce *sh*, un *ch* sifflant obtenu en serrant les dents. C'est ce qu'on appelle le « **ich** » **Laut**.
	rr	**Kuchen** *kourren'*		Après **a**, **o** et **u** se prononce *rr*. C'est ce qu'on appelle le « **ach** » **Laut**.
d	*d*	**Donner** *doner'*	***donner***	Plus explosif qu'en français.
e	è	**Netz** *nèts*	***ère***	**è** bref
	é	**neblig** *néblish* **leer** *lér* **Ehe** *ée*	***année***	**é** long et fermé
	e	**Reise** *raïze*	***genou***	Il n'y a pas de **e** muet en allemand, les **e** en fin de mot se prononcent **eu**, mais ne prennent pas d'accent.
ei	***aï***	**Reise** *raïze*		*Diphtongue, son n'existant pas en français.*
eu	***oï***	**heute** *hoïte*		*Diphtongue, son n'existant pas en français.*
g	*g*	**Gas** *gass*	***gâteau***	Se prononce toujours **gu**.
	gu	**Gift** *guift* **General** *guéneral*	***gui*** ***guerre***	

lettre	son	exemple allemand	exemple français	commentaire
h	*h*	**Hut** *Hout*	***h*** *aspiré*	Le **h** est toujours aspiré.
	h	**Fahrt** *fart*		Le **h** après une voyelle allonge toujours cette voyelle.
i	*i*	**Kiste** *kiste*	*pire*	**i** bref
	i	**Dieb** *dip*	*haïr*	**i** long ; un **e** après un **i** allonge toujours ce **i**.
j	*ia, ie, io, iou*	**jetzt** *ietst*	*Yann*	
k	*k*	**Kuchen** *kourren'*	*quiche*	
n	*n*	**Name** *name*	*nom*	
	n'g	**singen** *zin'guen'*	*parking*	Le **n** est nasalisé devant **g**. Nous transcrivons ici le **n** nasalisé de la façon suivante : **n'g**.
o	*o*	**Nonne** *none*	*cosse*	**o** bref
	o	**Note** *note* **Moor** *mor*	*Beaune*	**o** long
ö	***eu***	**böse** *beuze*		**eu** long
	eu	**öffnen** *eufnen*	*Europe*	**eu** bref
p	*p*	**Pass** *pass*	*passe*	**p** plus explosif qu'en français.
qu	*kv*	**Kvark** *kvark*		
s	*z*	**Sonne** *zone* **Insel** *in'zel*	*Zazie*	En début de syllabe et après une coupe syllabique, le **s** se prononce **z**.
	ss	**essen** *èssen'*	*solide*	Au milieu d'une syllabe, le **s** se prononce **ss**.
sch	*ch*	**Schnee** *chné*	*charivari*	

lettre	son	exemple allemand	exemple français	commentaire
sp	*chp*	**Spur** *chpour*		
st	*cht*	**Stern** *chtèrn*		
t	*t*	**Tier** *tir*	***tir***	
tsch	*tch*	**tschüss** *tchuss*		
u	ou	**kurz** *kourts*	***coup***	**ou** bref
	ou	**U-Bahn** ***ouban'***		**ou** long
ü	u	**Tür** *tur*	***rustique***	**u** bref
	u	**Rührei** *ruraï*		**u** long
v	*f*	**vor** *for*	***faux***	*Le* **v** se prononce **f**, sauf dans les mots d'origine étrangère.
	v	**villa** *vila*	***villa***	
w	*v*	**was** *vass* **Wein** *vaïn*	***vague***	*Le* **w** se prononce toujours **v**, comme dans ***wagon.***
x	*ks*	**Hexe** *hèkse*	***vexer***	
y	***u***	**Typ** *tup*	***dur***	
z	*ts*	**zu** *tsou*	***(mouche) tsétsé***	

Voyelles longues et brèves

voyelle longue	voyelle brève	cas particulier : i
Une voyelle est longue : 1/ Quand elle est suivie par une seule consonne. **Weg** *[wék]* : **e** long	Une voyelle est brève quand elle est suivie par deux consonnes ou plus. **Kerze** *[kèrtse]* : **e** court	Le **i** est long quand il est suivi d'un **e**. **Dienstag** *[din'stak]* : **i** long
2/ Quand elle est suivie par un **h**. **Hahn** *[han]* : **a** long		
3/ Quand elle est suivie par un **ß**. **Maß** *[mass]* : **a** long		

L'accent des mots

À la différence du français, où l'accent tonique (la force de la voix) est peu marqué et tombe systématiquement sur la dernière syllabe, en allemand, cet accent tombe en général sur la première syllabe.

Bahnhof : *ban'hof* ***la gare***

machen : *marren'* ***faire***

Dans le cas d'un mot composé à partir de deux mots, ou d'un préverbe et d'un verbe, le mot prend deux accents : un accent principal sur la première syllabe du premier mot et un accent secondaire sur la syllabe qui doit être accentuée dans le second mot.

Hauptbahnhof : *haoptban'hof* ***la gare principale***

aufmachen : *aofmarren'* ***ouvrir***

aufgemacht : *aofgemarrt* ***ouvert***

Les mots allemands

Les noms

Il existe trois genres en allemand : le ***masculin***, le ***féminin*** et le ***neutre***, auxquels correspondent trois articles définis : **der** *[dèr']*, **die** *[di]*, **das** *[dass]*. On emploie au pluriel un seul et même article : **die** *[di]*.

der Wagen *[dèr' vaguen']* → **die Wagen** *[di vaguen']* ***la voiture*** → ***les voitures***

die Dame *[di dame]* → **die Damen** *[di damen']* ***la dame*** → ***les dames***

das Kind *[dass kin't]* → **die Kinder** *[di kin'der']* ***l'enfant*** → ***les enfants***

Un nom n'a pas forcément le même genre en français et en allemand. Pour vous y retrouver, aidez-vous des suffixes.

- Les noms terminés par **-ade** *[-ade]*, **-age** *[-aje]*, **-ei** *[-aï]*, **-heit** *[-haït]*, **-keit** *[-kaït]*, **-ie** *[-ie]*, **-in** *[-in']*, **-schaft** *[-chaft']*, **-ung** *[-oun'g]* sont toujours féminins : **die Garage** *[di garaje]* ***le garage***

- Les noms terminés par **-chen** *[-shen']*, **-lein** *[-laïn]* sont toujours neutres : **das Mädchen** *[dass' métshen']* ***la fille***

- Les noms terminés par **-ling** *[-lin'g]*, **-or** *[-or]* et **-ismus** *[-is'mouss]* sont toujours masculins : **der Lehrling** *[dèr lérlin'g]* ***l'apprenti***

La déclinaison des noms

Vous savez que l'allemand est une langue à déclinaisons. Qu'est-ce exactement que la déclinaison ? Comment fonctionne-t-elle et à quoi sert-elle ? Quels sont les mots que l'on décline ?

Les groupes nominaux sont déclinés, ils s'emploient à un ***cas*** particulier (nominatif, accusatif, datif et génitif) selon leur ***fonction dans la phrase*** (sujet, complément d'objet direct, complément d'objet indirect, par exemple) et selon leur ***nombre*** au singulier ou au pluriel.

Ce sont essentiellement les ***déterminants*** (articles, adjectifs possessifs, etc.) qui portent les marques de la déclinaison :

Voici un tableau reprenant les formes de la déclinaison des déterminants :

	singulier			pluriel
	masculin	féminin	neutre	
nominatif	**der Wind** *dèr vin't* **ein Wind** *aïn vin't*	**die Luft** *di louft* **eine Luft** *aïne louft*	**das Feuer** *dass foïer'* **ein Feuer** *aïn foïer'*	**die Stürme** *di chturme* **Ø Stürme** *chturme*
accusatif	**den Wind** *dén' vin't* **einen Wind** *aïnen' vin't*	**die Luft** *di louft* **eine Luft** *aïne louft*	**das Feuer** *dass foïer'* **ein Feuer** *aïn foïer'*	**die Stürme** *di chturme* **Ø Stürme** *chturme*
datif	**dem Wind** *dém' vin't* **einem Wind** *aïnem' vin't*	**der Luft** *dèr' louft* **einer Luft** *aïner' louft*	**dem Feuer** *dém' foïer'* **einem Feuer** *aïnem' foïer'*	**den Stürmen** *dén' chturmen'* **Ø Stürmen** *chturmen'*
génitif	**des Windes** *dèss vin'dess* **eines Windes** *aïness vin'dess*	**der Luft** *dèr' louft* **einer Luft** *aïner' louft*	**des Feuers** *dèss foïer's* **eines Feuers** *aïness foïer's*	**der Stürme** *dèr' chturme* **Ø Stürme** *chturme*

Ø = sans déterminant

Les cas

Vous souhaitez décliner sans faire d'erreurs ? Vous devez connaître les ***quatre cas*** et savoir quand les utiliser.

Le nominatif

Le nominatif est employé

☆ pour le ***sujet***

☆ ***après les verbes d'état***

L'accusatif

L'accusatif s'utilise

☆ ***après le complément d'objet direct (COD)***

☆ ***après cinq prépositions :*** **durch** *[doursh]* *à travers* ; **für** *[fur]* *pour* ; **gegen** *[guéguen']* *contre* ; **ohne** *[one]* *sans* ; **um** *[oum']* *autour de*

☆ ***en réponse à la question*** **wohin?** *[vohin'?]*, notamment après une préposition mixte

☆ en général avec les ***compléments de temps*** et ***de mesure***

☆ ***après certains verbes toujours suivis de l'accusatif,*** dont les plus courants sont **fragen** *[fraguen']* *demander* et **brauchen** *[braorren']* *avoir besoin de*.

Le datif

Le datif est utilisé

☆ après les verbes suivis ***d'un complément d'objet indirect (COI)*** et ***d'un complément d'objet direct (COD)***

☆ obligatoirement ***après sept prépositions :*** **aus** *[aoss]* *hors de, de* ; **bei** *[baï]* *chez* [avec localisation] ; **mit** *[mit']* *avec* ; **nach** *[narr]* *après, à, en* ; **seit** *[zaït]* *depuis* ; **von** *[fon']* *de* ; **zu** *[tsou]* *chez* [avec direction]

☆ en ***réponse à la question*** **wo?** *[vo?]*, notamment pour les prépositions mixtes

☆ ***après certains verbes toujours suivis du datif.*** Les plus courants sont : **danken** *[dan'ken']* *remercier* ; **folgen** *[folguen']* *suivre* ; **glauben** *[glaoben']* *croire* ; **gratulieren** *[gratouliren']* *féliciter* ; **helfen** *[hèlfen']* *aider*.

Le génitif

Le génitif se rencontre

- ★ ***avec un complément du nom***
- ★ ***pour le génitif saxon,*** c'est-à-dire la forme du ***possessif en*** **-s** accrochée au nom propre
- ★ ***après quelques prépositions :*** **während** *[vèren't]* ***pendant*** ; **wegen** *[véguen']* ***à cause de.***

Les pluriels

Il n'y a pas de règle générale pour tous les noms. Notons ici quelques formes fréquentes :

forme du pluriel	masculin	neutre	féminin
-en	*Uniquement les masculins faibles :* **der Junge** *[dèr' ioun'gue]* ***le garçon*** **die Jungen** *[di ioun'guen']* **der Bär** *[dèr' bèr]* ***l'ours*** **die Bären** *[di bèren']*		*Tous les féminins en* **-ung** *[-oun'g]*, **-keit** *[-kaït]*, **-heit** *[-haït]*, **-schaft** *[-chaft']*, **-(t)ion** *[-(ts)ion']*, **-ei** *[-aï]*
invariable	*Tous les masculins en* **-el** *[-el]*, **-en** *[-en']*, **-er** *[-er']*	*Tous les neutres en* **-chen** *[-shen']*, **-el** *[-el]*, **-en** *[-en']*, **-er** *[-er']*, **-lein** *[-laïn]*	
(¨-)e	*Forme très courante* **der Sack** *[dèr' zak]* ***le sac*** **die Säcke** *[di zèke]*	*Les neutres sont toujours en* **-e**, sans inflexion (tréma) **das Tor** *[dass tor]* ***le portail*** **die Tore** *[di tore]*	*Forme assez courante, mais toujours avec une inflexion (un tréma) en plus du* **-e** **die Hand** *[di han't]* ***la main*** → **die Hände** *[di hèn'de]*

forme du pluriel	masculin	neutre	féminin
-s	*Mots abrégés et mots d'origine étrangère :* **der Kuli** *[dèr' kouli]* ***le stylo bille*** → **die Kulis** *[di kouliss]* **der Star** *[dèr' chtar]* ***la vedette*** → **die Stars** *[di chtars']*	*Mots abrégés et mots d'origine étrangère :* **das Auto** *[dass aoto]* ***la voiture*** → **die Autos** *[di aotos']* **das Hotel** *[dass hotèl]* ***l'hôtel*** → **die Hotels** *[di hotèls']*	*Mots abrégés et mots d'origine étrangère :* **die Mutti** *[di mouti]* ***la maman*** → **die Muttis** *[di moutiss]*

Les articles

L'article indéfini ein / eine

L'article indéfini **ein / eine** *[aïn / aïne]* s'utilise avec des noms au singulier. Il correspond à l'article indéfini français ***un / une***.

On emploie **ein** *[aïn]* pour les noms masculins et neutres qui sont sujets.

ein Junge *[aïn ioun'gue]* ***un garçon***

ein Kind *[aïn kin't]* ***un enfant***

On emploie **eine** *[aïne]* devant les noms féminins.

eine Katze *[aïne katse]* ***un chat***

L'article défini der, das, die

L'article défini allemand correspond dans ses usages aux articles définis français ***le***, ***la*** et ***les***.

L'article défini **der** *[dèr']* s'emploie pour les noms masculins sujets, l'article défini **das** *[dass]* s'emploie pour les noms neutres sujets ou COD, l'article défini **die** *[di]* s'emploie pour les noms féminins sujets ou COD.

Au pluriel, on emploie l'article **die** *[di]* pour les trois cas au nominatif et à l'accusatif.

L'article zéro

L'article zéro (autrement dit, l'absence d'article) s'emploie lorsque l'on parle de généralités. On l'utilise avec des noms indéfinis au pluriel ou au singulier.

Ich mag Sport. *[ish mak chport]* ***J'aime le sport.***

Katzen sind wunderbare Tiere. *[katsen' zin't voun'der'bare tire]* ***Les chats sont de magnifiques animaux.***

On l'utilise également en tant qu'article indéfini pluriel.

Ich habe Blumen gekauft. *[ish habe bloumen' guekaoft']* ***J'ai acheté des fleurs.***

Les adjectifs

Les adjectifs attributs – accompagnant un verbe tel que ***être***, ***sembler***, ***paraître***, ***devenir***, etc. – sont invariables en allemand.

Dein Auto ist neu. *[daïn aoto ist noï]* ***Ta voiture est neuve.***

En revanche, s'ils accompagnent directement un nom, sans verbe, ils sont variables selon qu'ils sont ou non accompagnés par un déterminant. Ils se placent toujours devant le nom qu'ils qualifient.

das blaue Auto *[dass blaoe aoto]* ***la voiture bleue***

ein blaues Auto *[aïn blaoess aoto]* ***une voiture bleue***

blaue Autos *[blaoe aotoss]* ***des voitures bleues***

Voici la liste des adjectifs les plus courants en allemand. Ils sont présentés par paires d'antonymes.

adjectif	traduction	adjectif	traduction
billig *bilish*	*bon marché*	**teuer** *toïer'*	*cher*
jung *ioun'g*	*jeune*	**alt** *alt'*	*vieux, ancien*
klein *klaïn*	*petit*	**groß** *gross*	*gros, grand*
sauber *zaober'*	*propre*	**schmutzig** *chmoutsish*	*sale*
langsam *lan'gzam*	*lent*	**schnell** *chnèl*	*rapide*

ruhig *rouish*	*calme*	**laut** *laot*	*bruyant*
leicht *laïsht*	*facile*	**schwierig** *chvirish*	*difficile*
kalt *kalt'*	*froid*	**heiss** *haïss*	*chaud*
kurz *kourts'*	*court*	**lang** *lan'g*	*long*
leicht *laïsht*	*léger*	**schwer** *chvér*	*lourd*
tief *tif*	*bas*	**hoch** *horr*	*haut*
schwach *chvarr*	*faible*	**stark** *chtark*	*fort*
froh *fro*	*heureux*	**traurig** *traorish*	*triste*
arm *arm*	*pauvre*	**reich** *raïsh*	*riche*
hell *hèl*	*clair*	**dunkel** *doun'kel*	*sombre*
richtig *rishtish*	*vrai*	**falsch** *falch*	*faux*
leer *lér*	*vide*	**voll** *fol*	*plein*

Les adverbes

Les adverbes ont la même forme que l'adjectif. Les plus fréquents de la langue allemande sont :

mehr *[mér']* **plus**
weniger *[véniguer']* **moins**
sehr *[zér]* **très**
auch *[aorr]* **aussi**
wohl *[vol]* **bien**
hier *[hir]* **ici**
da *[da]* **là-bas**
nah *[na]* **près**
fern *[fèrn]* **loin**
nun *[noun]* **maintenant**
heute *[hoïte]* **aujourd'hui**

morgen *[morguen']* **demain**
gestern *[guestern]* **hier**
danach *[danarr]* **après**
vorher *[forhér]* **avant**
immer *[imer']* **toujours**
oft *[oft]* **souvent**
manchmal *[man'shmal]* **parfois**
selten *[zèlten']* **rarement**
nie *[ni]* **jamais**
bald *[balt']* **bientôt**
dann *[dan']* **alors**

Les prépositions

Cinq prépositions sont toujours suivies de l'accusatif

Les ***cinq prépositions*** toujours suivies de l'***accusatif*** sont **durch** *[doursh] (à travers)*, **für** *[fur] (pour)*, **gegen** *[guéguen'] (contre)*, **ohne** *[one] (sans)*, **um** *[oum'] (autour de)*.

Sept prépositions sont toujours suivies du datif

Les ***sept prépositions*** toujours suivies du ***datif*** sont : **aus** *[aoss] (de, hors de)*, **bei** *[baï] (chez : être chez qqn)*, **mit** *[mit'] (avec)*, **nach** *[narr] (après, à, en : aller à/en)*, **seit** *[zaït] (depuis)*, **von** *[fon'] (de)*, **zu** *[tsou] (chez : aller chez qqn)*.

Neuf prépositions sont mixtes

Les ***neuf prépositions*** qui sont suivies tantôt de l'***accusatif***, tantôt du ***datif*** – selon que l'on est dans le système du directif, qui exprime un changement de lieu, ou dans le système du locatif, qui exprime que l'on reste dans le même lieu – sont :

an *[an'] (à côté de)* [avec contact], **auf** *[aof] (sur)*, **hinter** *[hin'ter'] (derrière)*, **in** *[in'] (à, dans)*, **neben** *[nében'] (à côté de)*, **über** *[uber'] (au-dessus de)*, **unter** *[oun'ter'] (sous)*, **vor** *[for] (devant)*, **zwischen** *[tsvichen'] (entre)*.

Les pronoms

Comme en français, ***les pronoms personnels servent à remplacer des noms,*** par conséquent, ils se déclinent aussi.

singulier	1re personne	2e personne	3e personne		
			masculin	féminin	neutre
nominatif	**ich** *ish*	**du** *dou*	**er** *èr*	**sie** *zi*	**es** *èss*
accusatif	**mich** *mish*	**dich** *dish*	**ihn** *in'*	**sie** *zi*	**es** *èss*
datif	**mir** *mir*	**dir** *dir*	**ihm** *im'*	**ihr** *ir*	**ihm** *im'*

pluriel	1re personne	2e personne	3e personne
nominatif	**wir** *vir*	**ihr** *ir*	**Sie** *zi*
accusatif	**uns** *oun's*	**euch** *oïsh*	**Sie** *zi*
datif	**uns** *oun's*	**euch** *oïsh*	**Ihnen** *inen'*

Les verbes

En allemand, il existe des verbes réguliers (prétérit en **-te** et participe passé en **-t**) et des verbes irréguliers pour lesquels on doit apprendre par cœur les formes de prétérit et de participe passé.

Comment exprimer le présent ?

Le présent ne présente pas de difficulté en allemand, car les terminaisons sont les mêmes pour tous les verbes, sauf les verbes de modalité. Seules deux séries de verbes irréguliers modifient légèrement leur radical à la 2e et à la 3e personne du singulier : les verbes forts en **a** et les verbes forts en **e**.

	lachen *[larren']* verbe faible	**fallen** *[falen']* verbe fort en **a**	**sprechen** *[chprèshen']* verbe fort en **e**, modèle **i** court	**sehen** *[zéen']* verbe fort en **e**, modèle **i** long
ich *ish*	**lach-e** *larre*	**fall-e** *fale*	**sprech-e** *chprèshe*	**seh-e** *zée*
du *dou*	**lach-st** *larrst'*	**fäll-st** *fèlst'*	**sprich-st** *chprishst'*	**sieh-st** *zist'*
er *èr*	**lach-t** *larrt'*	**fäll-t** *fèlt'*	**sprich-t** *chprisht'*	**sieh-t** *zit'*
wir *vir*	**lach-en** *larren'*	**fall-en** *falen'*	**sprech-en** *chprèshen'*	**seh-en** *zéen'*
ihr *ir*	**lach-t** *larrt'*	**fall-t** *falt'*	**sprech-t** *chprèsht'*	**seh-t** *zét'*
sie *zi*	**lach-en** *larren'*	**fall-en** *falen'*	**sprech-en** *chprèshen'*	**seh-en** *zéen'*

Dans tous les cas, radical + terminaisons du présent : **-e, -st, -t, -en, -t, -en**.

De même que **fallen** *[falen']* : **backen** *[baken']*, **blasen** *[blazen']*, **braten** *[braten']*, **fahren** *[faren']*, **fangen** *[fan'guen']*, **laden** *[laden']*, **lassen** *[lassen']*, **schlafen** *[chlafen']*, **schlagen** *[chlaguen']*, **tragen** *[traguen']*, **wachsen** *[vaksen']* et **waschen** *[vachen']*, ainsi que leurs composés.

De même que **sprechen** *[chprèshen']* : **brechen** *[brèshen']*, **essen** *[èssen']*, **erschrecken** *[èrchrèken']*, **fressen** *[frèssen']*, **helfen** *[hèlfen']*, **messen** *[mèssen']*, **sterben** *[chtèrben']*, **treffen** *[trèfen']*, **treten** *[tréten']* et **werfen** *[wèrfen']*, ainsi que leurs composés.

De même que **sehen** *[zéen']* : **befehlen** *[befélen']*, **empfehlen** *[èm'pfélen']*, **geschehen** *[guechéen']*, **lesen** *[lézen']*, **nehmen** *[némen']* et **stehlen** *[chtélen']*, ainsi que leurs composés.

Les verbes de modalité

On appelle verbes de modalité les six verbes suivants : **sollen** *[zollen']*, **wollen** *[volen']*, **können** *[keunen']*, **dürfen** *[durfen']*, **mögen** *[meuguen']* et **müssen** *[mussen']*.

sollen *[zollen']* ***(devoir moral)***	**wollen** *[volen']* ***(vouloir)***	**können** *[keunen']* ***(pouvoir)***	**dürfen** *[durfen']* ***(avoir le droit)***	**mögen** *[meuguen']* ***(aimer bien)***	**müssen** *[mussen']* ***(être obligé)***
ich soll *ish zol*	**ich will** *ish vil*	**ich kann** *ish kan'*	**ich darf** *ish darf*	**ich mag** *ish mak*	**ich muss** *ish mouss*
du sollst *dou zolst*	**du willst** *dou vilst*	**du kannst** *dou kan'st*	**du darfst** *dou darfst*	**du magst** *dou makst*	**du musst** *dou mousst*
er soll *èr zol*	**er will** *èr vil*	**er kann** *èr kan'*	**er darf** *èr darf*	**er mag** *èr mak*	**er muss** *èr mouss*
wir sollen *vir zollen'*	**wir wollen** *vir volen'*	**wir können** *vir keunen'*	**wir dürfen** *vir durfen'*	**wir mögen** *vir meuguen'*	**wir müssen** *vir mussen'*

sollen	wollen	können	dürfen	mögen	müssen
ihr sollt *ir zolt'*	**ihr wollt** *ir volt*	**ihr könnt** *ir keun't*	**ihr dürft** *ir durft'*	**ihr mögt** *ir meukt*	**ihr müsst** *ir musst*
sie sollen *zi zolen'*	**sie wollen** *zi volen'*	**sie können** *zi keunen'*	**sie dürfen** *zi durfen'*	**sie mögen** *zi meuguen'*	**sie müssen** *zi mussen'*

Le verbe **mögen** est très fréquemment utilisé au conditionnel, pour exprimer un désir : **Stefan möchte ein Eis.** *[chtèfan' meushte aïn aïss] **Stefan voudrait une glace.***

Les verbes les plus fréquents de l'allemand

infinitif	3e personne du présent	3e personne du prétérit	3e personne du passé composé	traduction
1. sein *zaïn*	**ist** *ist'*	**war** *var*	**ist gewesen** *ist' guevezen'*	***être***
2. haben *haben'*	**hat** *hat'*	**hatte** *hate*	**hat gehabt** *hat' guehapt'*	***avoir***
3. werden *vérden'*	**wird** *virt*	**wurde** *vourde*	**ist geworden** *ist' guevorden'*	***devenir***
4. können *keunen'*	**kann** *kan'*	**konnte** *kon'te*	**hat gekonnt** *hat' guekon't*	***pouvoir, être capable***
5. müssen *mussen'*	**muss** *mouss*	**musste** *mousste*	**hat gemusst** *hat' guemousst*	***devoir***
6. sagen *zaguen'*	**sagt** *zakt*	**sagte** *zakte*	**hat gesagt** *hat' guezakt*	***dire***
7. machen *marren'*	**macht** *marrt'*	**machte** *marrte*	**hat gemacht** *hat' guemarrt'*	***faire***
8. geben *guében'*	**gibt** *gipt*	**gab** *gap*	**hat gegeben** *hat' guegué-ben'*	***donner***
9. kommen *komen'*	**kommt** *kom't*	**kam** *kam*	**ist gekom-men** *ist' guekomen'*	***venir***

infinitif	3e personne du présent	3e personne du prétérit	3e personne du passé composé	traduction
10. sollen *zolen'*	**soll** *zol*	**sollte** *zolte*	**hat gesollt** *hat' guezolt*	*devoir*
11. wollen *volen'*	**will** *vil*	**wollte** *volte*	**hat gewollt** *hat' guevolt*	*vouloir*
12. gehen *géen'*	**geht** *gét'*	**ging** *gin'g*	**ist gegangen** *ist' guegan'guen'*	*aller*
13. wissen *vissen'*	**weiß** *vaïss*	**wusste** *vousste*	**hat gewusst** *hat' guevousst*	*savoir*
14. sehen *zéen'*	**sieht** *zit'*	**sah** *za*	**hat gesehen** *hat' guezéen'*	*voir*
15. lassen *lassen'*	**lässt** *lèsst'*	**ließ** *liss*	**hat gelassen** *hat' guelassen'*	*laisser*
16. stehen *chtéen'*	**steht** *chtét*	**stand** *chta'nt*	**hat gestanden** *hat' guechtan'den'*	*être debout*
17. finden *fin'den'*	**findet** *fin'det'*	**fand** *fan'd*	**hat gefunden** *hat' guefoun'den'*	*trouver*
18. bleiben *blaïben'*	**bleibt** *blaïpt*	**blieb** *blip*	**ist geblieben** *ist' guebliben'*	*rester*
19. liegen *liguen'*	**liegt** *likt*	**lag** *lak*	**hat gelegen** *hat' guéléguen'*	*être allongé*
20. heißen *haïssen'*	**heißt** *haïsst'*	**heiß** *haïss*	**hat geheißen** *hat' guehaïssen'*	*s'appeler*
21. denken *dèn'ken'*	**denkt** *dèn'kt*	**dachte** *darrte*	**hat gedacht** *hat' guedarrt*	*penser*
22. nehmen *némen'*	**nimmt** *nim't*	**nahm** *nam'*	**hat genommen** *hat' guenomen'*	*prendre*

infinitif	3e personne du présent	3e personne du prétérit	3e personne du passé composé	traduction
23. tun *toun'*	**tut** *tout'*	**tat** *tat'*	**hat getan** *hat' guetan'*	*faire*
24. dürfen *durfen'*	**darf** *darf*	**durfte** *dourfte*	**hat gedurft** *hat' guedourft*	*devoir*
25. glauben *glaoben'*	**glaubt** *glaopt*	**glaubte** *glaopte*	**hat geglaubt** *hat' gueglaopt*	*croire*

Comment exprimer le passé ?

Les actions situées dans le passé sont exprimées par le prétérit et le parfait.

Le prétérit est un temps du passé et correspond au passé simple et à l'imparfait. On le rencontre par conséquent beaucoup à l'écrit, car c'est le temps du récit. Le parfait correspond au passé composé français.

Attention ! Pour les auxiliaires et les verbes de modalité, le prétérit est plus employé que le parfait.

Le parfait correspond au passé composé français et est, comme lui, composé d'un auxiliaire : **haben** *[haben']* avoir ou **sein** *[zaïn]* être, conjugué au présent, et d'un participe passé.

Comment exprimer le futur ?

1. Avec le présent + un complément de temps

On utilise très fréquemment le présent, accompagné d'un complément de temps qui donne l'idée de futur.

Stefan kommt nächstes Jahr in die Schule. *[chtèfan' kom't nèkstess iar in' di choule]* ***Stéphane ira / va aller à la grande école l'année prochaine.***

2. Avec **werden** + infinitif

Werden *[vérden']* + infinitif du verbe correspond au futur en français : **Wirst du später studieren?** *[virst dou chpéter' chtoudiren'?]* ***Feras-tu des études plus tard ?***

Comment s'exprime la forme de politesse ?

Elle se construit à l'aide de la 3e personne du pluriel, en mettant une majuscule à **Sie** *[zi]*.

Können Sie mir bitte helfen? *[keunen' zi mir bite hèlfen'?]* ***Pouvez-vous m'aider, s'il vous plaît ?***

La phrase allemande

La structure de base

Comme en français, la structure de base est sujet + verbe + complément. Mais on peut également commencer la phrase par d'autres éléments que le sujet si l'on veut insister sur le complément de lieu ou de temps, par exemple.

Le verbe doit se trouver en deuxième position, quel que soit l'élément qui se trouve devant lui.

Wir waren im August am Meer. *[vir varen' im' aogoust' am' mér]*

Nous étions à la mer au mois d'août.

Lorsque le verbe est à un temps composé, la partie conjuguée se trouve en deuxième position, la partie invariable en fin de phrase :

Nächstes Jahr werden wir wieder ans Meer fahren. *[nèkstess iar vérden' vir vider' an's mér faren']* ***L'an prochain, nous irons à nouveau à la mer.***

Poser une question

Pour poser une question, il y a deux possibilités :

1. Commencer par un ***mot interrogatif en*** **w** et continuer par le verbe et le sujet.

Voici la liste de ces ***interrogatifs en*** **W** les plus fréquents :

- **wann** *[van']* ***quand***
- **warum** *[varoum']* ***pourquoi***
- **wie** *[vi]* ***comment***
- **wie oft** *[vi oft']* ***combien de fois***
- **wie lange** *[vi lan'gue]* ***combien de temps***
- **wie alt** *[vi alt']* ***quel âge***
- **wie spät** *[vi chpét]* ***quelle heure***
- **wie viel** *[vi fil]* ***combien***
- **wo** *[vo]* ***où*** [lieu où l'on est]
- **wohin** *[vohin']* ***où*** [lieu où l'on va]
- **woher** *[vohér']* ***d'où***

2. Commencer directement par le verbe conjugué et faire suivre par le sujet.

Hast du Brötchen geholt? *[hast' d**ou** br**eu**tshen' gueholt'?]* ***Es-tu allé chercher des petits pains ?***

Exprimer la négation

Quand employer **nicht** *[nisht']* et quand employer **kein** *[k**aï**n]* ?

1. **Kein** *[k**aï**n]* (décliné) sert à traduire « pas de ». On l'emploie à chaque fois que l'on a dans la phrase :

☆ un ***groupe nominal*** précédé d'un article indéfini (**ein** *[**aï**n]* décliné) :

Möchtest du eine Cola? *[meushtest' d**ou** **aï**n k**o**la?]* ***Veux-tu un Coca ?***
Nein, ich möchte keine Cola. *[n**aï**n, ish meushte k**aï**n k**o**la]* ***Non, je ne veux pas de Coca.***

☆ un groupe nominal sans article (un partitif ou une forme indéfinie plurielle) :
Hast du ø Hunger? *[hast' d**ou** houn'guer'?]* ***As-tu faim ?***
Nein, ich habe keinen Hunger. *[n**aï**n, ish h**a**be k**aï**nen houn'guer']* ***Non, je n'ai pas faim.***
Hat Max ø Geschwister? *[hat' maks' guechvister'?]* ***Max a-t-il des frères et sœurs ?***
Nein, er hat keine Geschwister. *[n**aï**n, èr' hat' k**aï**ne guechvister']* ***Non, il n'a pas de frères et sœurs.***

2. On utilise **nicht** dans tous les autres cas :

Wohnst du in Bern? *[v**o**nst' d**ou** in' bèrn?]* ***Habites-tu à Berne ?***
Nein, ich wohne nicht in Bern. *[n**aï**n, ish v**o**ne nisht' in' bèrn]* ***Non, je n'habite pas à Berne.***

On place généralement nicht *[nisht']* après le verbe conjugué.

TABLES D'UNITÉS

Les chiffres

0 **null** *[noul]*
1 **eins** *[aïns]*
2 **zwei** *[tsvaï]*
3 **drei** *[draï]*
4 **vier** *[fir]*
5 **fünf** *[fun'f]*
6 **sechs** *[zèks]*
7 **sieben** *[ziben']*
8 **acht** *[arrt']*
9 **neun** *[noïn']*
10 **zehn** *[tsén']*
11 **elf** *[èlf]*
12 **zwölf** *[tsveulf]*
13 **dreizehn** *[draïtsén']*
14 **vierzehn** *[firtsén']*
15 **fünfzehn** *[fun'ftsén']*
16 **sechzehn** *[zéshtsén']*
17 **siebzehn** *[ziptsén']*
18 **achtzehn** *[arrtsén']*
19 **neunzehn** *[noïntsén']*
20 **zwanzig** *[tsvan'tsish']*
21 **einundzwanzig** *[aïnoun't'tsvan'tsish]*
22 **zweiundzwanzig** *[tsvaïoun't'tsvan'tsish]*
23 **dreiundzwanzig** *[draïoun't'tsvan'tsish]*
24 **vierundzwanzig** *[firoun't'tsvan'tsish]*
25 **fünfundzwanzig** *[fun'foun't'tsvan'tsish]*
26 **sechsundzwanzig** *[zèksoun't'tsvan'tsish]*
27 **siebenundzwanzig** *[zibenoun't'tsvan'tsish]*
28 **achtundzwanzig** *[arrtoun't'tsvan'tsish]*
29 **neunundzwanzig** *[noïnoun't'tsvan'tsish]*
30 **dreißig** *[draïssish]*
31 **einunddreißig** *[aïnoun'tdraïssish]*
40 **vierzig** *[firtsish]*
41 **einundvierzig** *[aïnoun'tfirtsish]*
50 **fünfzig** *[fun'ftsish]*
51 **einundfünfzig** *[aïnoun'tfun'ftsish]*
60 **sechzig** *[zèshtsish]*
61 **einundsechzig** *[aïnoun'tzèshtsish]*
70 **siebzig** *[ziptsish]*
71 **einundsiebzig** *[aïnoun'tziptsish]*
80 **achtzig** *[arrtsish]*
81 **einundachtzig** *[aïnoun'tarrtsish]*
90 **neunzig** *[noïntsish]*
91 **einundneunzig** *[aïnoun'tnoïntsish]*
100 **(ein)hundert** *[(aïn)houn'dert']*
101 **(ein)hunderteins** *[(aïn)houn'dertaïns]*
500 **fünfhundert** *[fun'fhoun'dert']*
700 **siebenhundert** *[ziben'houn'dert']*
900 **neunhundert** *[noïn'houn'dert']*
1 000 **(ein)tausend** *[(aïn)taozen't]*
1 020 **(ein)tausendzwanzig** *[(aïn)taozen't'tsvan'tsish]*
2 000 **zweitausend** *[tsvaïtaozen't]*
100 000 **hunderttausend** *[houn'dert'taozen't]*
1 000 000 **eine Million** *[aïne milion']*
1 000 000 000 **eine Milliarde** *[aïne miliarde]*

Quelques exemples

Trois cents euros.	Dreihundert Euro	draïhoun'dert' oïro
Huit cents personnes.	Achthundert Personen	arrt'houn'dert' pèrzonen'
80 % des étudiants ont un ordinateur.	Achtzig Prozent aller Studenten haben einen Computer.	arrtsish protsèn't aler' chtouden'ten' haben' aïnen' com'piouter'
Le chômage a diminué de 0,2 %.	Die Arbeitslosigkeit ist um 0,2% gesunken.	di arbaïtslozish-kaït ist' oum noul koma tsvaï guezoun'ken'

Poids, mesures, volumes et capacités

Je voudrais 200 grammes de jambon.	Ich möchte zweihundert Gramm Schinken.	ish meushte tvaïhoun'dert' gram' chin'ken'
Je pèse 70 kilos.	Ich wiege siebzig Kilo.	ish vigue ziptsish kilo
Je mesure 1 mètre 70.	Ich bin ein Meter siebzig groß.	ish bin' aïn méter' ziptsish gross
L'armoire mesure 2 mètres de haut.	Der Schrank ist zwei Meter hoch.	dèr' chran'k ist' tsvaï méter'horr
La commode mesure 90 centimètres de large.	Die Kommode ist neunzig Zentimeter breit.	di komode ist' noïntsish tsèn'timéter' braït
La piscine fait 3 mètres de profondeur.	Das Schwimmbecken ist drei Meter tief.	dass chvim'bèken' ist' draï méter' tif
Une planche fait 7 millimètres d'épaisseur.	Das Brett ist sieben Millimeter dick.	dass brèt' ist' ziben' miliméter' dik
J'habite à 15 kilomètres de Nice.	Ich wohne 15 Kilometer von Nizza entfernt.	ish vone fun'ftsén' kilométer' fon' nitsa èn'tfèrnt'

J'ai une maison de 300 mètres carrés.	**Mein Haus ist 300 Quadratmeter groß.**	*ma**ï**n h**ao**ss ist' dr**aï** houn'dert' kvadr**a**t-m**é**ter' gr**o**ss*
La vitesse est limitée à 50 kilomètres-heure.	**Die Geschwindigkeit ist auf fünfzig Stundenkilometer begrenzt.**	*di guechvin'dishk**aï**t ist' **ao**f fun'ftsish chtoun'den'kilom**é**ter' begren'tst*
Il boit 2 litres d'eau par jour.	**Er trinkt jeden Tag zwei Liter Wasser.**	*èr' trin'kt i**é**den' t**a**k tsv**aï** l**i**ter' vasser'*
Le bassin contient 2 000 mètres cubes d'eau.	**Das Becken fasst 2 000 Kubikmeter Wasser.**	*dass bèken' fasst' tsv**aï**t**ao**zen't koubikm**é**ter' vasser'*
Aujourd'hui il fait 25 degrés.	**Wir haben heute fünfundzwanzig Grad.**	*vir h**a**ben' h**oï**te fun'foun't'ts-van'tsish gr**a**t*
J'ai eu 40°C de fièvre.	**Ich hatte 40 Grad Fieber.**	*ish hate f**i**rtsish gr**a**t f**i**ber'*

Le calendrier

le 3 avril 1492	**der 3. April 1492**	**der dritte April vierzehnhundertzweiundneunzig**	*dèr' drite april f**i**rts**é**nhoun'dert'ts-v**aï**oun'tn**oï**ntsish*
vendredi, 4 juin 2010	**Freitag, den 4. Juni 2010**	**Freitag, den vierten Juni zweitausendzehn**	*fraït**a**k, dén' f**i**rten' i**ou**ni tsv**aï**t**ao**zen't'ts**é**n*
le XXIe siècle	**das 21. Jh**	**das einundzwanzigste Jahrhundert**	*dass **aï**noun't'ts-van'tsishste i**a**r'houn'dert'*

C'est quand ton anniversaire ?	**Wann hast du Geburtstag ?**	*van' hast' d**ou** gueb**ou**rtst**a**k?*
Le 28 février.	**Am achtundzwanzigsten, Februar.**	*am' arrtoun't'ts-van'tsishten' f**é**brou**a**r'*
Je suis né au mois de juillet.	**Ich bin im Juli geboren.**	*ish bin' im' i**ou**li gueb**o**ren'*

L'heure

05:00	**fünf Uhr**	*fun'f* ***our***
07:05	**sieben Uhr fünf** ou **fünf nach sieben**	*ziben'* ***our*** *fun'f* ou *fun'f n***a***rr ziben'*
08:10	**acht Uhr zehn** ou **zehn nach acht**	*arrt'* ***our*** *tsén'* ou *tsén' n***a***rr arrt'*
09:15	**neun Uhr fünfzehn** ou **Viertel nach neun** ou **Viertel zehn**	*noïn'* ***our*** *fun'ftsén'* ou *firtel n***a***rr noïn'* ou *firtel tsén'*
10:20	**zehn Uhr zwanzig** ou **zwanzig nach zehn**	*tsén'***our** *tsvan'tsish* ou *tsvan'tsish n***a***rr tsén'*
11:30	**elf Uhr dreißig** ou **halb zwölf**	*èlf* ***our*** *draïssish* ou *halp tsveulf*
12:00	**zwölf Uhr (mittags)**	*tsveulf* ***our*** *(mitaks)*
12:30	**zwölf Uhr dreißig** ou **halb eins**	*tsveulf* ***our*** *draïssish* ou *halp* ***aïns***
13:00	**ein Uhr (mittags)** ou **dreizehn Uhr**	***aïn our*** *(mitaks)* ou *draïtsén'* ***our***
14:00	**zwei Uhr** ou **vierzehn Uhr**	*tsvaï* ***our*** ou *firtsén'***our**
15:45	**Viertel vor vier** ou **drei Viertel vier** ou **fünfzehn Uhr fünfund-vierzig**	*firtel for fir* ou *draï firtel fir* ou *fun'ftsén'* ***our*** *fun'foun'tfirtsish*
17:23	**fünf Uhr dreiundzwanzig** ou **siebzehn Uhr dreiund-zwanzig**	*fun'f* ***our*** *draïoun't'* *tsvan'tsish* ou *ziptsén* ***our*** *draïoun't'tsvan'tsish*
24:00	**Mitternacht**	*mitèr'narrt'*
01:00	**ein Uhr (nachts)**	*aïn our (narrts')*

Les repères dans le temps

- *le matin/la matinée* **der Morgen/Vormittag** *[dèr' morguen'/f**o**rmit**a**k]*
- *l'après-midi* **der Nachmittag** *[dèr' n**a**rrmit**a**k]*
- *le soir/la soirée* **der Abend** *[dèr' **a**ben't]*
- *la nuit* **die Nacht** *[d**i** narrt']*
- *avant-hier* **vorgestern** *[f**o**rguestern]*
- *hier* **gestern** *[guestern]*
- *hier matin* **gestern früh/Morgen/Vormittag** *[guestern fr**u**/morguen'/f**o**rmit**a**k]*
- *hier soir* **gestern Abend** *[guestern **a**ben't]*
- *aujourd'hui* **heute** *[h**oï**te]*
- *ce matin* **heute früh/Morgen/Vormittag** *[h**oï**te fr**u**/morguen'/f**o**rmit**a**k]*
- *ce soir* **heute Abend** *[h**oï**te **a**ben't]*
- *cette nuit* **heute Nacht** *[h**oï**te narrt']*
- *demain* **morgen** *[morguen']*
- *demain matin* **morgen früh/Vormittag** *[morguen' fr**u**/f**o**rmit**a**k]*
- *demain après-midi* **morgen Nachmittag** *[morguen' n**a**rrmit**a**k]*
- *après-demain* **übermorgen** *[**u**ber'morguen']*
- *après-demain matin* **übermorgen früh/Vormittag** *[**u**ber'morguen' fr**u**/f**o**rmit**a**k]*
- *la veille* **am Vortag** *[am' f**o**rt**a**k]*
- *le lendemain* **am folgenden Tag** *[am' folguen'den' t**a**k]*

Communiquer

Les différents « bonjour » allemands

Hallo! *[halo!]* « bonjour ! » est l'un des premiers mots dont vous vous souviendrez. C'est l'équivalent de notre bonjour. Avec ce mot, pas de risque d'erreur puisque vous pouvez l'utiliser tout au long de la journée et de la soirée, que ce soit dans les commerces ou entre ami(e)s. N'y voyez donc pas un manque de respect de la part de vos interlocuteurs mais davantage une expression cordiale. Dans certaines régions d'Allemagne et en Autriche, vous entendrez plutôt **Grüß Gott!** *[gruss got'!]* « bonjour ! ». Quant à la formule **Grüss Dich!** *[gruss dish]* « salut ! », elle est davantage utilisée entre ami(e)s. Dans le nord de l'Allemagne, il n'est pas rare que les gens utilisent **Moin, moin** *[moïne moïne]*. En Autriche, généralement, vous entendrez plutôt **Servus!** *[serwousse]* et en Suisse germanophone on vous saluera d'un **Grüezi** *[grutsi]*. En revanche, **guten Tag** *[gouten tak]* « bonjour ! » est plus poli et s'emploie seulement dans certaines situations formelles. Selon l'heure de la journée, on emploiera la formule polie **guten Morgen** *[gouten morguen']* le matin, **guten Abend** *[gouten' aben't]* « bonsoir » en soirée et **gute Nacht** *[goute narrt]* « bonne nuit » avant d'aller se coucher.

Même si les Français sont très appréciés dans les pays germanophones, il faut faire attention à certains codes et éviter les impairs.

On se fait la bise ?

Dans les pays germanophones, les rapports entre les individus sont régis par des codes différents des nôtres. Aussi, si vous ne voulez pas choquer votre interlocuteur (-trice), évitez certains réflexes bien français. Contrairement à la coutume française, les ami(e)s ne se font pas la bise quand ils se rencontrent. Si vous rencontrez quelqu'un pour la première fois, il faudra vous contenter de lui serrer la main même si c'est une femme, et également pour lui dire au revoir. En revanche, deux personnes qui se connaissent bien auront le réflexe de s'enlacer.

En outre, veillez à ne pas employer **Fräulein** *[froïlaïne]* « mademoiselle », sous peine de passer pour quelqu'un de sexiste.

Froideur germanique ?

Les germanophones vous semblent en général froids au premier abord ? Ne vous fiez surtout pas aux apparences et n'interprétez pas cette retenue comme de l'antipathie. S'il est vrai que parfois les germanophones sont peu enclins à l'extraversion, entamer la conversation avec un(e) inconnu(e) ne vous posera pas de problème, cela bien sûr selon le contexte. Ainsi, si vous consultez un plan de ville dans une rue,

La politesse au quotidien

En allemand, un riche panel d'expressions est utilisé pour remercier : **danke** *[danneke]* « merci » **danke schön** *[dan'ke cheune]*, **danke sehr** *[dan'keu zér]*, **vielen Dank** *[filen dan'ke]*, **herzlichen Dank** *[hertslishen dan'ke]*, les quatre dernières signifiant « merci beaucoup ». De même, pour répondre poliment à des remerciements, vous avez le choix entre **bitte schön** *[bite cheune]* ou **bitte sehr** *[bite zér]* « je vous en prie », **keine Ursache** *[kaïne oursarre]* « il n'y a pas de quoi », **gern geschehen** *[guèrn' guéchéen']* « avec plaisir » ou **gerne** *[guèrne]*, littéralement « volontiers ».

il est courant qu'un individu vous propose spontanément son aide. Et selon le type de café-restaurant où vous vous rendrez et sa fréquentation, il vous faudra peut-être vous attabler avec d'autres clients. Ne vous effrayez pas, cela peut être l'occasion de discuter avec vos voisins de table. Il y a de fortes chances qu'ils aiment la France et qu'ils parlent un peu français.

Sujets de conversation

Si vous rencontrez un(e) Allemand(e) pour la première fois, évitez, aussi grande que soit votre curiosité, de parler de sujets délicats tels que l'époque nazie qui risqueraient de faire croire à votre interlocuteur (trice) que vous avez quelques idées préconçues au sujet de son pays. De même, il ne sera pas de bon ton d'aborder la chute du Mur avec un Allemand de l'ex-RDA si vous le connaissez à peine, car vous pourriez heurter sa sensibilité. N'oubliez pas qu'il peut arriver à des Allemands de l'Est d'éprouver une certaine **Ostalgie** ***[ostalgui]*** (littéralement « nostalgie de l'Est »), mélancolie pour ce passé trouble faisant partie intégrante de leur vie.

Téléphoner

De la France vers l'Allemagne : 00 49 + le numéro de votre correspondant sans le 0 du début. Vers la Suisse : 00 41 + le numéro de votre correspondant sans le 0 du début. Vers l'Autriche : 00 43 + le numéro de votre correspondant sans le 0 du début. Notez que si vous vous trouvez dans le pays et que vous souhaitez téléphoner en national, remplacez le 00 49, 00 41 ou 00 43 par 0 + le numéro. Depuis l'Allemagne, l'Autriche ou la Suisse vers la France : 00 33, sans le 0. Pour les appels locaux en Allemagne, en Autriche et en Suisse, composez simplement le numéro de téléphone. N'oubliez pas l'indicatif de la ville de votre correspondant si vous appelez d'un portable ou d'un téléphone fixe d'une autre ville allemande. Ainsi, l'indicatif sera 030 pour Berlin, 0711 pour Stuttgart, etc. En Allemagne, les numéros de portable commencent par 01, en Autriche, par 06 et en Suisse, par 07.

Entre collègues

Autre différence avec la France : il est courant d'allier vie privée et vie professionnelle entre collègues. Aussi, n'hésitez pas à vous joindre à un groupe de collègues qui décident de se retrouver un soir de semaine ou le week-end. Un bon moyen pour découvrir des endroits sympas et tisser des liens.

se saluer

Bonjour.	**Guten Tag!** *gouten' tak!*
Bonjour. *(le matin)*	**Guten Morgen!** *gouten' morguen'!*
Bonjour. *(en Allemagne du Sud et en Autriche)*	**Grüß Gott!** *gruss got'!*
Bonsoir.	**Guten Abend!** *gouten' aben't!*
Salut !	**Hallo!** *halo!*
Au revoir.	**Auf Wiedersehen!** *aof vider'zéen'!*
Au revoir. *(au téléphone)*	**Auf Wiederhören!** *aof vider'heuren'!*
À tout à l'heure !	**Bis gleich!** *biss glaïsh!*
À bientôt !	**Bis bald!** *biss balt'!*
À demain !	**Bis morgen!** *biss morguen'!*

Tschüss et autres ciaos

En Allemagne, on prend généralement congé en employant **tschüss** *[tchuss]* ou **ciao** *[tchao]*. **Auf Wiedersehen** *[aof vider'zéen]* est une formule plus formelle. Cependant, selon les régions l'expression peut varier. En Souabe, par exemple, **Ade** *[adé]* est usuel. En Bavière et en Autriche, vous pourrez aussi entendre **Pfiati** *[pfiati]*. **Servus** *[serwousse]* et **Fürti** *[furti]* sont utilisés pour dire au revoir en Autriche et **Auf Wiederluege** *[aof vider'lugueu]* en Suisse alémanique.

le b.a.-ba

Oui.	Ja. *ia*
Non.	Nein. *n**aï**n*
S'il vous / te plaît.	Bitte. *bite*
Merci (beaucoup).	Danke (sehr / schön) *dan'ke (z**é**r / ch**eu**ne)*
Pardon.	Entschuldigung! *èn'tch**ou**ldigoun'g!*
Comment allez-vous / vas-tu ?	Wie geht es Ihnen / dir? *v**i** gu**é**t' èss **i**nen' / d**i**r?*
Très bien, merci.	Danke, gut. *dan'ke, gout'*
Et vous / toi ?	Und Ihnen / dir? *oun't **i**nen' / d**i**r?*
Je vous en / t'en prie.	Bitte. *bite*
De rien.	Keine Ursache. *k**aï**ne **ou**rzarre*
Je ne parle pas allemand.	Ich spreche kein Deutsch. *ish chprèshe k**aï**n d**oï**tch*
Parlez-vous français ?	Sprechen Sie Französisch? *chprèshen' **zi** fran'ts**eu**zich?*
Pouvez-vous me montrer sur le plan où nous sommes ?	Können Sie mir bitte auf dem Stadtplan zeigen, wo wir sind? *keunen' **zi** m**i**r bite **ao**f dém' chtat'pl**a**n' ts**aï**guen', **vo** v**i**r zin't?*

les indispensables

les présentations

Je m'appelle Pierre.	**Ich heiße Pierre.** *ish haïsse Pierre*
Comment vous appelez-vous ?	**Wie heißen Sie?** *vi haïssen' zi?*
Je suis français / française.	**Ich bin Franzose / Französin.** *ish bin' fran'tsoze / fran'tseuzin'*
D'où venez-vous ?	**Woher kommen Sie?** *voher' komen' zi?*
Je viens de Paris.	**Ich komme aus Paris.** *ish kome aoss pariss*
Voici M. Durand.	**Das ist Herr Durand.** *dass ist' hèr' Durand*
Je vous présente mon épouse / Martine.	**Das ist meine Frau / Martine.** *dass ist' maïne frao / Martine*
Ravi(e) de vous connaître / de faire votre connaissance.	**Sehr erfreut, Sie kennen zu lernen.** *zér èrfroït', zi kènen' tsou lèrnen'*
Bienvenue.	**Willkommen.** *vilkomen'*

Madame, Monsieur

Herr *[hèr]* « monsieur » et **Frau** *[frao]* « madame » sont toujours utilisés avec les noms de famille : **Herr** ou **Frau Meier**. Ne soyez pas étonné(e) si vous entendez **Herr** ou **Frau Professor** *[professor]* et/ou **Doktor** *[docktôr]*, suivi du nom de famille. Au féminin, les titres honorifiques demeurent tels quels : **Frau Professor** ou **Doktor Schmidt**. Ces titres de civilité sont apposés sur les boîtes aux lettres et systématiquement cités dans les documents administratifs.

savoir questionner et demander

Pourriez-vous m'aider avec... ?	**Könnten Sie mir mit ... helfen?** *keun'ten' zi mir mit' ... helfen'?*
Pourriez-vous nous apporter... ?	**Könnten Sie uns ... bringen?** *keun'ten' zi oun's ... brin'guen'?*
Avez-vous... ?	**Haben Sie...?** *haben' zi...?*
Y a-t-il... ?	**Gibt es...?** *guipt' èss...?*
Où se trouve... ?	**Wo ist...?** *vo ist'...?*
Je cherche...	**Ich suche...** *ish zourre...*
Où achète-t-on... ?	**Wo kann man ... kaufen?** *vo kan' man' ... kaofen'?*
Qu'est-ce que c'est ?	**Was ist das?** *vass ist' dass?*
Je vais prendre...	**Ich nehme...** *ish néme...*
Je voudrais...	**Ich möchte...** *ish meushte...*

Petit lexique des questions

- Qui ? **Wer?** *[vér'?]*
- Quel ? **Welcher / Welche / Welches?** *[vèlsher' / vèlshe / vèlshess?]*
- Où est / sont ? **Wo ist / sind?** *[vo ist' / zin't?]*
- Pourquoi ? **Warum?** *[varoum'?]*
- Comment ? **Wie?** *[vi?]*
- Combien de temps ? **Wie lange?** *[vi lan'gue?]*
- Quand ? **Wann?** *[van'?]*

goûts et préférences

C'était très bien / très bon !	Das war sehr gut! *dass var zér gout'!*
J'aime...	Ich mag... *ish mak...*
Je n'aime pas...	Ich mag kein... *ish mak kaïn...*
Je suis totalement de votre avis.	Ich bin völlig Ihrer Meinung. *ish bin' feulish irer' maïnoun'g*
J'aimerais bien...	Ich würde gern... *ish vurde guèrn...*
Je ne suis pas d'accord.	Das finde ich nicht. *dass fin'de ish nisht'*
J'adore la voile.	Ich finde Segeln toll. *ish fin'de zégueln tol*
Non merci, je n'aime pas trop...	Nein, danke, das mag ich nicht so gern. *naïn, dan'ke, dass mak ish nisht' zo guèrn*
À mon avis...	Meiner Meinung nach... *maïner' maïnoun'g narr...*
J'aime bien ton frère.	Ich mag deinen Bruder. *ish mak daïnen' brouder'*

Donner son avis

- bon **gut** *[gout']*
- mauvais **schlecht** *[chlesht']*
- bien **gut** *[gout']*
- mal **schlecht** *[chlesht']*
- fort **stark** *[chtark]*
- faible **schwach** *[chvarr]*
- beaucoup **viel** *[fil]*
- peu **wenig** *[vénish]*
- assez **ziemlich** *[tsim'lish]*
- très **sehr** *[zér]*
- vite **schnell** *[chnèl]*
- lentement **langsam** *[lan'gzam']*

pour mieux comprendre

Quoi ?	**Was?** *vass?*
Je ne comprends pas.	**Ich verstehe das nicht.** *ish fèrchtée dass nisht'*
Excusez-moi, mais je n'ai pas compris.	**Entschuldigen Sie, ich habe das nicht verstanden.** *èn'tchouldiguen' zi, ish habe dass nisht' fèrchtan'den'*
Je n'ai pas entendu ce que vous avez dit.	**Ich habe nicht verstanden, was Sie gesagt haben.** *ish habe nisht' fèrchtan'den', vass zi guezakt' haben'*
Pouvez-vous parler plus fort ?	**Können Sie bitte lauter sprechen?** *keunen' zi bite laoter' chprèshen'?*
Désolé, mais je ne comprends toujours pas.	**Es tut mir Leid, aber ich verstehe das immer noch nicht.** *èss tout' mir laït', aber' ish fèrchtée dass imer' norr nisht'*
Je suis français(e).	**Ich bin Franzose / Französin.** *ish bin' fran'tsoze / fran'tseuzin'*
Je parle un tout petit peu allemand.	**Ich spreche ein kleines bisschen Deutsch.** *ish chprèshe aïn klaïness bischen' doïtch*
Je ne parle pas allemand.	**Ich spreche kein Deutsch.** *ish chprèshe kaïn doïtch*
Je peux vous poser une question ?	**Kann ich Sie etwas fragen?** *kan' ish zi ètvass fraguen'?*
Pourriez-vous répéter plus lentement, s'il vous plaît ?	**Könnten Sie das bitte noch einmal etwas langsamer sagen?** *keun'ten' zi dass bite norr aïnmal ètvass lan'gzamer' zaguen'?*
Pourriez-vous épeler / me l'écrire, s'il vous plaît ?	**Können Sie das bitte buchstabieren / auf-schreiben?** *keunen' zi dass bite bourrchtabiren' / aofchraïben'?*

les formules de politesse

les remerciements

Merci (beaucoup).	Danke (sehr / schön). *dan'ke (z**é**r / ch**eu**ne)*
Non, merci.	Nein, danke. *n**aï**n, dan'ke*
Merci de votre aide.	Danke für Ihre Hilfe. *dan'ke f**u**r **i**re hilfe*
Je vous suis très reconnaissant(e) de…	Ich bin Ihnen sehr dankbar für… *ish bin' **i**nen' z**é**r dan'kb**a**r f**u**r…*

les excuses

Excusez-moi.	Entschuldigung *èn'tchouldigoun'g*
Je suis vraiment désolé(e).	Das tut mir wirklich Leid. *dass tout' m**i**r virklish l**aï**t'*
Je suis désolé(e) d'être en retard.	Es tut mir Leid, dass ich zu spät gekommen bin. *èss tout' m**i**r l**aï**t', dass ish ts**ou** chp**è**t' guekomen' bin'*
Je suis désolé(e) de vous déranger.	Entschuldigen Sie, wenn ich Sie störe. *èn'tchouldiguen' **zi**, ven' ish **zi** cht**eu**re*
Ce n'est pas grave.	Das ist nicht schlimm. *dass ist' nisht' chlim'*

Tutoiement et vouvoiement

En allemand, on tutoie plus facilement qu'en français. Il n'est pas rare de se faire tutoyer dans un magasin ou dans la rue, ne prenez surtout pas cela pour un manque de respect mais plutôt comme une marque de sympathie. Notez cependant qu'il vous sera plus facile de vouvoyer. En effet, il suffit d'utiliser la 3e personne du pluriel **Sie** *[zi]* + l'infinitif. Par exemple, **Sie wollen** *[zi volen']* « vous voulez ».

les compliments

Félicitations !	**Herzlichen Glückwunsch!** *hèrtslishen' glukvoun'ch!*
Bravo !	**Gut gemacht!** *gout' guemarrt'!*
Très bien !	**Sehr gut!** *zér gout'!*
Comme c'est gentil !	**Das ist aber nett!** *dass ist' aber' nèt'!*
C'était délicieux !	**Es war köstlich!** *èss var keustlish!*
Quelle bonne idée !	**Das ist eine sehr gute Idee!** *dass ist' aïne zér goute idé!*
Tu danses vraiment très bien.	**Du tanzt wirklich sehr gut!** *dou tan'tst virklish zér gout'!*
Il a beaucoup de charme.	**Er ist sehr charmant.** *èr ist' zér charman't*
C'est bien.	**Das ist gut.** *dass ist' gout'*
La soirée d'hier était très réussie.	**Der gestrige Abend war sehr gelungen.** *dèr' guèchtrigue aben't var zér gueloun'guen'*
Bien joué !	**Gut gemacht!** *gout' guemarrt'!*
Quel endroit charmant !	**Das ist ein sehr schöner Ort!** *dass ist' aïn zér cheuner' ort'*
Je n'ai jamais rien vu d'aussi beau.	**Ich habe noch nie etwas so Schönes gesehen.** *ish habe norr ni ètvass zo cheuness guezéen'*
Je la trouve très sympathique.	**Ich finde sie sehr nett.** *ish fin'de zi zér nèt'*

COMMUNIQUER

les formules de politesse

les vœux

Bonne chance !	Viel Glück! *fil gluk!*
Amuse-toi bien !	Viel Spass! *fil spass!*
Bon appétit !	Guten Appetit! *gouten' apétit'!*
Bonnes vacances !	Schöne Ferien! *cheune férien'!*
Bonne route !	Eine gute Reise! *aïne goute raïze!*
Bon anniversaire !	Alles Gute zum Geburtstag! *aless goute tsoum' guebourtstak!*
Joyeuses Pâques !	Frohe Ostern! *froe ostern!*
Joyeux Noël !	Frohe Weihnachten! *froe vaïhnarrten'!*
Bonne année !	Gutes Neues Jahr! *goutess noïess iar'!*
À votre santé !	Auf Ihr Wohl! *aofir' vol!*
Bonne continuation !	Alles Gute ! *aless goute!*

Croiser les doigts

La langue allemande connaît des expressions qui, à une nuance près, signifient la même chose que l'expression française. « Croiser les doigts » se dit **Daumen drücken** *[daomèn' druken']* « serrer les pouces ». Notez qu'on serre le poing avec le pouce rentré, voir page 60.

la météo

Il fait très beau aujourd'hui.	Heute ist sehr schönes Wetter. *hoïte ist' zér cheuness vèter'*
Il y a du soleil.	Die Sonne scheint. *di zone chaïnt*
Le temps est humide / très lourd.	Es ist schwül. *èss ist' chvul*
Il fait (très) chaud / froid.	Es ist (sehr) heiß / kalt. *èss ist' (zèr) haïss / kalt'*
Il pleut. / Il neige.	Es regnet. / Es schneit. *èss régnet' / èss chnaït'*
Quel temps épouvantable !	Was für ein furchtbares Wetter! *vass fur aïn fourshtbaress vèter'!*
Quel temps fait-il ce matin / fera-t-il demain ?	Wie wird das Wetter heute Morgen / morgen? *vi virt' dass vèter' hoïte morguen' / morguen'?*
On annonce de la pluie / du soleil pour demain.	Morgen soll es regnen. / Morgen soll die Sonne scheinen. *morguen' zol èss régnen' / morguen' zol di zone chaïnen'*
J'espère que le temps va changer / rester comme ça !	Ich hoffe, das Wetter ändert sich / bleibt so! *ish hofe, dass vèter' ändert zish / blaïpt zo!*
Il y a du vent.	Es ist windig. *èss ist' vin'dish*
Il y a du brouillard.	Es ist neblig. *èss ist' néblish*
Va-t-il y avoir de l'orage / une tempête ?	Kommt ein Gewitter / Unwetter auf? *kom't aïn gueviter' / oun'vèter' aof?*
Si seulement il pouvait continuer de faire beau !	Wenn das Wetter nur weiter schön bleibt! *ven' dass vèter' nour vaïter' cheun blaïpt!*

COMMUNIQUER

la famille

Mes enfants s'appellent...	Meine Kinder heißen... *maïne kin'der' haïssen'...*
Ce sont vos enfants ?	Sind das Ihre Kinder? *zin't dass ire kin'der'?*
Mon fils / Ma fille a ... ans.	Mein Sohn / Meine Tochter ist ... Jahre alt. *maïn zon' / maïne torrter' ist' ... iare alt'*
Je suis célibataire / séparé(e).	Ich bin Single. / Ich lebe getrennt. *ish bin' zin'guel / ish lébe guetrèn't*
Êtes-vous marié(e) ?	Sind Sie verheiratet? *zin't zi fèrhaïratet'?*
Mes parents habitent à...	Meine Eltern wohnen in... *maïne èltern vonen' in...*
Ma famille habite à...	Meine Familie wohnt in... *maïne familieu von't in...*
Je / Mon frère travaille chez...	Ich arbeite / Mein Bruder arbeitet bei... *ish arbaïte / maïn brouder' arbaïtet' baï...*
Ma sœur / Ma fille fait des études de...	Meine Schwester / Meine Tochter studiert... *maïne chvèster' / maïne torrter' studiert...*
Comment s'appelle votre petit-fils / petite-fille ?	Wie heißt Ihr Enkel / Ihre Enkelin? *vi haïsst' ir èn'kel / ire èn'kelin'?*
Je suis avec ma belle-famille.	Ich bin mit der Familie meines Mannes / meiner Frau hier. *ish bin' mit' dèr' familieu maïness maness / maïner' frao hir*
J'ai de la famille en Allemagne.	Ich habe Familie in Deutschland. *ish habe familie in' doïtchlan't*
Je n'ai pas de frères et sœurs.	Ich habe keine Geschwister. *ish habe kaïne guechvister'*

les loisirs

Quels sont tes loisirs ?	**Was sind deine Hobbys?** *vass zin't daïne hobiz?*
Pratiquez-vous un sport ?	**Treiben Sie Sport?** *traïben' zi chport?*
Quelle est ton équipe préférée ?	**Welches ist deine Lieblingsmannschaft?** *vèlshess ist' daïne liplin'gsman'chaft?*
Qui est-ce qui gagne ?	**Wer gewinnt?** *vér' guevin't?*
Quel est le score du match ?	**Wie steht es?** *vi chtét' èss?*
La première mi-temps a-t-elle déjà eu lieu ?	**War schon Halbzeit?** *var chon' halptsaït'?*
Ça te dit, une partie de billard ?	**Hast du Lust auf eine Partie Billard?** *hast' dou loust' aof aïne' parti biliart'?*
Quel style de musique préfères-tu ?	**Was für Musik magst du am Liebsten?** *vass fur' mouzik makst dou am' lipsten'?*
Est-ce que tu joues d'un instrument de musique ?	**Spielst du ein Instrument?** *chpilst' dou aïn in'stroumen't?*
As-tu vu le dernier film de... ?	**Hast du den letzten Film von ... gesehen?** *hast' dou dén' lètsten' film fon' ... guezéen'?*

Football

Le **Fußball** *[foussbale]* est très prisé en Allemagne, surtout quand a lieu la **Bundesliga** *[boundeusseliga]* « championnat professionnel de football » pendant laquelle les matchs sont retransmis dans de nombreux cafés ou dans des parcs sur écran géant. Le **FC Bayern München** *[èffe tsé bayeurne Munsheune]* « Bayern de Munich » est l'équipe allemande la plus connue au niveau international.

au téléphone

appeler

Allô ! *(personne qui répond)*	**Hallo?** *halo? (généralement, la personne qui répond annonce son nom)*
Allô ! *(personne qui appelle)*	**Hier ist...** *hir ist'...*
Anne Martin à l'appareil.	**Hier ist Anne Martin.** *hir ist' Anne Martin*
Je voudrais parler à Hans, s'il vous plaît.	**Ich möchte bitte mit Hans sprechen.** *ish meushte bite mit' han's chprèshen'*
Je suis bien à l'hôtel Astoria ?	**Ist dort das Hotel Astoria?** *ist' dort' dass hotèl astoria?*
Pourriez-vous lui transmettre un message ?	**Könnten Sie ihr / ihm etwas ausrichten?** *keun'ten' zi ir / im' ètvass aoss'rishten'?*
Puis-je lui laisser un message ?	**Kann ich ihr / ihm eine Nachricht hinterlassen?** *kan' ish ir / im' aïne narr'risht' hin'terlassen'?*
Pourriez-vous lui dire que j'ai appelé ?	**Könnten Sie ihr / ihm bitte ausrichten, dass ich angerufen habe?** *keun'ten' zi ir / im' bite aoss'rishten', dass ish an'gueroufen' habe?*
Pourriez-vous lui dire de m'appeler au 00 33... ?	**Könnten Sie ihr / ihm bitte sagen, dass sie / er mich unter der Nummer 0033... anrufen soll?** *keun'ten' zi ir / im' bite zaguen', dass zi / er mish oun'ter' dèr' noumer' noul noul draï draï... an'roufen' zol?*
Je rappellerai plus tard.	**Ich rufe später noch einmal an.** *ish roufe chpèter' norr aïnmal an'*
Qui est à l'appareil ?	**Wer ist da?** *vér' ist' da?*
Un moment, s'il vous plaît, je vous le (la) passe.	**Einen Moment bitte, ich stelle Sie durch.** *aïnen' momen't bite, ish chtèle zi doursh*

appeler d'un portable

Je vous / t'appelle de mon portable.	Ich rufe vom Handy aus an. *ish roufe fom' hèn'di aoss an'*
Excusez-moi, je ne vous entends pas bien.	Entschuldigen Sie, ich verstehe Sie schlecht. *èn'tchouldiguen' zi, ish fèrchtée zi chlesht'*
Je ne capte pas bien, je te rappelle.	Ich habe kein Netz, ich rufe dich noch einmal an. *ish habe kaïn nèts, ish roufe dish norr aïnmal an'*
Mon portable était éteint.	Mein Handy war ausgeschaltet. *maïn hèn'di var aosguechaltet'*
Est-ce que je peux me servir de votre portable ?	Kann ich Ihr Handy benutzen? *kan' ish ir hèn'di benoutsen'?*
Il faut que je vous laisse.	Ich muss Schluss machen. *ish mouss chlouss marren'*
Il faut que je recharge mon portable.	Ich muss mein Handy aufladen. *ish mouss maïn hèn'di aofladen'*

Vous entendrez

- **Hallo?** *[halo?]* Allô ?
- **Guten Tag. Was kann ich für Sie tun?** *[gouten' tak. vass kan' ish fur zi toun'?]* Bonjour. Vous désirez ?
- **Bleiben Sie bitte am Apparat.** *[blaïben' zi bite am' aparat']* Ne quittez pas, s'il vous plaît.
- **Einen Moment bitte.** *[aïnen' momen't bite]* Un moment, s'il vous plaît.
- **Wer ist da?** *[vér' ist' da?]* Qui est à l'appareil?
- **Kein Anschluss unter dieser Nummer.** *[kaïn an'chlouss oun'ter' dizer' noumer']* Ce numéro n'est pas attribué.
- **Hinterlassen Sie eine Nachricht nach dem Piepton.** *[hin'terlassen' zi aïne narr'risht' narr dém' pipton']* Veuillez enregistrer votre message après le signal sonore.

Prima !
Excellent !

Ich drücke dir die Daumen
Bonne chance

«Begrüßung einer Runde»
« Saluer un groupe »

Pinke Pinke
Des sous

In Anführungszeichen
Entre guillemets

«Sich an den Kopf fassen»
« Se prendre la tête à deux mains »

Que ce soit pour contempler des monuments, admirer la diversité architecturale ou visiter des musées, les pays de langue allemande présentent une richesse culturelle dense.

Malgré les destructions massives résultant de la Seconde Guerre mondiale, l'Allemagne possède un paysage architectural abondant, recelant des édifices de styles médiéval, gothique, baroque et moderne. L'***Unesco*** classe de nombreux édifices allemands, comme à ***Coblence***, située au confluent de la Moselle et du Rhin, où remparts, tours fortifiées et châteaux romantiques témoignent d'un passé glorieux. ***Bamberg***, elle, se distingue par son style baroque. Son centre historique est aussi au patrimoine mondial de l'***Unesco***. Les styles baroque et néogothique sont surtout présents dans le Sud catholique où les châteaux de ***Neuschwanstein*** et de ***Hohenschwangau*** rayonnent au milieu d'une nature préservée.

Quant au Nord protestant, il arbore une architecture plus sobre mais non moins fascinante. Le **Backsteingotik** ***[bakchtaïn-gotik]***, littéralement « gothique de la brique », est un style de construction très répandu dans le Nord, notamment à ***Lübeck*** (la **Marienkirche**) dont la vieille ville est classée par l'***Unesco***, et à Hambourg. L'architecture moderne, voire futuriste, se trouve surtout dans des grandes villes comme Francfort, avec ses gratte-ciel, ou Berlin, avec sa ***Potsdamer Platz*** où le moderne côtoie souvent l'ancien.

Quant aux musées allemands, ils assouviront votre soif d'histoire, d'art et de culture.

En Suisse alémanique, rendez-vous à Zurich, ville au passé chargé d'histoire,

Vacances d'été

Dans les pays de langue allemande, les vacances d'été n'ont pas lieu au même moment selon les Länder. Généralement, elles s'étalent sur une période de 6 semaines entre fin juin et début août. Si vous avez des ami(e)s de langue allemande avec des enfants, renseignez-vous donc auprès d'eux pour organiser vos vacances.

Organiser son séjour

Comment se renseigner en France

Pour préparer votre voyage, le site Internet de l'*Office national allemand du tourisme* (http://www.allemagne-tourisme.com) vous sera d'une aide précieuse. Disponible en français, il offre une information complète et détaillée qui vous permettra de choisir votre destination et d'organiser votre séjour suivant vos centres d'intérêt : sport, art et culture, tourisme balnéaire, tourisme vert, vacances en famille, voyage d'affaires, séjour linguistique, etc. Vous y trouverez des renseignements sur les moyens de transport, l'hébergement (avec la possibilité de réserver), des conseils pratiques, les événements à ne pas manquer, ou encore des reportages, des galeries-photos et des plans de villes. Pour des informations plus générales sur l'Allemagne, vous pouvez également consulter le site *Allemagne Faits et réalités* qui aborde des sujets très variés tels que la culture, la société, l'art de vivre ou encore les Länder (http://www.tatsachen-ueber-deutschland.de/fr). Autre adresse utile : *ambassade de France à Berlin* (http://www.botschaft-frankreich.de/spip.php?rubrique2), avec des liens vers les consulats français en Allemagne, les jumelages et l'actualité franco-allemande. Pour la *Suisse alémanique*, vous pouvez consulter le site officiel de la *confédération et des cantons* (http://www.ch.ch) sur lequel vous trouverez quantité d'informations sur les différents cantons. Pour l'*Autriche*, le site (http://www.autriche.com) vous donnera tous les renseignements dont vous avez besoin pour organiser votre séjour.

Ferienstrassen

Vous désirez voir un paysage des plus sublimes, traversez la **Romantische Strasse** *[romantichen' chtrasse]* « rue romantique ». S'étendant sur 350 km, depuis *Würzburg* sur le *Main* jusqu'au sommet des Alpes, cette route légendaire vous donnera l'occasion de visiter de nombreuses villes médiévales telles que *Rothenburg* et *Augsbourg*. Vous pourrez aussi pénétrer dans le fabuleux château de *Neuschwanstein*, construit par Louis II de Bavière. Pour émerveiller vos enfants, n'hésitez pas à parcourir l'une des plus vieilles routes allemandes, la **Märchenstrasse** *[mérshen' chtrasse]* « route des contes », sur les traces des frères Grimm, entre la ville de *Hanau* en Hesse et *Brême*. Vous pourrez ainsi vous promener dans des parcs naturels et découvrir le château de la *Belle au bois dormant*.

qui dispose d'une cinquantaine de musées, dont la célèbre **Kunsthaus** ***[kounsthaosse]***, littéralement « maison de l'art ».
En Autriche, ***Vienne*** vous comblera par son architecture ***Jugendstil***, son ***palais impérial***, ancienne demeure des ***Habsbourg***, ou le musée ***Leopold*** avec des œuvres d'artistes célèbres comme ***Gustav Klimt***.

Nature et loisirs de plein air

Pour des randonnées en pleine forêt, allez dans la « forêt bavaroise » **Bayerischer Wald**, située à la frontière de la République tchèque, l'occasion de vous promener dans les parcs nationaux et au bord des lacs. Dans le nord de l'Allemagne, les « landes du Lüneburg » **Lüneburger Heide** ***[luneubourgueur Haïdeu]*** frappent le visiteur par la diversité de leurs couleurs.
Le **Land** du ***Schleswig-Holstein***, au bord de la mer du Nord, est très couru, en particulier ses îles de ***Fehmarn***, ***Sylt*** et ***Helgoland***. À l'est, c'est la mer Baltique avec ***Warnemünde***, ***Rostock*** et l'île de ***Rügen***.
En hiver, les ***Alpes bavaroises*** **Bayerische Alpen** ***[baïerichen'alpen']*** offrent des conditions excellentes pour la pratique du ski alpin grâce à une neige dense et donc en général plus sûre.
La Suisse alémanique est une destination aux multiples facettes et ses lacs valent le détour. Le canton d'***Obwald*** se prête à d'inoubliables randonnées pédestres ou simplement à la détente au bord du lac de ***Sarnen***.
Pour un séjour au ski, ***Andermatt***, dans le canton d'***Uri***, est un petit village de montagne authentique au pied du col du ***Saint-Gothard***.
L'Autriche offre elle aussi une grande variété de paysages. Le ***Tyrol***, situé sur la chaîne des Alpes, est la région idéale pour la randonnée en été et le ski en hiver. En ***Carinthie***, vous trouverez de nombreux lacs, dont le célèbre ***Wörthersee***.

réserver par téléphone

généralités

Je voudrais des renseignements sur les circuits touristiques.	Ich hätte gern Informationen zu Rundreisen. *ish hète guèrn in'formatsi**o**nen' ts**ou** roun't'r**aï**zen'*
Je recherche une location, avez-vous quelque chose à me proposer ?	Ich suche eine Unterkunft. Können Sie mir etwas empfehlen? *ish z**ou**rre **aï**ne oun'ter'koun'ft. keunen' z**i** m**i**r ètvass èm'pf**é**len'?*
Je recherche un logement / une maison pour six / huit personnes.	Ich suche eine Unterkunft / ein Haus für sechs / acht Personen. *ish z**ou**rre **aï**ne oun'ter'koun'ft / **aï**n h**ao**ss f**u**r zèks / arrt' pèrz**o**nen'*
Je voudrais une chambre avec salle de bains.	Ich hätte gern ein Zimmer mit Bad. *ish hète guèrn **aï**n tsimer' mit' b**a**t'*
Je voudrais un hôtel pour le mois de juillet.	Ich suche ein Hotel für Juli. *ish z**ou**rre **aï**n hotèl f**u**r i**ou**li*
Je recherche un hébergement haut de gamme / confortable / pas trop cher.	Ich suche eine erstklassige / komfortable / nicht allzu teure Unterkunft. *ish z**ou**rre **aï**ne **é**rstklassigue / kom'fort**a**ble / nisht' alts**ou** t**oï**re oun'ter'koun'ft*

Carnaval

Les *carnavals* de Rhénanie et de Bavière sont des manifestations festives à ne pas manquer. Deux villes se concurrencent en Rhénanie et se surpassent pour l'occasion : *Cologne* et *Düsseldorf*. Le célèbre défilé de Cologne a lieu en février et dure une semaine. En Bavière, on fête le carnaval en janvier. Si vous aimez la culture africaine ou si vous souhaitez la découvrir, ne manquez pas l'*Africa Festival* de *Würzburg*, qui se déroule de fin mai à début juin, où l'Afrique se présentera à vous au travers de sa musique, de son cinéma, de sa littérature, de sa gastronomie, etc.

généralités

Pouvez-vous nous envoyer de la documentation / une brochure, s'il vous plaît ?	**Können Sie uns bitte Informationen / eine Broschüre zuschicken?** *keunen' zi oun's bite in'formatsionen' / aïne broschüre tsouchiken'?*
Avez-vous un site / une adresse e-mail ?	**Haben Sie eine Internetseite / eine E-Mail-Adresse?** *haben' zi aïne in'tèrnèt'zaïte / aïne iméladrèsse?*
Auriez-vous une liste des prix ?	**Hätten Sie vielleicht eine Preisliste?** *hèten' zi filaïsht aïne praïsliste?*
Quel est le prix de la chambre / de la chambre double ?	**Was kostet das Zimmer / das Doppelzimmer?** *vass kostet' dass tsimer' / dass dopeltsimer'?*
Quel est le prix de la pension / de la demi-pension ?	**Was kostet die Vollpension / Halbpension?** *vass kostet' di folpen'zion' / halp'pen'zion'?*
Faut-il verser des arrhes ?	**Muss eine Anzahlung geleistet werden?** *mouss aïne an'tsaloun'g guelaïsstet' vérden'?*
Les prix augmentent-ils en haute saison ?	**Ist es in der Hochsaison teurer?** *ist' èss in' dèr' horrzèzon toïrer'?*
Doit-on payer par chèque / par carte / à l'arrivée ?	**Muss man mit Scheck / mit Kreditkarte / bei der Ankunft bezahlen?** *mouss man' mit' chèk / mit' kréditkarte / baï dèr' an'koun'ft betsalen'?*
Faut-il payer à la réservation ?	**Muss man bei der Reservierung bezahlen?** *mouss man' baï dèr' rézèrviroun'g betsalen'?*
Que pouvez-vous me proposer pour un budget de 800 euros ?	**Was können Sie mir bei einem Budget von 800 Euro empfehlen?** *vass keunen' zi mir baï aïnem' budjèt' fon' arrt'houn'dert' oïro èm'pfélen'?*
Le petit déjeuner est-il inclus dans le prix de la chambre ?	**Ist das Frühstück im Zimmerpreis inbegriffen?** *ist' dass fruchtuk im' tsimer'praïss in'begrifen'?*

questions précises

Est-ce un prix tout compris ?	**Ist das der Komplettpreis?** *ist' dass dèr' kom'plèt'praïss?*
Il nous faudrait un logement accessible aux personnes handicapées.	**Wir bräuchten eine behindertengerechte Unterkunft.** *vir broïshten' aïne behin'derten'guerèshte oun'ter'koun'ft*
À partir de quelle heure peut-on retirer la clé ?	**Ab wann bekommt man den Schlüssel?** *ap van' bekom't man' dén' chlussel?*
À quelle heure faut-il rendre les clés ?	**Wann muss man den Schlüssel abgeben?** *van' mouss man' dén' chlussel apguében'?*
La cuisine est-elle équipée d'un lave-vaisselle / sèche-linge ?	**Befindet sich in der Küche ein Geschirrspüler / ein Wäschetrockner?** *befin'det' zish in' dèr' kushe aïn guechirchpuler' / aïn vèchetrokner'?*
Les draps et les serviettes sont-ils fournis ?	**Werden Bettwäsche und Handtücher gestellt?** *vérden' bèt'vèche oun't han't'tusher' guechtèlt'?*
Y a-t-il la climatisation ?	**Gibt es eine Klimaanlage?** *guipt' èss aïne klima'an'lague?*
Faut-il un adaptateur ?	**Braucht man einen Adapter?** *braorrt' man' aïnen' adapter'?*
Y a-t-il une piscine ?	**Gibt es einen Swimmingpool?** *guipt' èss aïnen' svimingpul?*
Proposez-vous des activités pour les enfants?	**Gibt es Kinderbetreuung?** *guipt' èss kin'der'betroïoun'g?*
Le village / le lac est / les pistes sont à quelle distance ?	**Wie weit ist es bis zum Ort / zum See / zu den Pisten?** *vi vaït' ist' èss biss tsoum' ort' / tsoum' zé / tsou dén' pisten'?*

répondre à une proposition

Cela me convient parfaitement.	**Das passt mir sehr gut.** *dass passt' mir' zér gout'*
Je vous rappelle si je dois annuler.	**Ich rufe Sie an, falls ich absagen muss.** *ish roufe zi an', falss ish apzaguen' mouss*
Je vais réfléchir, puis je vous rappelle.	**Ich überlege mir das und rufe dann zurück.** *ish uber'légue mir dass oun't roufe dan' tsouruk*
Je vais étudier votre proposition.	**Ich werde mir Ihren Vorschlag durch den Kopf gehen lassen.** *ish vérde mir iren' forchlak doursh dén' kopf guéen' lassen'*
Je vous appelle pour confirmer la réservation d'une chambre double pour le 20 mai.	**Ich rufe an, um die Reservierung eines Doppelzimmers für den 20. Mai zu bestätigen.** *ish roufe an', oum' di rézèrviroun'g aïness dopeltsimer's fur dén' tsvan'tsishten' maï tsou bechtètiguen'*
J'ai consulté votre brochure / votre site et je voudrais réserver...	**Ich habe mir Ihre Broschüre / Ihre Internetseite angesehen und möchte ... reservieren.** *ish habe mir ire brochure / ire in'tèrnèt'zaïte an'guezéen' oun't meushte ... rézèrviren'*
Je voudrais réserver une chambre simple / double avec petit déjeuner.	**Ich möchte ein Einzelzimmer / Doppelzimmer mit Frühstück reservieren.** *ish meushte aïn aïntseltsimer' / dopeltsimer' mit' fruchtuk rézèrviren'*

Festival

Le *festival de Bayreuth*, créé en 1876 par le compositeur *Richard Wagner*, est consacré à ses opéras. L'événement, qui se tient en juillet et en août, est l'un des festivals de musique classique les plus reconnus.

Autre festival, autrichien cette fois, pour les amateurs de musique classique et de théâtre, le *festival de Salzbourg*, ville natale du célébrissime *Wolfgang Amadeus Mozart*. Il a lieu tous les étés de fin juillet à fin août.

le voyage organisé

à l'agence

Je voudrais des renseignements sur les circuits touristiques.	Ich hätte gern Informationen zu Gruppenreisen. *ish hète guèrn in'formatsi**o**nen' ts**ou** groupen'r**aï**zen'*
Je cherche un séjour pas trop cher.	Ich interessiere mich für einen nicht allzu teuren Urlaub. *ish in'terèssi**r**e mish f**ur** **aï**nen' nisht' alts**ou** t**oï**ren **ou**rl**ao**p*
Nous voudrions visiter...	Wir möchten ... besichtigen. *vi**r** meushten' ... bezishtiguen'*
Je cherche un circuit culturel.	Ich möchte eine Gruppenreise mit kulturellem Schwerpunkt machen. *ish meushte **aï**ne groupen'r**aï**ze mit' koultourelem' chv**é**r'poun'kt marren'*
Combien de jours dure le circuit ?	Wie lange dauert die Reise? *v**i** lan'gue d**ao**ert' d**i** r**aï**ze?*
Faut-il être en bonne condition physique ?	Muss man dazu körperlich fit sein? *mouss man' dats**ou** keurper'lish fit' z**aï**n?*
Faut-il avoir un équipement précis ?	Braucht man dazu eine spezielle Ausrüstung? *br**ao**rrt' man' dats**ou** **aï**ne chpétsièle **ao**ss'rustoun'g?*

Petit lexique des logements

- appartement **(Ferien-) Wohnung** *[(férien')vonoun'g]*
- appart hôtel **Aparthotel** *[apart'hotèl]*
- auberge **Gasthof** *[gast'hof]*
- chambre chez l'habitant **Bed and Breakfast** *[bèt èn't brèkfèst]*
- gîte rural **Landgasthof** *[lan'tgast'hof]*
- hôtel (deux / trois étoiles) **(Zwei-Sterne- / Drei-Sterne-)Hotel** *[(tsvaï-chtèrne- / draï-chtèrne-)hotèl]*
- location **Unterkunft** *[oun'ter'koun'ft]*
- maison **Haus** *[haoss]*
- studio **Einzimmerwohnung** *[aïn'tsimer'vonoun'g]*

à l'agence

Les repas sont-ils compris dans le prix ?	**Sind die Mahlzeiten im Preis inbegriffen?** *zin't di maltsaïten' im' praïss in'begrifen'?*
Puis-je souscrire une assurance annulation ?	**Kann ich eine Reiserücktrittsversicherung abschließen?** *kan' ish aïne raïzeruktrit'sfèrzisheroun'g apchlissen'?*
Les taxes d'aéroport sont-elles prises en charge ?	**Sind die Flughafengebühren inbegriffen?** *zin't di floukhafen'gueburen' in'begrifen'?*
Faut-il payer les excursions et les entrées aux musées à part ?	**Werden die Ausflüge und die Eintrittskarten für Museen extra berechnet?** *vérden' di aoss'flugue oun't di aïntritskarten' fur mouzéen' èkstra berèshnet'?*
Les transferts depuis l'aéroport sont-ils en supplément ?	**Kostet der Transfer vom und zum Flughafen extra?** *kostet' dèr' tran'sfér fom' oun't tsoum' floukhafen' èkstra?*
Des périodes de temps libre / Des soirées libres sont-elles prévues au programme ?	**Ist im Programm Zeit zur freien Verfügung vorgesehen / Sind im Programm freie Abende vorgesehen?** *ist' im' program' tsaït' tsour fraïen' fèrfugoun'g forguezéen' / zin't im' program' fraïe aben'de forguezéen'?*
Faut-il prévoir des pourboires ? Pour le guide ? Pour le chauffeur ?	**Muss man Trinkgeld einplanen? Für den Führer? Für den Fahrer?** *mouss man' trin'kguèlt' aïnplanen? fur dén' furer'? fur dén' farer'?*
Deux circuits peuvent-ils être suivis l'un après l'autre ?	**Kann man zwei Gruppenreisen miteinander kombinieren?** *kan' man' tsvaï groupe'nraïzen' mitaïnan'der kom'biniren'?*
Peut-on prolonger le séjour après le circuit ?	**Kann man im Anschluss an die Gruppenreise noch bleiben?** *kan' man' im' an'chlouss an' di groupen'raïze norr blaïben'?*

réserver une excursion

Je cherche un circuit culturel pour la journée / pour deux jours.	Ich möchte einen Tagesausflug / eine zweitägige Rundreise mit kulturellem Schwerpunkt machen. *ish meushte **aï**nen' t**a**guess**ao**ss'fl**ou**k / **aï**ne tsv**aït**èguigue roun't'r**aï**ze mit' koultourelem' chv**é**r'poun'kt marren'*
Les visites conviennent-elles aux jeunes enfants ?	Sind die Besichtigungen für kleine Kinder geeignet? *zin't d**i** bezishtigoun'guen' f**u**r kl**aï**ne kin'der' guea**ï**gnet'?*
Y a-t-il des circuits sur les sites de la région ?	Gibt es Rundreisen zu den Sehenswürdigkeiten der Region? *gu**i**pt' èss roun't'r**aï**zen' ts**ou** dén' z**é**hen'svurdishk**aï**ten' dèr' régui**o**n'?*
Y a-t-il des réductions pour les étudiants / enfants / seniors ?	Gibt es Ermäßigungen für Studierende / Kinder / Senioren? *gu**i**pt' èss èrm**è**ssigoun'guen' f**u**r chtoud**i**ren'de / kin'der' / z**é**ni**o**ren'?*

Oublier le bruit de Berlin, Munich et Vienne

Vous en avez assez du bruit et de l'air pollué et aspirez à un peu de nature ? Au départ des grandes villes, vous avez de nombreuses possibilités d'excursion. À Berlin, avec la **S-Bahn** et les *trains régionaux*, vous pouvez sans problème et en très peu de temps vous rendre dans le Brandebourg, région de l'ex-RDA. Une multitude de lacs, des forêts à perte de vue, des chemins de campagne vous y attendent. Près de la rivière *Havel*, au nord-ouest de Berlin, le paysage se prête aux randonnées et aux balades à vélo. Depuis Munich, avec la **S-Bahn**, vous pouvez vous rendre au **Starnberger See** *[chtarnbèrgueur zé]* « lac de Starnberg », où il vous sera possible de louer un bateau. Si vous résidez à Vienne, allez sur la « colline de Cobenzl » **am Cobenzl** ou dans le **Heiligenstädter Park** *[aïliguen'stètta pârk]* (avec la **U-Bahn**), au nord de la ville.

payer

Quel est le montant des arrhes ?	**Wie viel muss man anzahlen?** *vi fil mouss man' an'tsalen'?*
Peut-on payer par virement ?	**Kann man per Überweisung zahlen?** *kan' man' pèr' uber'vaïzoun'g tsalen'?*
Y a-t-il des frais d'annulation ?	**Fallen bei der Stornierung Kosten an?** *falen' baï dèr' chtorniroun'g kosten' an'?*
Que prenez-vous comme commission ?	**Wie hoch ist die Provision?** *vi horr ist' di provizion'?*
Dois-je payer d'avance ?	**Muss ich im Voraus bezahlen?** *mouss ish im' foraoss betsalen'?*
Puis-je avoir un reçu / une facture ?	**Kann ich bitte eine Quittung / Rechnung haben?** *kan' ish bite aïne kvitoun'g / rèshnoun'g haben'?*
Faut-il payer en espèces ?	**Muss man bar bezahlen?** *mouss man' bar betsalen'?*
Je vais payer en liquide.	**Ich bezahle bar.** *ish betsale bar*
Puis-je payer avec ma carte ?	**Kann ich mit Kreditkarte bezahlen?** *kan' ish mit' kréditkarte betsalen'?*
Y a-t-il un supplément à payer ?	**Muss man einen Zuschlag zahlen?** *mouss man' aïnen' tsouchlak tsalen'?*
Je voudrais régler.	**Ich möchte bitte bezahlen.** *ish meushte bite betsalen'*
J'ai déjà réglé.	**Ich habe schon bezahlt.** *ish habe chon' betsalt*
Acceptez-vous les chèques de voyage ?	**Nehmen Sie Reiseschecks?** *némen' zi raïzechèks'?*
Le prix est-il toutes taxes comprises ?	**Sind im Preis alle Gebühren inbegriffen?** *zin't im' praïss ale gueburen' in'begrifen'?*

Adresses Internet

OFFICE NATIONAL ALLEMAND DU TOURISME

http://www.allemagne-tourisme.com/

Informations touristiques en français sur l'Allemagne : tout savoir sur les possibilités d'hébergement, les monuments et sites à visiter, les activités et les loisirs, les transports, les cartes et plans, etc. Les vues panoramiques sont consultables en un seul clic.

DEUTSCHE BAHN (DB)

http://www.bahn.de/international/view/fr/

Site en français sur les chemins de fer allemands : réservation en ligne, informations sur les différents tarifs et offres spéciales, les cartes d'abonnement, choix d'hôtels, location de voitures.

OFFICE FRANCO-ALLEMAND POUR LA JEUNESSE

http://www.ofaj.org/

Le site web de la communauté franco-allemande présente toutes les activités pour les 5 à 30 ans qui souhaitent participer à des programmes franco-allemands : apprentissage de la langue, échanges, formation professionnelle, loisirs.

ALLEMAGNE : FAITS ET RÉALITÉS

http://www.tatsachen-ueber-deutschland.de/fr/

Ce site présente un manuel en français contenant des informations sur l'Allemagne actuelle. Des auteurs connus éclaircissent tous les aspects de la vie en Allemagne, allant de l'économie à la culture. Vous y trouverez des repères chronologiques et des statistiques.

OFFICE NATIONAL AUTRICHIEN DU TOURISME

http://www.austria.info/fr

Guide de l'Autriche en français avec de nombreuses rubriques et renseignements pratiques pour vous aider à préparer votre séjour.

OFFICE NATIONAL DU TOURISME SUISSE

http://www.myswitzerland.com/fr

Guide de la Suisse en français : hôtels, sites touristiques et tous les renseignements nécessaires pour partir en vacances en Suisse, en été comme en hiver.

Se déplacer

Comment se rendre dans les pays de langue allemande

Le prix des billets de train entre la France et l'Allemagne est très attractif et le temps de trajet est imbattable. Les villes de Stuttgart, Karlsruhe et Munich sont desservies par le *TGV* depuis Paris. Francfort est à moins de quatre heures de la capitale française en **ICE** *[itséé]*. Cologne est reliée à Paris par le *Thalys* en moins de quatre heures, avec possibilité de correspondance pour Hambourg et Berlin. La **DB (Deutsche Bahn)** propose une formule avantageuse, **Europa Spezial Frankreich** *[oïropa chpétsial fran'kraish]*. La *SNCF* propose, elle, des *prix mini*. De nombreux *vols réguliers* assurent la liaison entre les principales villes françaises et les grandes villes de langue allemande. *Air France*, *Lufthansa*, *Swiss International Airlines* et *Austrian Airlines* offrent des départs de Paris et de certaines villes de province à destination des pays germanophones. Des compagnies low cost telles que *EasyJet* ou *Germanwings* proposent plusieurs lignes reliant la France à quelques grandes villes de langue allemande. Toutes ces possibilités vous dissuaderont de prendre votre voiture, moyen de transport plus onéreux et pas réellement plus rapide. Non seulement l'autoroute de l'Est (A4) n'est pas très bon marché, mais les autoroutes allemandes sont souvent embouteillées. Et puis, vous contribuerez à faire baisser le taux de CO_2 !

Quels sont les différents moyens de transport mis à votre disposition pour découvrir les pays de langue allemande ?

En train

Les trains à grande vitesse (**ICE** *[itséé]*) desservent entre autres Berlin, Hambourg, Stuttgart et Munich, ainsi que Bâle, Berne, Vienne et Innsbruck. Renseignez-vous dans les différentes gares et points de vente de la **DB Deutsche Bahn** *[doïtshe ban]* ou réservez en ligne sur son site Internet convivial et complet, disponible en français (http://www.bahn.de/international/view/fr). Vous y trouverez des prix réduits **Sparpreis** *[chparpraïs]* de 25 ou de 50 %. Si vous résidez à Berlin et que vous souhaitez visiter l'est de l'Allemagne, vous pourrez réserver auprès de la société **Interconnex** *[in'terconéks]*. Avec ces deux sociétés, votre enfant, s'il a moins de quinze ans, pourra voyager gratuitement en votre compagnie.

En Autriche, c'est auprès de la **ÖBB Österreichische Bundesbahnen** *[eusteraïchiche boun'des'banen']* (http://www.oebb.at, également consultable en anglais) qu'il vous faudra réserver vos billets.

En Suisse, vous pourrez vous connecter directement au site (http://www.sbb.ch/fr/) de la **SBB Schweizerische Bundesbahnen** *[chvaïtseriche boun'des'banen']*, « Chemins de fer fédéraux (CFF) » et effectuer une recherche et une réservation en ligne.

En voiture

La vitesse est limitée, en général à ***100 km/h*** sur les voies rapides et à ***50 km/h*** en agglomération. En cas de doute, soyez attentif aux panneaux de signalisation, les radars fixes

Die Autobahn / L'autoroute

Pionnière lorsqu'elle vit le jour dans les années 1930, l'Autobahn *[aotoban']* n'est plus forcément aujourd'hui un gage de rapidité. La vitesse n'y est pas limitée, mais les embouteillages font partie du quotidien. Il est conseillé de rouler à *130 km/h*.

sont nombreux et les contrôles de vitesse fréquents.

En covoiturage

La **Mitfahrgelegenheit** *[mitfarguéléguеunhaïte]* ou **MFG** *[emefgué]* (« covoiturage ») est très répandue dans les pays de langue allemande parmi les jeunes. Elle permet de parcourir de courtes et de longues distances à des tarifs défiant toute concurrence. Intéressant autant pour le passager que pour le conducteur du véhicule, ce service fait désormais partie des habitudes de transport. Consultez le site Internet (http://www.mitfahrgelegenheit.de) pour voir les possibilités de trajet en Allemagne, en Autriche et en Suisse alémanique. Mieux vaut avoir des connaissances basiques de l'allemand pour réserver sur le site Internet et parler au moins un peu l'anglais pour contacter le (la) conducteur (-trice) au téléphone.

Le vélo : mode de déplacement urbain

C'est un mode de transport très courant dans les grandes villes de langue allemande où il fait partie du uotidien, très souvent utilisé pour faire ses courses, aller à l'école ou au travail. Aussi les pistes cyclables sont-elles nombreuses et les garages à vélos fleurissent-ils dans les villes. Les locations proposent un équipement très fourni : panier, sacoche, casque, lumière, remorque pour enfants, etc. Il n'est pas rare de voir dans la rue un « vélo couché » **Liegefahrrad** *[liguefarrat]* ou un *tandem*, variantes que vous pourrez aussi trouver en location. Attention au vol de vélo, très répandu car très rentable pour les voleurs. Il est recommandé de se procurer un antivol dissuasif et d'attacher son vélo à un objet fixe. Attention également à bien respecter la signalisation, à rouler bien à droite et surtout pas sur le trottoir, sous peine d'être verbalisé !

À vélo

Dans les grandes villes de langue allemande, vous aurez parfois la possibilité de louer un vélo, la plupart du temps dans les gares. Le service **Call a bike** de la **Deutsche Bahn (DB)** est disponible dans les villes de Berlin, Hambourg, Francfort, Cologne, Munich, Stuttgart et Karlsruhe. En Suisse, vous pouvez réserver un vélo avec la société **Rent a bike** (site également en français : http://www.rent-a-bike.ch).

en avion

se renseigner

Pourriez-vous me donner les horaires des vols Francfort-Paris ?	Können Sie mir bitte einen Flugplan für die Strecke Frankfurt-Paris geben? *keunen' zi mir bite aïnen' floukplan' fur di chtrèke fran'kfourt'-pariss guében'?*
Combien coûte un billet aller-retour pour Munich ?	Wie viel kostet der Hin- und Rückflug nach München? *vi fil kostet' dèr' hin'- oun't rukflouk narr mun'shen'?*
Je voudrais réserver un aller simple pour Nice.	Ich möchte einen einfachen Flug nach Nizza buchen. *ish meushte aïnen' aïnfarren' flouk narr nitsa bourren'*
Y a-t-il une correspondance ?	Gibt es einen Anschluss? *guipt' èss aïnen' an'chlouss?*
Est-ce que je peux changer de vol au dernier moment ?	Kann ich bis kurz vor Abflug umbuchen? *kan' ish biss kourts for apflouk oum'bourren'?*
Y a-t-il une assurance annulation ?	Kann ich eine Reiserücktrittsversicherung abschließen? *kan' ish aïne raïzeruktrit'sfèrzisheroun'g apchlissen'?*
Vous avez des tarifs réduits ?	Gibt es Sondertarife? *guipt' èss zon'dertarife?*
Pour les bagages, quel est le poids maximal autorisé ?	Was ist das zulässige Höchstgewicht für Gepäck? *vass ist' dass tsoulèssishe heukstguevisht fur guepèk?*
À quelle heure faut-il arriver à l'aéroport ?	Wann müssen wir am Flughafen sein? *van' mussen' vir am' floukhafen' zaïn'?*
De quel terminal l'avion part-il ?	Von welchem Terminal geht der Flug ab? *fon' vèlshem' teurminel guét' dèr' flouk ap?*
Combien de temps dure le vol ?	Wie lange dauert der Flug? *vi lan'gue daoert' dèr' flouk?*
Un repas est-il servi dans l'avion ?	Wird während des Flugs eine Mahlzeit serviert? *virt' vèren't dèss flouks' aïne maltsaït' zèrvirt'?*

arriver à l'aéroport

Par où accède-t-on au parking ?	**Wo geht es zu den Parkplätzen?** *vo guét' èss tsou dén' parkplètsen'?*
Pouvez-vous m'indiquer l'accueil / le tableau des vols ?	**Können Sie mir bitte sagen, wo ich eine Information / die Anzeigetafel finde?** *keunen' zi mir bite zaguen', vo ish aïne in'formatsion / di an'zaïguetafel fin'de?*
Où est le guichet Air France, s'il vous plaît ?	**Wo ist bitte der Schalter von Air France?** *vo ist' bite dèr' chalter' fon' Air France?*

l'enregistrement

J'ai raté mon vol, je dois changer mon billet.	**Ich habe meinen Flug verpasst, ich muss umbuchen.** *ish habe maïnen' flouk fèrpasst', ish mouss oum'bourren'*
Je voudrais une place côté couloir / côté hublot.	**Ich möchte einen Platz am Gang / am Fenster.** *ish meushte aïnen' plats' am' gan'g / am' fèn'ster'*
Puis-je garder ce sac comme bagage à main ?	**Kann ich diese Tasche als Handgepäck mitnehmen?** *kan' ish dize tache als han'tguepèk mitnémen'?*
À quelle heure et où est l'embarquement ?	**Wann und wo ist das Boarding?** *van' oun't vo ist' dass boer'din'g?*

Principaux aéroports

En Allemagne, Berlin-Tegel, Berlin-Schönefeld (low cost), Cologne-Bonn (classique et low cost), Dresde (classique et low cost), Francfort Rhein-Main (classique), Francfort-Hahn (low cost), Hambourg (classique et low cost), Leipzig (classique et low cost), Munich (classique et low cost), Stuttgart (classique et low cost). En Autriche, Vienne (classique et low cost), Salzbourg (classique et low cost), Graz. En Suisse alémanique, Zurich (classique et low cost).

en avion

l'embarquement

Où se trouve le terminal B / la porte 2 ?	Wo finde ich Terminal B / Gate 2? *vo fin'de ish t**eu**rminel bé / g**é**t tsv**aï**?*
Voici mon passeport et mon billet / ma carte d'embarquement.	Hier sind mein Pass und mein Ticket / meine Bordkarte. *h**i**r zin't m**aï**n pass oun't m**aï**n tiket' / m**aï**ne bortkarte*
J'ai perdu ma carte d'embarquement.	Ich habe meine Bordkarte verloren. *ish h**a**be m**aï**ne bortkarte fèrl**o**ren'*

dans l'avion

Puis-je avoir une boisson / une couverture / des écouteurs ?	Könnte ich bitte etwas zu trinken / eine Decke / Kopfhörer haben? *keunte ish bite ètvass ts**ou** trin'ken' / **aï**ne dèke / kopfh**eu**rer' h**a**ben'*
Avez-vous des jeux pour les enfants ?	Haben Sie Spielzeug für Kinder? *h**a**ben' z**i** chp**i**ltso**ï**k f**u**r kin'der'?*
Le moniteur de télévision ne fonctionne pas.	Der Bildschirm funktioniert nicht. *dèr' biltchirm foun'ktion**i**rt' nisht'*
Je peux incliner mon dossier de fauteuil ?	Kann ich meine Rückenlehne zurückklappen? *kan' ish m**aï**ne ruken'l**é**ne tsouruk'klapen'?*

Vous entendrez

- **Ihren Pass und ihr Ticket bitte.** *[iren' pass oun't ir tiket' bite]* Votre passeport et votre billet, s'il vous plaît.
- **Ihre Bordkarte bitte.** *[ire bortkarte bite]* Votre carte d'embarquement, s'il vous plaît.
- **Kann ich bitte Ihr Handgepäck sehen?** *[kan' ish bite ir han'tguepèk z**é**hen'?]* Puis-je voir votre bagage à main, s'il vous plaît ?
- **Haben Sie etwas zu verzollen?** *[h**a**ben' z**i** ètvass ts**ou** fèrtsolen'?]* Avez-vous quelque chose à déclarer ?
- **Könnten Sie bitte Ihren Koffer öffnen?** *[keun'ten' z**i** bite iren' kofer' eufnen'?]* Pourriez-vous ouvrir votre valise, s'il vous plaît ?

en avion

quitter l'aéroport

J'ai oublié quelque chose dans l'avion.	Ich habe etwas im Flugzeug vergessen. *ish habe ètvass im' flouktsoïk fèrguèssen'*
J'ai raté ma correspondance.	Ich habe meinen Anschluss verpasst. *ish habe maïnen' an'chlouss fèrpasst'*
Où récupère-t-on les bagages ?	Wo ist die Gepäckausgabe? *vo ist' di guepèkaosgabe?*
Excusez-moi, je cherche un chariot pour mes bagages.	Entschuldigen Sie bitte, ich suche einen Kofferkuli. *èn'tchouldiguen' zi bite, ish zourre aïnen' koferkouli*
Mes bagages ne sont pas arrivés.	Mein Gepäck ist nicht da. *maïn guepèk ist' nisht' da*

le transfert

Où sont les agences de location de voitures ?	Wo sind die Autovermietungen? *vo zin't di aotofèrmitoun'guen'?*
Où se trouvent les bus / les trains pour se rendre au centre-ville / à la gare centrale ?	Wo fahren die Busse / Züge ins Stadtzentrum / zum Hauptbahnhof ab? *vo faren' di bousse / tsugue in's chtat'tsèn'troum' / tsoum haoptban'hof ap?*
Je voudrais un ticket pour le centre-ville, s'il vous plaît.	Ich hätte gern eine Fahrkarte ins Stadtzentrum. *ish hète guèrn aïne farkarte in's chtat'tsèn'troum*
D'où partent les taxis ?	Wo ist der Taxistand? *vo ist' dèr' taksichtan't?*
Où puis-je payer le parking ?	Wo kann ich die Parkgebühren bezahlen? *vo kan' ish di parkgueburen' betsalen'?*
Combien coûte un taxi d'ici au centre-ville ?	Wie viel kostet ein Taxi von hier bis ins Stadtzentrum? *vi fil kostet' aïn taksi fon' hir' biss in's chtat'tsèn'troum'?*

en train

se renseigner

Où se trouvent les guichets ?	Wo sind die Schalter? *vo zin't di chalter'?*
À quelle heure part le prochain train pour Heidelberg ?	Wann fährt der nächste Zug nach Heidelberg? *van' fèrt dèr' nèkste tsouk narr haïdelbèrk?*
Je voudrais réserver deux places en première / seconde classe pour Brême.	Ich möchte gern zwei Plätze erster / zweiter Klasse nach Bremen reservieren. *ish meushte guèrn tsvaï plètse érster' / tsvaïter' klasse narr brémen' rézèrviren'*
Je voudrais voyager en train-couchettes.	Ich möchte im Liegewagen reisen. *ish meushte im' liguevaguen' raïzen'*
Une place côté fenêtre dans le sens de la marche, s'il vous plaît.	Einen Fensterplatz in Fahrtrichtung bitte. *aïnen' fèn'sterplats' in' fartrishtoun'g bite*
C'est un direct ou il y a un changement ?	Ist das eine Direktverbindung oder muss man umsteigen? *ist' dass aïne dirèktfèrbin'doun'g oder' mouss man' oum'chtaïguen'?*
Y a-t-il un train plus tôt / plus tard ?	Gibt es einen früheren / späteren Zug? *guipt' èss aïnen' frueren' / chpèteren' tsouk?*
Est-ce qu'il y a une réduction pour les jeunes / les groupes / les plus de 60 ans ?	Gibt es Ermäßigungen für Jugendliche / Gruppen / Senioren? *guipt' èss èrmèssigoun'guen' fur iouguen'tlishe / groupen' / zénioren'?*
La réservation est-elle obligatoire ?	Ist der Zug reservierungspflichtig? *ist' dèr' tsouk rézèrviroun'gspflishtish?*
Y a-t-il une consigne ?	Gibt es hier eine Gepäckaufbewahrung? *guipt' èss hir aïne guepèkaofbevaroun'g?*
Y a-t-il un supplément pour un animal de compagnie / un vélo ?	Muss man für Tiere / Fahrräder einen Zuschlag lösen? *mouss man' fur tire / far'rèder' aïnen' tsouchlak leuzen'?*

arriver à la gare

De quel quai part le train pour... ?	Auf welchem Gleis fährt der Zug nach ... ab? *aof vèlshem' glaïs fèrt dèr' tsouk narr ... ap?*
De quel quai partent les trains grandes lignes / de banlieue ?	Auf welchem Gleis fahren die Fernzüge / Nahverkehrszüge ab? *aof vèlshem' glaïs faren' di fèrntsugue / naférkérss-tsugue ap?*
Où est la voiture 8 ?	Wo ist Wagen 8? *vo ist' vaguen' arrt'?*
J'ai raté ma correspondance.	Ich habe meinen Anschluss verpasst. *ish habe maïnen' an'chlouss fèrpasst'*

dans le train

Pouvez-vous m'aider à caser mes bagages ?	Können Sie mir bitte helfen, mein Gepäck zu verstauen? *keunen' zi mir bite helfen', maïn guepèk tsou fèrchtaoen'?*
Excusez-moi, cette place est-elle libre ?	Entschuldigung, ist dieser Platz frei? *èn'tchouldigoun'g, ist' dizer' plats' fraï?*
Excusez-moi, je crois que vous êtes assis(e) à ma place.	Entschuldigen Sie, ich glaube, Sie sitzen auf meinem Platz. *èn'tchouldiguen' zi, ish glaobe, zi zitsen' aof maïnem' plats'*

Abréviations

- La **Deutsche Bahn (DB)** utilise les abréviations suivantes :
- **ICE : InterCity-Express** (train à grande vitesse pouvant atteindre les 300 km/h). Attention, l'**ICE Sprinter** est à réservation obligatoire.
- **IC : InterCity.**
- **EC : EuroCity.**
- **IRE : InterRegio-Express.**
- **RB : RegionalBahn.**
- **CNL : CityNightLine.**
- **NZ : NachtZug.** Ce sont les trains de nuit (avec les **D-Nacht** et **EuroNight**).

en bateau

se renseigner

Combien de temps dure la traversée / la promenade sur le lac ?	**Wie lange dauert die Überfahrt / die Seerundfahrt?** *vi lan'gue daoert' di uber'fart' / di zéroun'tfart'?*
Où achète-t-on les billets ?	**Wo kann man die Schiffskarten kaufen?** *vo kan' man' di chifskarten' kaofen'?*
D'où part le bateau ?	**Wo legt das Schiff ab?** *vo lékt dass chif ap?*

à bord

Où sont les toilettes, s'il vous plaît ?	**Entschuldigung, wo ist die Toilette?** *èn'tchouldigoun'g, vo ist' di toilète?*
Pourriez-vous m'indiquer la cafétéria / le « duty-free », s'il vous plaît ?	**Können Sie mir bitte sagen, wo die Cafeteria / der Dutyfreeshop ist?** *keunen' zi mir bite zaguen', vo di kafétéria / dèr' dioutifrichop ist'?*
Auriez-vous quelque chose contre le mal de mer ?	**Haben Sie etwas gegen Seekrankheit?** *haben' zi ètvass guéguen' zékran'khaït?*

Croisières sur le Rhin et le Danube

Le Rhin est l'un des fleuves d'Europe les plus fréquentés, une voie de communication essentielle vers la mer du Nord. Dans plusieurs villes germanophones, vous aurez l'occasion de faire une croisière romantique sur le Rhin. À Düsseldorf, Cologne, Bonn, Coblence et Bâle, vous trouverez un grand nombre de compagnies fluviales à des tarifs variés. N'hésitez pas à comparer les prix. Le Danube prend sa source à Donaueschingen en Forêt-Noire et se jette dans la mer Noire, traversant entre autres Ratisbonne et Passau en Bavière, Linz et Vienne en Autriche. Ses rives longent non seulement des contrées de forêts et de montagnes, mais aussi des régions au patrimoine culturel fascinant.

se renseigner

Quand part le prochain car pour Weimar ?	**Wann geht der nächste Bus nach Weimar?** *van' guét' dèr' nèkste bouss narr vaïmar?*
Combien de temps met le car pour Schwetzingen ?	**Wie lange braucht der Bus bis nach Schwetzingen?** *vi lan'gue braorrt' dèr' bouss biss narr chvètsin'guen'?*
Quelle est la fréquence des départs ?	**Wie oft fährt der Bus?** *vi oft fèrt dèr' bouss?*
Le car est-il climatisé / équipé de toilettes ?	**Gibt es im Bus eine Klimaanlage / Toilette?** *guipt' èss im' bouss aïne klima'an'lague / toilète?*
Vous avez des tarifs réduits ?	**Gibt es ermäßigte Fahrkarten?** *guipt' èss èrmèssikte farkarten'?*
Y a-t-il une salle d'attente ?	**Gibt es einen Wartesaal?** *guipt' èss aïnen' vartezal?*

dans le car

Cette place est-elle prise / libre ?	**Ist dieser Platz besetzt / frei?** *ist' dizer' plats' bezètst' / fraï?*
Pardon. Je crois que vous êtes assis(e) à ma place.	**Entschuldigen Sie, ich glaube, Sie sitzen auf meinem Platz.** *èn'tchouldiguen' sie, ish glaobe, zi zitsen' aof maïnem' plats'*
Quand va-t-on faire un arrêt ?	**Wann machen wir einen Halt?** *van' marren' vir aïnen' halt'?*
Je dois descendre.	**Ich muss aussteigen.** *ish mouss aoss'chtaïguen'*
Je crois que je suis malade.	**Mir ist schlecht.** *mir ist' chlesht'*

en voiture

louer un véhicule

Je voudrais louer une voiture / un scooter pour une semaine.	Ich möchte für eine Woche ein Auto / einen Motorroller mieten. *ish meushte fur aïne vorre aïn aoto / aïnen' motor'roler' miten'*
Quel est le tarif pour une journée ?	Was kostet das für einen Tag? *vass kostet' dass fur aïnen' tak?*
Combien coûte l'assurance tous risques ?	Was kostet eine Vollkaskoversicherung? *vass kostet' aïne folkaskofèrzisheroun'g?*
Le kilométrage est-il illimité ?	Ist die Kilometerzahl begrenzt? *ist' di kilométer'tsal begrèn'tst?*
Quel est le montant de la caution ?	Wie hoch ist die Kaution? *vi horr ist' di kaotsion'?*
Puis-je prendre le véhicule à Hambourg et le rendre à Cologne ?	Kann ich das Auto in Hamburg mieten und in Köln zurückgeben? *kan' ish dass aoto in' ham'bourk miten' oun't in' keuln tsourukguében'?*

Les routes

En *Allemagne* l'**Autobahn** *[aotoban']* correspond à notre « *autoroute* », la **Bundestraße** *[boun'des'chstrasse]* à notre « route nationale » et la **Landstraße** *[lan't'chstrasse]* à notre « route départementale ». Sur les autoroutes allemandes, les textes des panneaux de signalisation sont sur fond bleu. Sur les autres routes, ils sont sur fond jaune. En ville, ils sont sur fond blanc. Sur les autoroutes *autrichiennes*, les panneaux sont sur fond bleu. Les routes nationales sont indiquées par un numéro blanc sur fond bleu. Sur les autoroutes *suisses*, les panneaux sont sur fond vert. Les routes nationales sont indiquées par un numéro blanc sur fond rouge. Dans les deux pays alpins, les autoroutes sont payantes et il est recommandé d'acheter une vignette à la frontière avant de les emprunter.

trouver son chemin

Comment rejoint-on le centre-ville / l'autoroute / la gare ?	Wie komme ich ins Stadtzentrum / zur Autobahn / zum Bahnhof? *vi kome ish in's chtat'tsèn'troum' / tsour aotoban' / tsoum ban'hof?*
Je cherche une station-service / un garage.	Ich suche eine Tankstelle / Werkstatt. *ish zourre aïne tan'kchtèle / vèrkchtat'*
Pourriez-vous m'indiquer sur la carte où je me trouve ?	Können Sie mir bitte auf der Karte zeigen, wo wir sind? *keunen' zi mir bite aof dèr' karte tsaïguen', vo vir zin't?*
Pourriez-vous m'indiquer la direction de Dresde ?	Können Sie mir sagen, wo es nach Dresden geht? *keunen' zi mir zaguen', vo èss narr dréssden' guét'?*

se garer

Y a-t-il un parking près d'ici ?	Gibt es hier in der Nähe einen Parkplatz? *guipt' èss hir in' dèr' nèe aïnen' parkplats'?*
Est-ce que je peux stationner ici ?	Kann ich hier parken? *kan' ish hir parken'?*
Le stationnement est-il payant ?	Kostet dieser Parkplatz etwas? *kostet' dizer' parkplats' ètvass?*
Où est l'horodateur / la caisse ?	Wo ist die Parkuhr / die Kasse? *vo ist' di parkour / di kasse?*

Vous lirez

- **Umleitung** déviation
- **Baustellenausfahrt** sortie de chantier
- **Straßenschäden** route en mauvais état
- **Ölspur** traces d'huile
- **bei Rot hier halten** s'arrêter ici au feu rouge
- **Anlieger frei** interdit sauf riverains
- **Ausfahrt freihalten** sortie de voiture

en voiture

à la station-service

Mon scooter / ma voiture est en panne.	Mein Motorroller / mein Auto hat eine Panne. *maïn motor'roler' / maïn aoto hat' aïne pane*
Le plein, s'il vous plaît.	Voll tanken bitte. *fol tan'ken bite*
Quel est le prix de l'essence ?	Was kostet das Benzin? *vass kostet' dass bèn'tsin'?*
Du gasoil pour 30 euros, s'il vous plaît.	Diesel für 30 Euro bitte. *dizel fur draïssish oïro bite*
Pompe (numéro) 3.	Zapfsäule drei. *tsapfzoïle draï, bite*
Je voudrais vérifier la pression des pneus / le niveau d'huile / d'eau.	Ich würde gern den Reifendruck / den Ölstand / den Kühlwasserstand überprüfen. *ish vurde guèrn dén' raïfen'drouk / dén' eulchtan't / dén' kulvasser'chtan't*
Pourriez-vous vérifier les freins / les phares ?	Können Sie bitte die Bremsen / die Scheinwerfer überprüfen? *keunen' zi bite di brèm'zen' / di chaïn'vèrfer' uber'prufen'?*
Où sont les toilettes, s'il vous plaît ?	Entschuldigung, wo ist die Toilette? *èn'tchouldigoun'g, vo ist' di toilète?*
Où puis-je changer mon bébé / chauffer un repas d'enfant ?	Wo kann ich das Baby wickeln / einen Brei warm machen? *vo kan' ish dass bébi vikeln / aïnen' braï varm marren'?*

Vous entendrez

- **Hier ist das Parken verboten.** *[hir ist' dass parken' fèrboten']* Il est interdit de stationner ici.
- **In dieser Straße ist das Parken kostenpflichtig.** *[in' dizer' chtrasse ist' dass parken' kosten'pflishtish]* Dans cette rue, le stationnement est payant.
- **Die Fahrzeugpapiere bitte.** *[di fartsoïkpapire bite]* Les papiers du véhicule, s'il vous plaît.

au garage

Savez-vous où je peux trouver un garagiste ?	Können Sie mir sagen, wo ich einen Kfz-Mechaniker finde? *keunen' zi mir zaguen', vo ish aïnen' kaèftsèt' méshaniker' fin'de?*
Pourriez-vous appeler une dépanneuse ?	Können Sie bitte einen Abschleppwagen rufen? *keunen' zi bite aïnen' apchlèpvaguen' roufen'?*
La batterie est à plat.	Die Batterie ist leer. *di bateri ist' lér'*
L'air conditionné ne marche pas.	Die Klimaanlage funktioniert nicht. *di klima'an'lague foun'ktionirt' nisht'*
Les essuie-glaces ne fonctionnent plus.	Die Scheibenwischer funktionieren nicht mehr. *di chaïben'vicher' foun'ktioniren' nisht' mér*
Le moteur chauffe / fait un drôle de bruit.	Der Motor läuft heiß / macht ein komisches Geräusch. *dèr' motor loïft' haïss / marrt' aïn komichess gueroïch*
J'ai perdu le pot d'échappement.	Ich habe den Auspuff verloren. *ish habe dén' aoss'pouf fèrloren'*
Il y a une fuite d'huile dans le moteur.	Der Motor verliert Öl. *dèr' motor fèrlirt' eul*
La voiture ne veut pas démarrer / n'arrête pas de caler.	Der Motor startet nicht / geht immer aus. *dèr' motor chtartet' nisht' / guét' imer' aoss*
Elle ne veut pas passer en seconde.	Der zweite Gang lässt sich nicht einlegen. *dèr' tsvaïte gan'g lässt zish nisht' aïnléguen'*
Pouvez-vous vous charger de la réparation ?	Können Sie die Reparatur übernehmen? *keunen' zi di réparatour uber'némen'?*
Combien vont coûter les réparations ?	Was kostet die Reparatur? *vass kostet' di réparatour?*

das Auto
Automobile

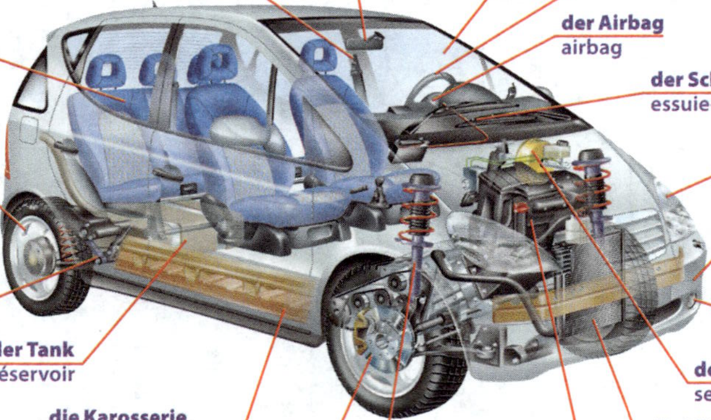

Se loger

Les différents modes d'hébergement

Dans les pays de langue allemande, vous pouvez choisir parmi de très nombreuses possibilités d'hébergement. Veillez à réserver par écrit (par exemple par e-mail), et ce bien à l'avance si vous voulez profiter des prix les plus avantageux. Attention, pendant les **Messen** *[mèssen']* « foires » ou certaines fêtes comme l'**Oktoberfest** *[octoher fèst]* « fête de la bière », vous aurez plus de difficultés à trouver des chambres libres. C'est aussi le cas dans les capitales, notamment Berlin et Vienne en été. Certaines régions, comme la Bavière et la Forêt-Noire, et certaines grandes villes sont plus chères que d'autres. De même, en centre-ville, les hôtels sont souvent plus onéreux que dans les quartiers périphériques. En Suisse, vous devrez payer une « taxe de séjour » **Kurtaxe** *[k**ou**rtacse]* (de 2 à 3 francs suisses par personne et par jour), souvent incluse dans le prix affiché. En contrepartie, elle vous donnera droit à des avantages non négligeables comme la gratuité des transports en commun et des tarifs réduits en tout genre variant selon les villes (parking, excursions, concerts, remontées). Le mieux est de vous renseigner auprès de l'office de tourisme de votre lieu de séjour.

Notez que le prix pour l'hébergement se calcule différemment. Le tarif indiqué s'entend souvent par personne (le petit déjeuner est inclus généralement, mais il est conseillé de vérifier).

Hôtels

C'est le mode d'hébergement le plus onéreux et il est recommandé de bien comparer les prix avant de réserver. Si vous souhaitez partir en haute saison, il est impératif de réserver de 2 à 6 mois à l'avance pour les villes et les régions les plus touristiques.

Sur le site Internet de l'office du tourisme, vous pourrez consulter en ligne la brochure *L'Allemagne à prix malins* (http://www.allemagne-tourisme.com/FRA/info_pratique/l_allemagne_a_prix_malins.htm) qui vous donnera toutes les informations nécessaires sur les prix et les hôtels où l'on parle français.

En *Autriche*, l'éventail des hôtels est vaste : de la ferme à l'hôtel particulier. Le site *Autriche pro France* (http://www.autriche.com) affiche les hôtels francophones.

En *Suisse*, une culture séculaire d'art hôtelier vous attend. Une particularité notable : si l'hôtel n'est pas complet, il vous sera parfois possible de négocier avec subtilité le prix de votre chambre.

La WG

La WG *[vé gué]* « colocation » constitue une autre option bon marché, surtout pour les étudiants ou des gens seuls, lorsqu'ils souhaitent vivre en communauté et rencontrer d'autres personnes. Vous devez distinguer entre la **Zweck-WG** *[tsvèk végué]* où les colocataires ne se côtoient pas vraiment et les **Nicht Zweck-WG** *[nisht tsvèk végué]* où il y a davantage de partage (repas, activités, sorties...). La WG est l'un des moyens les plus efficaces pour faire des progrès fulgurants en allemand car vous vous trouvez confronté avec la langue au quotidien. Veillez à vous renseigner sur le **Putzplan** *[poutsplann']* « planning de nettoyage » (pour les pièces communes) afin d'éviter les mauvaises surprises.

Hotel garni

L'**Hotel garni** propose seulement une formule avec petit déjeuner inclus (en général un buffet), ce qui peut représenter un type d'hébergement moins onéreux. Ces endroits bénéficient assez souvent d'une ambiance chaleureuse. Pour un confort plus grand, vous trouverez des hôtels garnis possédant plusieurs étoiles.

Le Gasthof ou Gasthaus

Der Gasthof *[gasthof]* ou **das Gasthaus** *[gasthaos]* est une auberge avec un restaurant au rez-de-chaussée et des chambres à l'étage. Les établissements, en général familiaux et à l'atmosphère conviviale, proposent des prix très abordables, même si le confort est relatif selon les lieux. Renseignez-vous au préalable et comparez éventuellement sur Internet les prestations offertes.

Les Fremdenzimmer

Vous rencontrerez ce type d'hébergement en Allemagne et en Autriche. Les **Fremdenzimmer** *[frèmdeuntsimer]* sont des « chambres chez l'habitant », souvent équipées individuellement de salle d'eau et de W-C. C'est un mode de logement à prix modique qui permet en plus de s'entretenir avec l'hôte. Quant au petit déjeuner, il est en général inclus dans le prix de la chambre. Soit l'office du tourisme vous renseignera sur les possibilités, soit vous verrez une pancarte **Zimmer frei** *[tsimer fraï]* « chambre libre » sur place.

Berghütten en Autriche et en Suisse alémanique

Une **Berghütte** *[bèrg-hutteu]* est un gîte ou chalet de montagne. Outre le refuge de montagne où randonneurs (-euses) et skieurs (-euses) peuvent trouver un abri gratuit pour la nuit, il existe des **Berghütten** *[bèrghutten']* payantes de tout genre avec un niveau de confort différent selon les lieux. Les sites Internet ou l'office du tourisme vous donneront toutes les informations nécessaires à ce sujet.

Location d'appartement

Eine Ferienwohnung *[férien' vonoungue]* est un appartement mis à la disposition des touristes le temps de leur séjour. Selon les villes, le prix de la location peut être élevé. C'est sur Internet que les appartements sont le plus souvent présentés, avec photos et conditions.

Pour avoir un appartement à un prix plus accessible, vous pourrez louer en **Zwischenmiete** *[tsvichenmite]* « location temporaire » ou **Untermiete** *[ountermite]* « sous-location », le temps que le ou la locataire principal revienne de vacances. Dans les deux cas, les appartements disposent en général d'un confort optimal, souvent avec une connection Internet.

l'arrivée

Nous voudrions une chambre double / deux chambres simples.	Wir hätten gern ein Doppelzimmer / zwei Einzelzimmer. *vir hèten guèrn aïn dopeltsimer' / tsvaï aïntseltsimer'*
Nous voudrions un lit supplémentaire pour un enfant.	Wir hätten gern ein zusätzliches Bett für ein Kind. *vir hèten guèrn aïn tsouzètslishess bèt' fur aïn kin't*
Nous voudrions une chambre pour deux nuits, s'il vous plaît.	Wir hätten gern ein Zimmer für zwei Nächte. *vir hèten guèrn aïn tsimer' fur tsvaï nèshte*
Je voudrais une chambre avec douche / avec baignoire.	Ich möchte ein Zimmer mit Dusche / mit Badewanne. *ish meushte aïn tsimer' mit' douche / mit' badevane*
J'aimerais une chambre tranquille / avec vue sur le lac / côté jardin.	Ich hätte gern ein ruhiges Zimmer / mit Blick auf den See / zum Garten hin. *ish hète guèrn aïn rouhiguess tsimer' / mit' blik aof dén' zé / tsoum' garten' hin'*

Meldeformular

- Pour séjourner dans un hôtel, vous serez amené(e) à remplir un **Meldeformular** *[meldeuformoular]* « fiche de renseignements ». En voici un exemple :
- **Ankunft** (arrivée) : ... / **Abreise** (départ) : ... / **Anzahl der Nächte** (nombre de nuits) : ...
- **Einzelzimmer** (chambre simple) ... / **Doppelzimmer** (chambre double) ... / **Nichtraucher** (non-fumeur)... / **Ankunft nach 18:00 Uhr** (arrivée après 18 h) ...
- **Name** (nom), **Vorname** (prénom) : ... / **Titel** (titre de civilité) : ...
- **Strasse** (rue) : ... / **Postleitzahl** (code postal) : .../ **Ort** (lieu-ville) : ... / **Land** (pays) : ...
- **Telefonnummer** (numéro de téléphone) : ... / **Faxnummer** (numéro de fax) : ... / **E-mail** : ...
- **Zahlung** (paiement) ... / **EC-Karte** (carte Bleue nationale).../ **Visa Kreditkarte** (carte Bleue / Visa) ... / **Bargeld** (espèces)...
- **Datum** (date) : .../ **Unterschrift** (signature) : ...

l'arrivée

J'ai réservé une chambre au nom de Dupuis par téléphone / par Internet.	Ich habe telefonisch / per Internet ein Zimmer auf den Namen Dupuis reserviert. *ish h**a**be téléfonich / pèr' in'tèrnèt' **aï**n tsimer' **ao**f dén' n**a**men' dupui rézèrv**i**rt'*
Je voudrais une chambre calme.	Ich möchte ein ruhiges Zimmer. *ish meushte **aï**n r**ou**higuess tsimer'*
Avez-vous des chambres avec balcon ?	Haben Sie Zimmer mit Balkon? *h**a**ben' z**i** tsimer' mit' balk**o**n'?*
Quels sont vos tarifs ?	Was kosten die Zimmer? *vass kosten' d**i** tsimer'?*
Nous pensons rester trois nuits.	Wir werden voraussichtlich drei Nächte bleiben. *v**i**r v**é**rden' for**ao**ss'zishtlish dr**aï** nèshte bl**aï**ben'*
Faites-vous la demi-pension / la pension complète ?	Gibt es bei Ihnen Halbpension / Vollpension? *guipt' èss b**aï** **i**nen' halp'pen'zi**o**n' / folpen'zi**o**n'?*
Le petit déjeuner est-il inclus ?	Ist das Frühstück inbegriffen? *ist' dass fr**u**chtuk in'begrifen'?*
Où le petit déjeuner est-il servi ?	Wo ist der Frühstücksraum? *v**o** ist' dèr' fr**u**chtuksr**ao**m?*
À quelle heure le repas est-il servi ?	Wann gibt es Essen? *van' guipt' èss èssen'?*
Y a-t-il la télévision dans la chambre ?	Hat das Zimmer einen Fernseher? *hat' dass tsimer' **aï**nen' fèrnz**é**er'?*
Y a-t-il une borne Internet / la Wi-Fi dans l'hôtel ?	Gibt es im Hotel einen Internetanschluss / W-lan? *guipt' èss im' hotèl **aï**nen' in'tèrnèt'an'chlouss / vé-lèn'?*
Y a-t-il un gardien de nuit ?	Gibt es einen Nachtportier? *guipt' èss **aï**nen' narrt'porti**é**?*
Y a-t-il un parking ?	Haben Sie einen Parkplatz? *h**a**ben' z**i** **aï**nen' parkplats'?*

le séjour

La clé de la chambre 121, s'il vous plaît.	**Den Schlüssel für Zimmer 121 bitte.** *dén' chlussel fur tsimer' aïn'houn'dert'aïnoun't' tsvan'tsish bite*
Je voudrais prendre le petit déjeuner dans ma chambre.	**Ich hätte das Frühstück gern aufs Zimmer.** *ish hète dass fruchtuk guèrn aofss tsimer'*
Où peut-on chauffer un biberon / un repas d'enfant ?	**Wo kann ich ein Fläschchen / einen Babybrei warm machen?** *vo kan' ish aïn flèchshen' / aïnen' bébifbraï varm marren'?*
Nous aimerions rester une nuit supplémentaire.	**Wir würden gerne noch eine Nacht bleiben.** *vir vurden' guèrne norr aïne narrt' blaïben'*
Est-ce qu'il y a des messages pour moi ?	**Hat jemand eine Nachricht für mich hinterlassen?** *hat' iéman't aïne narr'risht' fur mish hin'terlassen'?*
L'air conditionné / le chauffage / la télévision ne marche pas.	**Die Klimaanlage / die Heizung / der Fernseher funktioniert nicht.** *di klima'an'lague / di haïtsoun'g / dèr' fèrnzéer' foun'ktionirt' nisht'*
Il n'y a pas de lumière dans la salle de bains.	**Im Bad ist kein Licht.** *im' bat' ist' kaïn lisht'*
Est-il possible d'avoir une couverture / une serviette / un oreiller supplémentaire ?	**Könnte ich bitte noch eine Decke / noch ein Handtuch / noch ein Kopfkissen haben?** *keun'te ish bite norr aïne dèke / norr aïn han't'tourr / norr aïn kopfkissen' haben'?*
Avez-vous de la documentation sur la région / la ville ?	**Haben Sie Prospekte über die Gegend / die Stadt?** *haben' zi prospèkte uber' di guéguén't / di chtat'?*
Le problème sera-t-il réglé dès aujourd'hui ?	**Wird das Problem heute behoben?** *virt' dass problém' hoïte behoben'?*

le départ

Je vais partir.	Ich reise ab. *ish r**aï**ze ap*
Pourriez-vous préparer ma note ?	Machen Sie bitte die Rechnung fertig. *marren' **zi** bite **di** rèshnoun'g fèrtish*
Je voudrais payer, s'il vous plaît.	Ich möchte bitte zahlen. *ish meushte bite ts**a**len'*
Pourriez-vous me réveiller à 7 h ?	Könnten Sie mich bitte um 7 Uhr wecken? *keun'ten' **zi** mish oum' ziben' **ou**r vèken'?*
À quelle heure doit-on libérer la chambre ?	Wann muss das Zimmer geräumt werden? *van' mouss dass tsimer' guer**oï**mt v**é**rden'?*
Pouvons-nous laisser les bagages quelque part ?	Können wir unser Gepäck hier lassen? *keunen' v**i**r oun'zer' guepèk h**i**r lassen'?*
Puis-je régler par chèque / par carte de crédit ?	Kann ich mit Scheck / Kreditkarte zahlen? *kan' ish mit' chèk / kréd**i**tkarte ts**a**len'?*
Puis-je avoir un reçu, s'il vous plaît ?	Könnte ich bitte eine Quittung haben? *keun'te ish bite **aï**ne kvitoun'g h**a**ben'?*
Je crois qu'il y a une erreur.	Ich glaube, da stimmt etwas nicht. *ish gl**ao**be, d**a** chtim't ètvass nisht'*

Vous lirez sur les formulaires

- **Name** nom
- **Vorname(n)** prénom(s)
- **Staatsangehörigkeit** nationalité
- **Geburtstag** date de naissance
- **Geburtsort** lieu de naissance
- **Geschlecht** sexe
- **Familienstand** situation de famille
- **Adresse / Anschrift** adresse
- **Kinder** enfants
- **Ausstellungsdatum** date de délivrance
- **gültig bis** expire le
- **Unterschrift** signature

l'arrivée

Où est notre emplacement ?	**Wo ist unser Platz?** *vo ist' oun'zer' plats'?*
Vous reste-t-il des emplacements libres ?	**Haben Sie noch Plätze frei?** *haben' zi norr plètse fraï?*
Nous voudrions un emplacement pour deux tentes et une voiture / un camping-car.	**Wir hätten gern einen Platz für zwei Zelte und ein Auto / für ein Wohnmobil.** *vir hèten guèrn aïnen' plats' fur tsvaï tsèlte oun't aïn aoto / fur aïn von'mobil*
Combien coûte un emplacement pour une tente et deux personnes ?	**Wie viel kostet ein Platz für ein Zelt und zwei Personen?** *vi fil kostet' aïn plats' fur aïn tsèlt oun't tsvaï pèrzonen'?*
Louez-vous des caravanes / des bungalows ?	**Vermieten Sie Wohnwagen / Bungalows?** *fèrmiten' zi vonvaguen' / beun'galoz?*
Est-il possible de louer une tente ?	**Kann man ein Zelt leihen?** *kan' man' aïn tsèlt laïen'?*
Y a-t-il un tarif à la semaine ?	**Gibt es einen Wochentarif?** *guipt' èss aïnen' vorren'tarif?*
Faut-il payer à l'arrivée ou au départ ?	**Muss man bei der Ankunft oder bei der Abreise bezahlen?** *mouss man' baï dèr' an'koun'ft oder' baï dèr' apraïze betsalen'?*
Doit-on payer une caution ?	**Müssen wir eine Kaution zahlen?** *mussen' vir aïne kaotsion' tsalen'?*
On préférerait une place à l'ombre.	**Wir hätten lieber einen Platz im Schatten.** *vir hèten liber aïnen' plats' im' chaten'*
Ne vous reste-t-il pas d'emplacements plus éloignés de la route ?	**Haben Sie keine Plätze mehr, die weiter von der Straße entfernt sind?** *haben' zi kaïne plètse mér, di vaïter' fon' dèr' chtrasse èn'tfèrnt' zin't?*

le séjour

Y a-t-il une supérette à l'intérieur du camping ?	Gibt es einen Supermarkt auf dem Campingplatz? *guipt' èss **aï**nen' z**ou**permarkt' **ao**f dém' kèm'pin'gplats'?*
Y a-t-il un endroit où l'on peut laver et faire sécher le linge ?	Kann man hier irgendwo Wäsche waschen und trocknen? *kan' man' h**i**r irguen'tv**o** v**è**che vachen' oun't troknen'?*
Où se trouvent les sanitaires ?	Wo sind die sanitären Anlagen? *v**o** zin't d**i** zanit**è**ren' an'l**a**guen'?*
Le camping propose-t-il des activités ?	Finden auf dem Campingplatz Veranstaltungen statt? *fin'den' **ao**f dém' kèm'pin'gplats' fèran'chtal-toun'guen' chtat'?*
Vous fermez à quelle heure pour la nuit ?	Wann schließen Sie nachts? *van' chl**i**ssen' **zi** narrts'?*
Y a-t-il une aire de jeux pour enfants ?	Gibt es hier einen Kinderspielplatz? *guipt' èss h**i**r **aï**nen' kin'der'chp**i**lplats'?*
Y a-t-il un mini-club ?	Gibt es einen Mini-Club? *guipt' èss **aï**nen' mini-cloub?*
Y a-t-il une discothèque dans le camping ?	Gibt es auf dem Campingplatz eine Diskothek? *guipt' èss **ao**f dém' kèm'pin'gplats' **aï**ne diskot**é**k?*

Panneaux dans le camping

- **Briefkasten** Boîtes aux lettres
- **Duschen** Douches
- **Internetpoint** Borne Internet
- **Kinderspielplatz** Aire de jeux pour les enfants
- **Lebensmittel** Épicerie
- **Nur für Geschirr** Évier
- **Rezeption** Accueil
- **Sanitäre Anlagen** Sanitaires
- **Swimmingpool** Piscine
- **Telefonzelle** Cabine téléphonique
- **Tischtennis** Ping-pong
- **Toilette** Toilettes
- **Waschräume** Lavabos

SE LOGER

à l'auberge de jeunesse

l'arrivée

Nous avons réservé une chambre familiale pour ce soir au nom de Duval.	**Wir haben für heute Abend ein Familienzimmer auf den Namen Duval reserviert.** *vir haben' fur hoïte aben't aïn familien'tsimer' aof dén' namen' duval rézèrvirt'*
Vous avez uniquement des dortoirs ?	**Haben Sie nur Gruppenzimmer?** *haben' zi nour groupen'tsimer'?*
Avez-vous des chambres doubles / pour quatre personnes ?	**Haben Sie Doppelzimmer / Vierbettzimmer?** *haben' zi dopeltsimer' / firbèt'tsimer'?*
Avez-vous des chambres avec douche ?	**Haben Sie Zimmer mit Dusche?** *haben' zi tsimer' mit' douche?*
Les chambres sont-elles mixtes ?	**Sind die Zimmer gemischt?** *zin't di tsimer' guemicht?*
Quel est le prix par nuit et par personne ?	**Was kostet eine Person pro Nacht?** *vass kostet' aïne pèrzon' pro narrt'?*
Faites-vous des réductions pour les étudiants / les enfants ?	**Gibt es eine Ermäßigung für Studierende / Kinder?** *guipt' èss aïne èrmèssigoun'g fur chtoudiren'de / kin'der'?*
Faut-il la carte de l'Association des auberges de jeunesse pour passer la nuit ?	**Braucht man einen Jugendherbergsausweis, um hier zu übernachten?** *braorrt' man' aïnen' iouguen'thèrbèrkssaossvaïss, oum' hir tsou uber'narrten'?*
Est-il possible d'avoir des serviettes de toilette / des draps ?	**Haben Sie Handtücher / Bettwäsche?** *haben' zi han't'tusher' / bètvèche?*
L'auberge est-elle adaptée aux fauteuils roulants ?	**Ist die Jugendherberge rollstuhlgerecht?** *ist' di iouguen'thèrbèrgue rolchtoulguerèsht?*

le séjour

Y a-t-il une consigne automatique ?	Gibt es hier Schließfächer? *guipt' èss hir' chlissfèsher'?*
Y a-t-il une machine à laver automatique / un restaurant ?	Gibt es eine Waschmaschine / ein Restaurant? *guipt' èss aïne vachmachine / aïn rèstoran?*
Y a-t-il une cuisine équipée pour préparer les repas ?	Gibt es eine Küche zum Selberkochen? *guipt' èss aïne kushe tsoum' zèlber'korren'?*
Y a-t-il un couvre-feu ?	Schließt die Jugenherberge über Nacht? *chlisst' di iouguen'thèrbèrgue uber' narrt'?*
Avez-vous une salle de détente ?	Haben Sie einen Aufenthaltsraum? *haben' zi aïnen' aofen't'haltsraom?*
Le petit déjeuner est-il compris dans le prix ?	Ist das Frühstück im Preis inbegriffen? *ist' dass fruchtuk im' praïs in'begrifen'?*
Y a-t-il une aire de jeux pour les enfants ?	Gibt es hier einen Kinderspielplatz? *guipt' èss hir aïnen' kin'der'chpilplats'?*

Auberges de jeunesse

L'« auberge de jeunesse », **Jugendherberge** *[yougueunt-hèrbègue]*, c'est l'hébergement à petits prix. À elle seule, l'Allemagne compte 550 auberges de jeunesse (au sein du **DJH** *[dé yott ha]*, **Deutsches Jugendherbergswerk** *[doïtchess ouguen-thèrbèrksvèrk]* « Association allemande des auberges de jeunesse ». En plus de l'incontournable dortoir, on propose des chambres pour six, quatre, voire deux personnes. Les auberges sont bien équipées et très confortables, vu le rapport qualité/prix. Les sites Internet suivants vous indiquent des chambres disponibles : http://www.jugendherberge.de/fr (Allemagne, site aussi en français) ; http://www.oejhv.or.at (Autriche, site aussi en anglais) ; http://www.youthhostel.ch (Suisse, site aussi en français).

en location

l'arrivée

Nous avons réservé un appartement au nom de...	**Wir haben eine Wohnung auf den Namen ... reserviert.** *vir haben' aïne vonoun'g aof dén' namen' ... rézèrvirt'*
Pouvez-vous nous faire visiter ?	**Können Sie uns die Wohnung zeigen?** *keunen' zi oun's di vonoun'g tsaïguen'?*
Quelle est la clé de la porte d'entrée ?	**Welches ist der Schlüssel für die Eingangstür?** *vèlshess ist' dèr' chlussel fur di aïn'gan'gstur?*
Où se trouve le compteur / le chauffe-eau / l'alarme ?	**Wo ist der Zähler / der Boiler / die Alarmanlage?** *vo ist' dèr' tsèler'/ dèr' boïler' / di alarman'lague?*
Où puis-je vous joindre ?	**Wo finde ich Sie?** *vo fin'de ish zi?*
Pouvons-nous faire l'état des lieux rentrant ?	**Können wir die Wohnung zusammen begehen?** *keunen' vir di vonoun'g tsouzamen' beguéen'?*
Avez-vous une deuxième clé ?	**Haben Sie einen zweiten Schlüssel?** *haben' zi aïnen' tsvaïten' chlussel?*
L'eau du robinet est-elle potable ?	**Kann man das Leitungswasser trinken?** *kan' man' dass laïtoun'gsvasser' trin'ken'?*
Où sont les oreillers / les couvertures ?	**Wo sind die Kopfkissen / Decken?** *vo zin't di kopfkissen' / dèken'?*
Y a-t-il un supermarché près d'ici ?	**Gibt es hier in der Nähe einen Supermarkt?** *guipt' èss hir in' dèr' nèe aïnen' zoupermarkt'?*

Petit lexique des logements

- appartement
  (Ferien)Wohnung
  [(férien')vonoun'g]
- chambre chez l'habitant
  Bed and Breakfast
  [bèt èn't brèkfèst]
- location
  Unterkunft
  [oun'ter'koun'ft]
- studio
  Einzimmerwohnung
  [aïn'tsimer'vonoun'g]

le séjour

Avez-vous des draps de rechange ?	**Haben Sie Bettwäsche zum Wechseln?** *h**a**ben' z**i** bètvèche tsoum' vèkseln?*
Y a-t-il des couvertures supplémentaires ?	**Haben Sie noch mehr Decken?** *h**a**ben' z**i** norr m**é**r dèken?*
Comment marche la douche / le chauffage / le lave-vaisselle ?	**Wie funktioniert die Dusche / die Heizung / die Spülmaschine?** *v**i** foun'ktion**i**rt' d**i** douche / d**i** h**a**ïtsoun'g / d**i** chp**u**lmach**i**ne?*
Un fusible a grillé.	**Eine Sicherung ist durchgebrannt.** *a**ï**ne zisheroun'g ist' dourshguebran't*
Où se trouve l'aspirateur / le balai ?	**Wo ist der Staubsauger / der Besen?** *v**o** ist' dèr' cht**ao**pz**ao**guer' / dèr' b**é**zen'?*
Les ordures sont-elles triées ?	**Wird der Müll hier getrennt?** *virt' dèr' mul h**i**r guetrènt?*

le départ

Quel jour viendra la femme de ménage ?	**An welchem Tag kommt die Putzfrau?** *an' vèlshem' t**a**k kom't d**i** poutsfr**ao**?*
Quand viendrez-vous pour l'état des lieux sortant ?	**Wann kommen Sie zur Abnahme?** *van' komen' z**i** ts**ou**r apn**a**me?*
Nous avons cassé des assiettes / des verres.	**Uns sind Teller / Gläser kaputt gegangen.** *oun's zin't tèler' / gl**è**zer' kapout' guegan'guen'*
Cette tache existait déjà.	**Dieser Fleck war schon da.** *d**i**zer' flèk v**a**r ch**o**n' d**a***
Puis-je récupérer ma caution ?	**Kann ich bitte meine Kaution zurückhaben?** *kan' ish bite m**aï**ne k**ao**tsi**o**n' tsourukh**a**ben'?*
À qui dois-je remettre les clés ?	**Wem soll ich den Schlüssel geben?** *v**é**m zol ish dén' chlussel gu**é**ben'?*

en famille d'accueil

l'arrivée

Je suis heureux (-euse) de faire enfin votre connaissance.	**Ich freue mich, Sie endlich kennen zu lernen.** *ish freue mish, zi èn'tlish kènen' tsou lèrnen'*
Je vous reconnais d'après votre photo.	**Ich erkenne Sie wieder, weil ich Ihr Foto gesehen habe.** *ish èrkène zi vider', vaïl ish ir' foto guezéen' habe*
C'est gentil à vous d'être venus me chercher à l'aéroport.	**Es ist sehr nett von Ihnen, dass Sie mich am Flughafen abholen.** *èss ist' zér nèt' fon' inen', dass zi mish am' floukhafen' apholen'*
Quelle jolie chambre / belle maison ! / quel bel appartement !	**Das Zimmer / das Haus / die Wohnung ist aber schön!** *dass tsimer' / dass haoss / di vonoun'g ist' aber' cheun!*
L'appartement est spacieux.	**Die Wohnung ist sehr groß.** *di vonoun'g ist' zér gross*
Je suis venu(e) avec…	**Ich bin mit … gekommen.** *ish bin' mit' … guekomen'*
J'espère améliorer mon allemand.	**Ich möchte mein Deutsch verbessern.** *ish meushte maïn doïtch fèrbèssern*

Cadeau pour la famille

En arrivant dans une famille d'accueil, il est de bon ton d'offrir un « cadeau », **ein Gastgeschenk** *[gast'guechènk]*, à celle-ci en guise de remerciement pour son hospitalité : spécialité de la ville ou de la région d'où vous venez, chocolats, livre (si possible dans la langue que la famille comprend), bouteille d'un vin de pays… Ainsi, vous montrerez que vous avez le sens du savoir-vivre. Attention aux cadeaux qui peuvent mettre mal à l'aise, comme un bloc de foie gras si votre famille est militante écolo et amie des bêtes.

le séjour

Où puis-je mettre mes bagages ?	**Wo kann ich mein Gepäck abstellen?** *vo kan' ish maïn guepèk apchtèlen'?*
Où est ma chambre ?	**Wo ist mein Zimmer?** *vo ist' maïn tsimer'?*
Où sont les verres / les serviettes de toilette ?	**Wo sind die Gläser / Handtücher?** *vo zin't di glèzer'/ han't'tusher'?*
À quelle heure prenez-vous votre petit déjeuner ?	**Wann frühstücken Sie?** *van' fruchtuken' zi?*
À quelle heure déjeunerons / dînerons-nous ?	**Wann essen wir zu Mittag / zu Abend?** *van' èssen' vir tsou mitak / tsou aben't?*
Je préférerais du café / du thé.	**Ich möchte lieber Kaffee / Tee.** *ish meushte liber kafé / té*
Ne changez rien pour moi, je mange de tout.	**Machen Sie bitte meinetwegen keine Umstände, ich esse alles.** *marren' zi bite maïnet'véguen' kaïne oumchtènde, ish èsse aless*
Désolé(e), je ne mange pas de viande / je n'aime pas le poisson.	**Es tut mir Leid, aber ich esse kein Fleisch / ich mag keinen Fisch.** *èss tout' mir laït', aber' ish èsse kaïn flaïch / ish mak kaïnen' fich*
Pourriez-vous me montrer comment fonctionne la douche ?	**Können Sie mir bitte zeigen, wie die Dusche funktioniert?** *keunen' zi mir bite tsaïguen', vi di douche foun'ktionirt'?*
Comment allume-t-on le four ?	**Wie schaltet man den Herd an?** *vi chaltet' man' dén' hért an'?*
Je peux me préparer un cacao ?	**Kann ich mir einen Kakao machen?** *kan' ish mir aïnen' kakao marren'?*

le savoir-vivre

Je suis désolé(e) d'être en retard.	Entschuldigen Sie bitte meine Verspätung. *èn'tchouldiguen' zi bite maïne fèrchpètoun'g*
Pardon pour mon retard, je me suis trompé(e) de bus.	Entschuldigen Sie meine Verspätung, ich habe den falschen Bus genommen. *èn'tchouldiguen' zi maïne fèrchpètoun'g, ish habe dén' falschen bouss guenomen'*
Je suis vraiment désolé(e), mais j'ai cassé le vase qui était dans ma chambre.	Es tut mir sehr Leid: Mir ist die Vase in meinem Zimmer heruntergefallen. *èss tout' mir zér laït: mir ist' di vaze in' maïnem' tsimer' héroun'ter'guefalen'*
Je vais essuyer la vaisselle.	Ich trockne ab. *ish trokne ap*
Je serais ravi(e) de vous rendre service.	Ich würde Ihnen sehr gerne helfen. *ish vurde inen' zér guèrne helfen'*
Je vais vous aider.	Ich helfe Ihnen. *ish helfe inen'*
Je m'en vais.	Ich gehe. *ish guée*

Repas en famille

Dans les pays de langue allemande, le repas le plus important et le plus copieux est le « petit déjeuner » **Frühstück** *[fruchtuk]*. Composé en général de sucré-salé (charcuterie, fromage, en plus de confiture, café, thé ou chocolat chaud) et accompagné de **Brötchen** *[breutshen]* « petits pains », il est l'occasion de se réunir en famille avant que chacun ne vaque à ses occupations. Tâchez donc d'être à l'heure ! Le soir, selon les régions et les habitudes, les familles se rassemblent autour de l'**Abendbrot** *[abeun't brot]*, littéralement « pain du soir ». Lorsque le déjeuner a consisté en un plat chaud, le dîner peut être un repas froid avec du fromage, de la charcuterie et des crudités.

SE LOGER

le départ

Il faut que je sois à l'aéroport à 6 h. À quelle heure dois-je quitter la maison ?	Ich muss um sechs Uhr am Flughafen sein. Wann muss ich das Haus verlassen? *ish mouss oum' zèks **ou**r am' fl**ou**kh**a**fen' z**aï**n'. van' mouss ish dass h**ao**ss fèrlassen'?*
Il faut que je fasse ma valise. Le taxi sera là dans une heure.	Ich muss meinen Koffer packen. Mein Taxi kommt in einer Stunde. *ish mouss m**aï**nen' kofer' paken'. m**aï**n taksi kom't in' **aï**ner' chtoun'de*
J'ai le temps, mon train ne part qu'à 10 h 30.	Ich habe noch Zeit, mein Zug geht erst um halb elf. *ish h**a**be norr ts**aï**t', m**aï**n ts**ou**k gu**é**t' **é**rst oum' halp èlf*
Merci pour tout (ce que vous avez fait).	Vielen Dank für alles! *f**i**len' dan'k f**u**r aless!*
C'était formidable, merci.	Es war sehr schön bei Ihnen, danke! *èss v**a**r z**é**r ch**eu**n b**aï** **i**nen', dan'ke!*
J'appellerai quand je serai rentré(e).	Ich rufe an, wenn ich angekommen bin. *ish r**ou**fe an', ven' ish an'guekomen' bin'*
À bientôt, j'espère.	Hoffentlich bis bald. *hofen'tlish biss balt'*
Si vous voulez venir en France, vous serez les bienvenus.	Wenn Sie nach Frankreich kommen möchten, sind Sie herzlich eingeladen. *ven' z**i** n**a**rr fran'kr**aï**sh komen' meushten', zin't z**i** hèrtslish **aï**nguel**a**den'*
Peut-être pourrions-nous nous revoir l'été prochain ?	Vielleicht können wir uns nächsten Sommer wiedersehen? *fil**aï**sht keunen' v**i**r oun's n**è**ksten' zomer' v**i**derz**é**en'?*
Je reviendrai.	Ich werde wieder kommen! *ish v**é**rde v**i**der' komen'!*
Maintenant, c'est à vous de venir.	Jetzt müssen Sie mich besuchen! *ièts' mussen' z**i** mish bezourren'!*

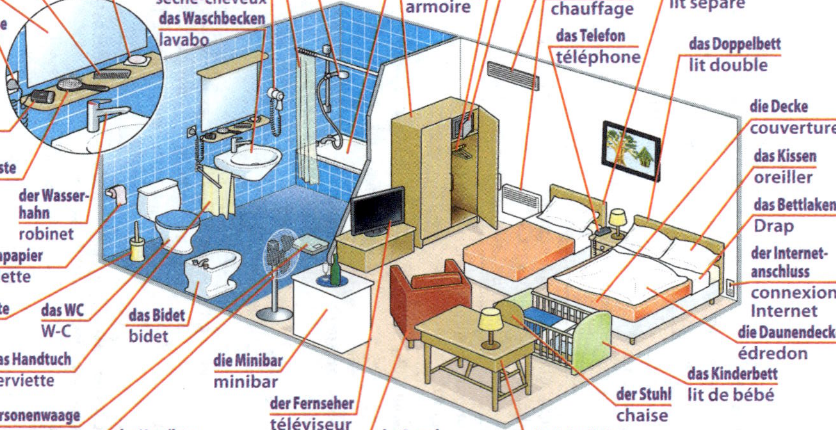
das Badezimmer
Salle de bains
der Kamm
peigne
die Seife
savonnette
der Spiegel
miroir
die Steckdose
prise électrique
der Rasierapparat
rasoir
die Haarbürste
brosse à cheveux
der Wasserhahn
robinet
das Toilettenpapier
papier toilette
die WC-Bürste
balayette
das WC
W-C
das Handtuch
serviette
die Personenwaage
pèse-personne
der Ventilator
ventilateur
das Bidet
bidet
der Duschvorhang
rideau
der Fön
sèche-cheveux
das Waschbecken
lavabo
der Duschkopf
pomme
die Badewanne
baignoire
der Kleiderbügel
cintre
der Schrank
armoire
die Minibar
minibar
der Fernseher
téléviseur
der Sessel
fauteuil
der Safe
coffre-fort
die Klimaanlage
climatisation
die Heizung
chauffage
das Telefon
téléphone
das Zimmer
La chambre
das Einzelbett
lit séparé
das Doppelbett
lit double
die Decke
couverture
das Kissen
oreiller
das Bettlaken
Drap
der Internetanschluss
connexion à Internet
die Daunendecke
édredon
das Kinderbett
lit de bébé
der Stuhl
chaise
der Schreibtisch
bureau

à table !

Gastronomie : préjugés et réalités

Traditionnelle ou venue d'ailleurs, la cuisine des pays de langue allemande est très variée. La cuisine de « Souabe » **Schwaben** *[chwaben']* compte parmi les plus appréciées d'*Allemagne*. Ses spécialités sont entre autres les **Spätzle** *[chpètzle]* (pâtes à base de farine et d'œufs recouvertes de fromage et cuites au four), les **Schupfnudeln** *[choupfnoudeln]* (grosses pâtes à base de pomme de terre, souvent servies dans de la choucroute) et les **Maultaschen** *[maoltachen']* (ravioles farcies). En « Bavière » **Bayern** *[bayern]*, vous pourrez déguster les **Knödel** *[kneudel]* (sorte de quenelles en forme de boule, souvent fourrées de pruneaux, d'abricots ou de quetsches). En *Autriche*, le **Wiener Schnitzel** *[viner chnitzel]* « escalope » est la spécialité par excellence, présente aussi en *Allemagne*. En *Suisse alémanique*, les **Rösti** *[reusti]* sont des galettes de pommes de terre croustillantes. L'Allemagne dispose d'une variété innombrable de « saucisses » **Wurst** *[vourst]*, **Würstchen** *[vurstsheun]*, dont la **Bratwurst** *[bratvourst]* qui est grillée. L'une des plus célèbres est la **Thüringer Bratwurst** *[turingueur bratvourst]* du Land de Thuringe, à base de porc. En accompagnement, vous aurez le choix par exemple entre une « salade de pommes de terre » **Kartoffelsalat** *[kartofelzalat]*, des « frites » **Pommes** *[pomeus']* ou de la « choucroute » **Sauerkraut** *[zaoeurkraot]*. Originaire de Berlin, la **Currywurst** *[karivourst]* « saucisse au curry » est une saucisse (souvent découpée en rondelles) recouverte de ketchup et de curry.

Dans les pays de langue allemande, il n'est pas dans l'usage de mettre une corbeille de pain « Brot » ou une carafe d'eau à la disposition du client.

Restaurant

Le restaurant allemand présente certaines différences avec le restaurant en France. À son arrivée, le client peut se placer où il le désire, à moins de trouver **reserviert** *[rézèrvirt]* « réservé » sur une table. La formule sacrée entrée, plat, dessert n'est pas toujours d'usage et le dessert n'est qu'une option.

Gasthaus

Le **Gasthaus** *[gasthaos]* est une auberge traditionnelle qui, outre une possibilité d'hébergement, propose des vins et des plats régionaux.

Gasthof

Le **Gasthof** *[gasthof]* est une petite auberge de campagne où l'on peut se restaurer et éventuellement réserver une chambre.

Biergarten

Un **Biergarten** *[birgarteun]* « jardin à bière » est une terrasse en plein air qui offre des bières, d'autres boissons et des plats simples, parfois typiques de la région. En général, les clients commandent au comptoir et s'assoient sur des bancs en bois.

Ratskeller

Un **Ratskeller** *[ratskelleur]* « restaurant de l'hôtel de ville » est un restaurant, souvent propriété de la ville, qui se situe à l'intérieur de l'hôtel de ville ou à proximité et qui a la particularité d'offrir une riche cuisine régionale.

Interdiction de fumer

Depuis la loi sur l'« interdiction de fumée » Rauchverbot *[raor fèrbot]*, **on ne peut plus en général fumer dans les restaurants. En** *Allemagne*, **selon les Länder, elle autorise certains cafés de moins de 75 m² à se déclarer** *bar fumeurs* **s'ils ne proposent pas de restauration. En** *Autriche*, **la réglementation antitabac est officiellement en vigueur dans les lieux publics, bien que la loi soit encore très critiquée. En** *Suisse* **les cantons adoptent peu à peu la législation.**

Bistro

Le **Bistro** *[bistro]* est, comme son nom l'indique, un bar à la française où l'on boit sa bière, son vin ou son café. Certains ont une petite carte.

Kneipe

Une **Kneipe** *[knaïpeu]* « bar » est le bar où se réunissent les habitués, souvent à l'occasion du **Stammtisch** *[chtamtich]*, « réunion régulière de personnes dans un café » autour d'un centre d'intérêt ou pour simplement se retrouver entre ami(e)s, habitude allemande commune à toutes les couches sociales. Les étudiants se rencontrent dans les **Studentenkneipen** *[chtudènteun knaïpeun]* « bars d'étudiants ». Notez que ces bars, pour certains, ne s'ouvrent pas forcément sur la rue.

Particularités alpines

En *Suisse*, le **Stübli** *[chtubli]* « Carnotzet » (en Suisse romande) désigne une salle (une cave généralement) séparée d'un restaurant/café où l'on peut boire des vins de pays. En *Autriche*, le **Heuriger** *[hoïrigueur]* est le lieu traditionnel viennois où l'on boit le vin nouveau et les vins locaux produits l'année précédente, souvent agrémentés d'un buffet froid.

Imbissbude

Dans une **Imbissbude** *[imbisboudeu]* on peut commander une « saucisse » **Würstchen** *[vurstshen]* dans un **Brötchen** *[breutsheun]* « petit pain », des pommes frites, un kebab, un falafel... Elle ne propose pas toujours de places assises et convient pour un repas debout, « sur le pouce ».

Café ou Konditorei

Un **café** ou une **Konditorei** *[café konditoraï]* est un « café pâtisserie » où vous pourrez déguster les gâteaux typiques du pays, comme la ***Schwarzwälder Kirschtorte*** ou la ***Sachertorte***, accompagnés d'un café ou d'un chocolat chaud. Parfois, un buffet est à la disposition des clients à qui l'on remet un ticket numéroté à donner au (à la) serveur (se).

Bäckerei et Fleischerei

Si vous avez un petit creux allez dans une **Bäckerei** *[békeuraï]* « boulangerie » pour acheter des pâtisseries ou une **Fleischerei** *[flaïcheraï]* « boucherie-charcuterie » où vous trouverez aussi des plats à emporter.

Cuisine du monde

En Allemagne, la cuisine ***turque***, constituée en majorité de grillades, est très répandue. La cuisine ***chinoise*** est bien représentée. Quant aux restaurants ***indiens***, vous en trouverez surtout dans les grandes villes, les plats, sont souvent crémeux et peu pimentés. La cuisine des ***Balkans*** (notamment ***croate***) est aussi présente.

l'arrivée

Je voudrais réserver une table pour ce soir.	**Ich möchte für heute Abend einen Tisch reservieren.** *ish meushte fur hoïte aben't aïnen' tich rézèrviren'*
Nous avons réservé au nom de Legrand.	**Wir haben auf den Namen Legrand reserviert.** *vir haben' aof dén' namen' legran rézèrvirt'*
Une table pour ... personnes.	**Einen Tisch für ... Personen.** *aïnen' tich fur ... pèrzonen'*
Combien de temps faut-il attendre pour avoir une table ? Nous sommes trois.	**Wie lange dauert es ungefähr, bis ein Tisch frei wird? Wir sind zu dritt.** *vi lan'gue daoert' èss ou'nguefèr, biss aïn tich fraï virt'? vir zin't tsou drit'*
Servez-vous encore ?	**Können wir noch etwas bestellen?** *keunen' vir norr ètvass bechtèlen'?*
Peut-on s'installer en terrasse / à l'intérieur ?	**Können wir uns nach draußen / nach drinnen setzen?** *keunen' vir oun's narr draossen' / narr drinen' zètsen'?*
Auriez-vous une chaise haute pour ma fille ?	**Haben Sie einen Hochstuhl für unsere Tochter?** *haben' zi aïnen' horrchtoul fur oun'zere torrter'?*
Pourriez-vous nous apporter le menu / la carte des boissons, s'il vous plaît ?	**Könnten Sie uns bitte die Speisekarte / die Getränkekarte bringen?** *keun'ten' zi oun's bite di chpaïzekarte / di guetrènke-karte brin'guen'?*
Avez-vous une carte traduite en français / en anglais ?	**Haben Sie eine Karte auf Französisch / Englisch?** *haben' zi aïne karte aof fran'tseuzich / èn'glich?*
Y a-t-il une formule plat plus dessert ?	**Haben Sie ein Menü?** *haben' zi aïn ménu?*
Nous n'avons pas encore choisi.	**Wir haben noch nicht gewählt.** *vir haben' norr nisht' guevèlt'*

la commande

Quels sont les plats typiques de la région ?	**Was sind die Spezialitäten dieser Gegend?** *vass zin't di chpétsialitèten' dizer' guéguén't?*
Quel est le plat du jour / votre spécialité ?	**Was ist das Tagesgericht / Ihre Spezialität?** *vass ist' dass taguesguerisht' / ire chpétsialitèt'?*
Avez-vous un menu enfant / végétarien ?	**Haben Sie eine Kinderkarte / vegetarische Gerichte?** *haben' zi aïne kin'der'karte / véguétariche guerishte?*
Est-ce épicé ?	**Ist das stark gewürzt?** *ist' dass chtark guevurtst?*
Saignant / À point / Bien cuit, s'il vous plaît !	**Blutig / Medium / Durchgebraten, bitte.** *bloutish / midiem' / dourshguebraten', bite*
Que proposez-vous en accompagnement ?	**Was können Sie als Beilage empfehlen?** *vass keunen' zi als baïlague èm'pfélen'?*
J'ai changé d'avis, je vais prendre le poisson à la place de la viande.	**Ich habe mich umentschieden: Ich möchte lieber Fisch statt Fleisch.** *ish habe mish oumèn'tchiden': ish meushte liber fich chtat' flaïch*
Nous aimerions prendre un apéritif.	**Wir würden gern einen Aperitif trinken.** *vir vurden' guèrn aïnen' apéritif trin'ken'*

Petit lexique de la table

- la table **der Tisch** *[dèr' tich]*
- la chaise **der Stuhl** *[dèr' chtoul]*
- l'assiette **der Teller** *[dèr' tèler']*
- le verre **das Glas** *[dass glass]*
- la fourchette **die Gabel** *[di gabel]*
- le couteau **das Messer** *[dass mèsser']*
- la cuillère **der Löffel** *[dèr' leufel]*
- la petite cuillère **der kleine Löffel** *[dèr' klaïne leufel]*
- la serviette **die Serviette** *[di zèrviète]*

le repas

Je voudrais une bouteille d'eau minérale plate / gazeuse.	Ich hätte gern eine Flasche Wasser ohne / mit Kohlensäure. *ish hète guèrn **aï**ne flache vasser' **o**ne / mit' k**o**len'z**oï**re*
Pourrais-je avoir de l'eau / du pain / du sel et du poivre / de l'huile et du vinaigre, s'il vous plaît ?	Könnte ich bitte Wasser / Brot / Salz und Pfeffer / Öl und Essig haben? *keun'te ish bite vasser' / br**o**t' / zalts' oun't pfèfer' / **eu**l oun't èssish h**a**ben'?*
Ce n'est pas ce que j'avais commandé.	Das ist nicht das, was ich bestellt habe. *dass ist' nisht' dass, vass ish bechtèlt' h**a**be*
Je suis désolé(e), mais ce vin est bouchonné.	Entschuldigen Sie, dieser Wein ist korkig. *èn'tchouldiguen' **zi**, d**i**zer' v**aï**n ist' korkish*
Ce vin n'est pas assez frais / est trop frais.	Der Wein ist nicht kalt genug / zu kalt. *dèr' v**aï**n ist' nisht' kalt' guen**ou**k / ts**ou** kalt'*
Puis-je avoir un autre verre de vin rouge, s'il vous plaît ?	Könnte ich bitte noch ein Glas Rotwein haben? *keun'te ish bite norr **aï**n gl**a**ss r**o**tv**aï**n h**a**ben'?*
Désolé(e), mais le poisson n'est pas assez cuit.	Entschuldigen Sie, der Fisch ist nicht gar. *èn'tchouldiguen' **zi**, dèr' fich ist' nisht' g**a**r*
Pouvez-vous réchauffer mon plat / ce biberon ?	Könnten Sie mein Essen / dieses Fläschchen bitte aufwärmen? *keun'ten' **zi** m**aï**n èssen' / d**i**zess flèchshen' bite **ao**fvèrmen'?*
Pourriez-vous nous donner des cuillères pour les enfants ?	Könnten Sie uns bitte Löffel für die Kinder bringen? *keun'ten' **zi** oun's bite leufel f**u**r d**i** kin'der' brin'guen'?*
Qu'avez-vous comme desserts ?	Was für Nachspeisen haben Sie? *vass f**u**r n**a**rrchp**aï**zen' h**a**ben' **zi**?*

l'addition

L'addition, s'il vous plaît !	Zahlen bitte! *tsalen' bite!*
Je voudrais régler, s'il vous plaît.	Ich würde gerne zahlen. *ish vurde guèrne tsalen'*
C'était délicieux !	Es hat sehr gut geschmeckt. *èss hat' zér gout' guechmèkt*
Nos compliments au chef.	Sie haben einen sehr guten Koch. *zi haben' aïnen' zér gouten' korr*
Je crois que vous vous êtes trompé(e), nous n'avons pas pris de dessert.	Da stimmt etwas nicht, wir hatten kein Dessert. *da chtim't ètvass nisht', vir haten' kaïn dèssér*
Vous acceptez les cartes de crédit ?	Nehmen Sie Kreditkarten? *némen' zi krédit'karten'?*
Je vais payer en liquide.	Ich bezahle bar. *ish betsale bar*
On va payer séparément.	Wir zahlen getrennt. *vir tsalen' guetrèn't*

Vous entendrez…

- **Für wie viele Personen?** *[fur vi file pèrzonen'?]* C'est pour combien de personnes ?
- **Zu wievielt sind Sie?** *[tsou vifilt' zin't zi?]* Vous êtes combien ?
- **In einer Viertelstunde wird ein Tisch frei.** *[in' aïner' fir-telchtoun'de virt' aïn tich fraï]* Il y aura une table de libre dans un quart d'heure.
- **Haben Sie reserviert?** *[haben' zi rézèrvirt'?]* Vous avez réservé ?
- **Sie wünschen?** *[zi vun'chen'?]* Vous désirez ?
- **Das ist aus.** *[dass ist' aoss]* Nous n'en avons plus.
- **Wir haben geschlossen.** *[vir haben' guechlossen']* C'est fermé.

au café

l'arrivée

Cette table / chaise est-elle libre ?	Ist dieser Tisch / Stuhl frei? *ist' dizer' tich / chtoul fraï?*
S'il vous plaît !	Entschuldigung! *èn'tchouldigoun'g!*
Pourriez-vous m' / nous apporter la carte des consommations ?	Könnten Sie mir / uns bitte die Karte bringen? *keun'ten' zi mir / ouns bite di karte brin'guen'?*
Est-il possible de manger quelque chose ?	Können wir etwas essen? *keunen' vir ètvass èssen'?*
Servez-vous des petits déjeuners ?	Haben Sie Frühstück? *haben' zi fruchtuk?*
Avez-vous un plat du jour ?	Haben Sie ein Tagesgericht? *haben' zi aïn taguesguerisht'?*
Avez-vous des formules ?	Haben Sie Menüs? *haben' zi ménus?*
Servez-vous des pommes frites ?	Haben Sie Pommes frites? *haben' zi pom' frit'?*

Bières

- **Alster(wasser)** *[alsteur-(vasseur)]* bière et limonade (au citron)
- **Alt(bier)** *[alt(bir)]* bière brune
- **Berlinerweisse** *[bèrlineur-vaïsseu]* **rot** *[rôt']* rouge ou **grün** *[grun']* vert, bière berlinoise, avec du sirop de framboise ou d'aspérule
- **Bockbier** *[bokbir]* à forte teneur en alcool, blonde ou brune
- **Export Bier** *[export' bir]* bière blonde ou brune
- **Helles** *[hèlleuss]* bière blonde
- **Kristallweizen** *[cristal vaïtseun]* bière blanche très légère
- **Pilsner** *[pilzneur]* bière blonde, relativement amère
- **Radler** *[radleur]* bière, limonade, Sprite ou Fanta
- **Weizenbier** *[vaïtseunbir]* bière blanche légère

la commande

Qu'avez-vous comme boissons fraîches / chaudes ?	Was für kalte / heiße Getränke haben Sie? *vass fur kalte / haïsse guetrènke haben' zi?*
Un café, un jus d'orange et un croissant, s'il vous plaît.	Einen Kaffee, einen Orangensaft und ein Croissant, bitte. *aïnen' kafé, aïnen' oran'gen'zaft' oun't aïn kroassan, bite*
Un expresso, un grand crème et un cappuccino, s'il vous plaît.	Einen Espresso, einen Milchkaffee und einen Cappuccino bitte. *aïnen' èssprèsso, aïnen' milshkafé oun't aïnen' kapoutchino bite*
Une bière pression / un vin blanc avec de l'eau gazeuse, s'il vous plaît.	Ein Bier vom Fass / eine Weißweinschorle bitte. *aïn bir fom' fass / aïne vaïssvaïnchorle bite*
Je voudrais un apéritif sans alcool / une limonade, s'il vous plaît.	Ich möchte bitte einen alkoholfreien Aperitif / eine Limonade. *ish meushte bite aïnen' alkoholfraïen' apéritif / aïne limonade*
Pourrais-je avoir des glaçons ?	Könnte ich bitte etwas Eis haben? *keun'te ish bite ètvass aïs haben'*

l'addition

L'addition, s'il vous plaît !	Zahlen bitte! *tsalen' bite!*
On va payer séparément.	Wir zahlen getrennt. *vir tsalen' guetrèn't*
Gardez la monnaie.	Stimmt so. *chtim't zo*
Puis-je payer avec ma carte ?	Kann ich mit Karte zahlen? *kan' ish mit' karte tsalen'?*

pique-niquer

chez le boulanger

Qu'est-ce que c'est ?	Was ist das? *vass ist' dass?*
Une baguette et trois croissants, s'il vous plaît.	Ein Baguette und drei Croissants bitte. *aïn baguèt oun't draï kroassan bite*
Vous vendez des boissons fraîches ?	Haben Sie kalte Getränke? *haben' zi kalte guetrènke?*
Vous avez des sandwichs ?	Haben Sie belegte Brötchen? *haben' zi belékte breutshen'*
C'est possible d'en faire un sans tomate / sans mayonnaise ?	Könnte ich bitte eines ohne Tomate / Mayonnaise haben? *keun'te ish bite aïness one tomate / maillonèze haben'?*
Quels fruits y a-t-il dans les tartelettes ?	Mit was für Obst sind die Törtchen belegt? *mit' vass fur opst zin't di teurtshen' belékt?*
Vous avez des sucreries (pour les enfants) ?	Haben Sie Süßigkeiten (für die Kinder)? *haben' zi zussishkaïten' (fur di kin'der')?*

Kuchen und Torten

En *Allemagne*, la **Schwarzwälder Kirschtorte** *[chvartsvèlder kirchtorteu]* « gâteau à la cerise de la Forêt-Noire » est la spécialité par excellence. Le **Käsekuchen** *[késeukoureun]* « gâteau au fromage » est aussi très répandu, nature ou aux fruits. Quant aux **Lebkuchen** *[lébkoureun]* « pains d'épice », attendez plutôt Noël. En *Autriche*, l'**Apfelstrudel** *[apfeul chtroudeul]* (présent aussi en Allemagne) est un « gâteau à la pomme » et aux raisins secs, servi tiède avec une boule de vanille. La **Sachertorte** *[zarreurrtorteu]* est un gâteau au chocolat fourré de confiture d'abricot. En *Suisse*, le canton des Grisons propose sa « tourte aux noix de l'Engadine » **Engadiner Nusstorte** *[èngadineur nousstorteu]*.

la vente à emporter

Je voudrais ... tranches de jambon de Paris / de jambon cru.	**Ich hätte gern ... Scheiben gekochten / rohen Schinken.** *ish hète guèrn ... chaïben' guekorrten' / roen' chin'ken'*
Un peu plus / moins, merci.	**Ein bisschen mehr / weniger bitte.** *aïn bischen' mér / véniguer bite*
Avez-vous quelque chose de moins cher / moins gras ?	**Haben Sie etwas, das weniger kostet / nicht so fett ist?** *haben' zi ètvass, dass véniguer kostet' / nisht' zo fèt' ist'?*
Pouvez-vous me servir une portion pour deux personnes ?	**Könnten Sie mir bitte eine Portion für zwei Personen geben?** *keun'ten' zi mir bite aïne portsion' fur tsvaï pèrzonen' guében'?*
J'en voudrais 200 grammes, s'il vous plaît.	**Ich hätte gern 200 Gramm davon.** *ish hète guèrn tsvaïhoun'dert' gram' dafon'*
Ce n'est pas trop piquant / salé ?	**Ist das auch nicht zu scharf / salzig?** *ist' dass aorr nisht' tsou charf / zaltsish?*
Pouvez-vous réchauffer ce plat ?	**Könnten Sie das Gericht bitte aufwärmen?** *keun'ten' zi dass guerisht' bite aofvèrmen'?*
Puis-je avoir des couverts / des serviettes / des gobelets ?	**Könnte ich bitte Besteck / Servietten / Becher haben?** *keun'te ish bite bestèck / zèrvièten' / bèsher' haben'?*
Vous avez des paquets de chips individuels ?	**Haben Sie kleine Packungen Chips?** *haben' zi klaïne pakoun'guen' tchips'?*
Je voudrais un kilo de pommes et une livre de raisin, s'il vous plaît.	**Ich hätte gern ein Kilo Äpfel und ein Pfund Trauben.** *ish hète guèrn aïn kilo èpfel oun't aïn pfoun't traoben'*

le fast-food

se renseigner

Y a-t-il une cafétéria dans le musée ?	Gibt es im Museum eine Cafeteria? *gu**i**pt' èss im' mouz**é**oum' **aï**ne kafétér**i**a?*
Où puis-je trouver un distributeur de boissons / confiseries ?	Wo finde ich einen Getränkeautomaten / einen Automaten mit Süßigkeiten? *v**o** fin'de ish **aï**nen' guetr**è**nke**ao**tom**a**ten' / **aï**nen' **ao**tom**a**ten' mit' z**u**ssishk**aï**ten'?*
Peut-on grignoter quelque chose de sucré / salé ?	Könnten wir etwas Süßes / Salziges zum Knabbern haben? *keun'ten' v**i**r ètvass z**u**ssess / zaltsiguess tsoum' knabern h**a**ben'?*
Avez-vous des sodas / des bières ?	Haben Sie Erfrischungsgetränke / Bier? *h**a**ben' z**i** èrfrichoun'gsguetr**è**nke / b**i**r?*
C'est combien ?	Wie viel macht das? *v**i** f**i**l marrt' dass?*
Un sandwich au poulet, s'il vous plaît.	Ein Sandwich mit Huhn. *a**ï**n zèn'tvich mit' h**ou**n*
Une portion de frites.	Eine Portion Pommes frites bitte. ***aï**ne portsi**o**n' pom' frit' bite*

Fast-foods ethniques

Les fast-foods étrangers font partie du paysage urbain des pays de langue allemande. Au fast-food *turc* on trouve des **Döner Kebab** *[deuneur kébap]*, morceaux de viande grillée dans du pain, des **Lahmacun** *[lamakoun]* « pizza turque », des **Köfte** *[keufteu]* « boulettes de viande ». Les restaurants *indiens* proposent des plats à emporter, souvent des plats à base de viande en sauce (par exemple au curry) et de riz. Dans les fast-foods *chinois*, on commande en général des nouilles cuisinées avec des légumes et/ou du poulet dans des boîtes en carton, comme la **China Pfanne** *[shina pfaneu]* « poêlée chinoise ».

les régimes alimentaires

formuler sa demande

Y a-t-il un bon restaurant végétarien dans le coin ?	Gibt es hier in der Nähe ein gutes vegetarisches Restaurant? *guipt' èss hir in' dèr' nèe aïn goutess véguétarichess rèstoran?*
Où puis-je trouver des produits casher / halal ?	Wo bekomme ich koschere Produkte / Halal-Produkte? *vo bekome ish kochere prodoukte / halal-prodoukte?*
Désolé(e), mais je ne bois pas d'alcool / ne mange pas de porc.	Es tut mir Leid, aber ich trinke keinen Alkohol / esse kein Schweinefleisch. *èss tout' mir laït', aber' ish trin'ke kaïnen' alkohol / èsse kaïn chvaïneflaïch*
C'est parce que je suis de religion bouddhiste / juive / musulmane.	Ich bin nämlich Buddhist(in) / Jude (Jüdin) / Muslim(in). *ish bin' nèmlish boudist(in') / ioude (ioudin') / mouzlim(in')*
Excusez-moi, je suis allergique aux arachides, que puis-je prendre ?	Entschuldigen Sie, ich bin allergisch gegen Erdnüsse, was kann ich essen? *èn'tchouldiguen' zi, ish bin' alèrguich guéguen' értnusse, vass kan' ish èssen'?*
Je suis un régime sans sel, pouvez-vous me préparer quelque chose ?	Ich muss salzarm essen, können Sie mir etwas zubereiten? *ish mouss zaltsarm èssen', keunen' zi mir ètvass tsouberaïten'?*
Je ne digère pas bien l'ail.	Ich vertrage Knoblauch nicht so gut. *ish fèrtrague knoplaorr nisht' zo gout'*
Mon fils ne supporte pas les produits laitiers / les œufs.	Mein Sohn verträgt keine Milchprodukte / Eier. *maïn zon' fèrtrèkt kaïne milshprodoukte / aïer'*
Je suis enceinte de ... mois.	Ich bin im ... Monat schwanger. *ish bin' im' ... monat' chvan'guer'*

faire la cuisine

les courses

Pouvez-vous m'indiquer un supermarché ?	**Können Sie mir sagen, wo ich einen Supermarkt finde?** *keunen' **zi** mi**r** z**a**guen', v**o** ish **aï**nen' z**ou**permarkt' fin'de?*
Où se trouvent les préparations instantanées / les plats surgelés ?	**Wo finde ich Fertigprodukte / Tiefkühlgerichte?** *v**o** fin'de ish fèrtishprodoukte / t**i**fk**u**lguerishte?*
Quels sont les jours de marché ?	**Wann ist hier Markt?** *van' ist' h**i**r markt'?*
Quelle est la provenance de ces fruits ?	**Woher kommt dieses Obst?** *voh**é**r kom't d**i**zess **o**pst?*
Ces légumes / Ces crustacés se mangent crus ?	**Kann man dieses Gemüse / diese Krustentiere roh essen?** *kan' man' d**i**zess guem**u**ze / d**i**ze krousten't**i**re **ro** èssen'?*
On peut cuire cette viande / ce poisson au barbecue ?	**Kann man dieses Fleisch / diesen Fisch grillen?** *kan' man' d**i**zess fl**aï**ch / d**i**zen' fich grilen'?*
Il faut les éplucher ?	**Muss man sie schälen?** *mouss man' **zi** ch**è**len?*

Flaschenpfand

Dans les pays de langue allemande, un système de « consigne » **Flaschenpfand** *[flashen'pfan't]* incite les consommateurs à ramener leurs bouteilles vides, afin qu'elles soient recyclées, et à faire ainsi un geste pour l'environnement. Des automates, présents dans les supermarchés, comptent les bouteilles et délivrent un ticket dont le client peut se faire rembourser le montant à la caisse.

demander des conseils

Comment puis-je préparer cette viande / ce poisson ?	**Wie kann ich dieses Fleisch / diesen Fisch zubereiten?** *vi kan' ish dizess flaïch / dizen' fich tsouberaïten'?*
Ce condiment / Cette épice sert pour quel plat ?	**Für was für Gerichte kann man diese Sauce / dieses Gewürz verwenden?** *fur vass fur guerishte kan' man' dize zosse / dizess guevurts' fèrven'den'?*
J'aimerais faire une recette allemande, mais pas trop compliquée.	**Ich würde gern etwas typisches Deutsches kochen, es soll aber nicht zu schwierig sein.** *ish vurde guèrn ètvass tupichess doïtchess korren', èss zol aber' nisht' tsou chvirish zaïn'*
Je n'ai pas de four.	**Ich habe keinen Ofen.** *ish habe kaïnen' ofen'*
Quels sont les ingrédients pour quatre personnes ?	**Welche Zutaten brauche ich für vier Personen?** *vèlshe tsoutaten' braorre ish fur fir pèrzonen'?*
C'est une entrée ou un plat principal ?	**Ist das eine Vorspeise oder ein Hauptgericht?** *ist' dass aïne forchpaïze oder' aïn haoptguerisht'?*
Vous pouvez répéter / me l'épeler ?	**Können Sie das bitte wiederholen / buchstabieren?** *keunen' zi dass bite viderholen' / bourrchtabiren'?*
Est-ce qu'il y a beaucoup d'ail / d'oignon / de piment ?	**Ist viel Knoblauch / Zwiebel / Paprika dran?** *ist' fil knoplaorr / tsvibel / paprika dran'?*

À TABLE

Petit lexique sur les ustensiles

- le mixeur **der Mixer** *[dèr' mikser']*
- la casserole **der (Koch-)topf** *[dèr' (korr-)topf]*
- la Cocotte-Minute© **der Schnellkochtopf** *[dèr' chnèlkorrtopf]*
- la poêle **die Pfanne** *[di pfane]*
- la passoire **das Sieb** *[dass zip]*
- le plat *(pour servir)* **die Schüssel** *[di chussel]*

Bretzels

Himmel und Erde
« Le ciel et la terre »

Linzer Torte

Rollmops

Vollkornbrot

En ville

En *architecture*, le **Gründerzeit** *[grundertsaït]* est l'un des styles les plus représentés en Allemagne, né dans la deuxième moitié du XIXe siècle. Il se développe en particulier après la création de l'« Empire allemand » **Deutsches Reich** en 1871. La bourgeoisie, de plus en plus puissante, aspire à vivre dans des édifices prestigieux, symboles de sa réussite sociale. Ainsi, les aspects fonctionnels sont-ils délaissés au profit de la *représentation*. Cette architecture reprend, en se les appropriant, des éléments décoratifs de plusieurs époques et styles : colonnes, têtes de méduse, feuilles d'acanthe, etc. Les hauts plafonds moulurés sont de rigueur. On trouve des constructions de cette époque dans toutes les villes allemandes, notamment à Berlin. Outre les immeubles destinés à loger la population, des opéras, des théâtres, des hôtels de ville, des cathédrales, le *Reichstag* sont façonnés dans ce style. C'est entre 1919 et 1933 que naît l'un des mouvements les plus importants dans le domaine de l'architecture et du design, le *Bauhaus*. Des bâtiments fonctionnels sont édifiés, ouverts sur l'extérieur par des balcons et des terrasses. On peut encore trouver des bâtiments du Bauhaus, notamment à Weimar où l'école a vu le jour. Durant le IIIe Reich (1933-1945), le style monumental d'inspiration classique et antique est privilégié par les nazis, soucieux d'exhiber la grandeur du régime. Après la Seconde Guerre mondiale, en « RFA » **BRD** *[béèrdé]*, on reconstruit des édifices presque conformes aux originaux ou on opte pour un nouveau style urbanistique. En 1960-1970 apparaissent les premières tours à Francfort. En « RDA » **DDR** *[dédéèr]*, le régime soviétique choisit de détruire de nombreux centres historiques. D'immenses boulevards sont alors tracés, sur lesquels des bâtiments monumentaux se dressent.

La culture est omniprésente dans les villes des pays de langue allemande qui recèlent des monuments, des musées et des centres historiques.

Berlin

L'architecture hétérogène de la capitale allemande, alliant ancien et modernité, est le reflet de son passé. Le ***Sony Center*** de la ***Potsdamer Platz***, d'allure futuriste, est édifié au milieu de ce qui fut un no man's land à l'époque du Mur.

La **Alte Nationalgalerie** ***[alte natsionalgualeuri]*** (peinture et sculpture du XIXe siècle) et les principaux musées se situent sur la **Museumsinsel** ***[mouzéoum'ssin'zeul]*** « île des musées ». La **Brandenburger Tor** ***[bran'deun'bourgueur tor]*** « porte de Brandebourg », était l'un des passages entre Berlin-Ouest et Berlin-Est. Non loin de là, il est possible de visiter le **Reichstag** ***[raïshstak]*** « Parlement ».

Vienne

« Vienne » **Wien** ***[vine]*** fascine par son passé impérial, son architecture baroque et son foisonnement culturel. Résidence d'été de l'ancienne monarchie des Habsbourg, le château de **Schönbrunn** ***[cheun'broun']*** présente les appartements impériaux. Le ***musée Sissi***, situé dans le ***Palais impérial***, est consacré à la vie de l'impératrice. Flâner sur la ***Ringstrasse*** permet de rejoindre le **Museums-Quartier** ***[mouzéoum'skvartir]*** « quar-

Capitales culturelles : Weimar et Salzbourg

Weimar est un centre culturel incontournable. Goethe y vécut dans une maison de style baroque, la **Goethes Wohnhaus** *[gueuteuss von'haoss]* devenue un musée. Le musée du **Bauhaus** *[baohaoss]* expose l'histoire de ce mouvement, qui a révolutionné le domaine de l'architecture et du design. Chaque époque a laissé sa trace dans l'architecture de la « vieille ville » **Altstadt** *[altchtat']* de « Salzbourg » **Salzburg** dont certains édifices datent du Moyen Âge et de la Renaissance. Salzbourg est la ville natale de *Wolfgang Amadeus Mozart*. La **Mozart-Wohnhaus** *[motsart' von'haoss]* peut se visiter.

tier des musées » qui réunit les principaux musées, dont le ***musée Leopold*** (œuvres de ***Gustav Klimt*** et de ***Egon Schiele***).

Bâle

Considérée comme la capitale culturelle de la Suisse, « Bâle » **Basel** ***[bazel]*** renferme de nombreux musées, comme celui de la « Fondation Beyeler » (œuvres majeures du XXe siècle). Dans la « vieille ville » **Altstadt** *[altchtat']*, on trouve des bâtisses qui remontent au XVe siècle.

Munich

Célèbre pour son **Oktoberfest** *[octobeurfest]* « fête de la bière » (de mi-septembre à début octobre) et son « marché de Noël » **Weihnachtsmarkt** *[vaïnartsmarkt]*, « Munich » **München** *[mun'sheun']* a conservé sa « vieille ville » **Altstadt** *[altchtate]*. En peinture, la **Alte Pinakothek** *[alteu pin'akoték]* « Ancienne Pinacothèque » (XIVe au XVIIIe siècle) et la **Neue Pinakothek** *[neueu pin'acotéc]* « Nouvelle Pinacothèque » (XIXe siècle) sont les musées les plus célèbres.

Hambourg

À Hambourg, l'« église Saint-Michel » **Hauptkirche Sankt Michaelis** *[haopt-kirshe san'kt' mishaéliss]* est considérée comme l'église baroque la plus importante du nord de l'Allemagne. La **Kunsthalle** *[koun'sthalleu]* présente des œuvres depuis le Moyen Âge jusqu'à l'époque moderne.

Cologne

D'architecture gothique, le **Kölner Dom** *[keulneur dom']* « cathédrale de Cologne » attire chaque année des millions de visiteurs. Mais la ville est aussi connue pour ses églises romanes **romanische Kirchen** *[roman'icheu kircheun']* comme celle de **Sankt Andreas** *[san'kt' an'dréass]*.

Dresde

« Dresde » **Dresden** a été entièrement rasée en 1945. Reconstruite en 2005, la **Frauenkirche** *[fraouen'kirshe]* est l'une des plus belles églises luthériennes. La **Gemäldegalerie Alte Meister** *[guémèldegalerie alteu maïsteur]* qui expose des œuvres picturales allant du XVe au XVIIIe siècle.

Opéras et concerts

Les **Staatsoper** *[chtatsopeur]* « Opéras d'État » de Berlin et de Munich, ainsi que la *Festspielhaus* de Bayreuth, présentent les pièces d'opéra des compositeurs les plus célèbres, parfois dans des adaptations très modernes. Le *Semperoper* de Dresde, du nom de son architecte, est l'un des plus connus au monde. La *Gewandhaus* de Leipzig, la *Philharmonie* de Berlin ou encore la *Tonhalle* de Zurich permettent d'écouter des orchestres symphoniques de renom. À Vienne, le *Singverein* est un chœur traditionnel d' environ 200 chanteurs (-euses) et qui se produit avec de grands orchestres.

se renseigner

Excusez-moi, je cherche l'office du tourisme.	Entschuldigen Sie, ich suche das Fremdenverkehrsamt. *èn'tchouldiguen' zi, ish zourre dass frèm'den' fèrkérsam't*
Avez-vous un plan de la ville ?	Hätten Sie einen Stadtplan? *hèten zi aïnen' chtat'plan'?*
Je voudrais une carte de la région.	Ich hätte gerne eine Karte von der Gegend. *ish hète guèrne aïne karte fon' dèr' guéguén't*
Pourrais-je avoir une documentation sur les musées / la ville / la région ?	Könnte ich bitte Prospekte über die Museen / die Stadt / die Gegend haben? *keun'te ish bite prospèkte uber' di mouzéen' / di chtat' / di guéguén't haben'?*
Qu'y a-t-il à voir dans les environs ?	Was gibt es in der Umgebung zu sehen? *vass guipt' èss in' dèr' oum'guéboun'g tsou zéen'?*
Y a-t-il des circuits organisés ?	Gibt es organisierte Rundfahrten? *guipt' èss organizirte roun'tfarten'?*
Auriez-vous un programme des spectacles / du festival ?	Hätten Sie vielleicht ein Veranstaltungsprogramm / Festivalprogramm? *hèten zi filaïsht aïn fèran'chtaltoun'gsprogram' / fèstivalprogram'?*

Piétons : traversez dans les clous et respectez le feu rouge

Dans les pays de langue allemande, la personne qui emprunte le « passage piétons » **Fussgängerüberweg** *[fouss-guèn'gueuruberwék]* a une priorité évidente même en l'absence de feu. En revanche, il n'est pas bien vu par les automobilistes qu'un piéton traverse en dehors des clous ou quand le feu est vert. Attendez donc que le « bonhomme » **Ampelmännchen** *[am'peul-mèn'sheun']* passe au vert.

se renseigner

Qu'y a-t-il comme spectacle / exposition / concert en ce moment ?	Welche Veranstaltungen / Ausstellungen / Konzerte finden zurzeit statt? *vèlshe fèran'chtaltoun'guen' / aoss'chtèloun'guen' / kon'tsèrte fin'den' tsourtsaït' chtat'?*
Où se trouve la piscine la plus proche ?	Wo ist das nächste Schwimmbad? *vo ist' dass nèkste chvim'bat'?*
À quelle distance se trouve le lac ?	Wie weit ist es zum See? *vi vaït' ist' èss tsoum' zé?*
Y a-t-il un cinéma près d'ici ?	Gibt es hier in der Nähe ein Kino? *guipt' èss hir in' dèr' nèe aïn kino?*
Pouvez-vous nous conseiller un endroit pour sortir le soir ?	Können Sie uns etwas für den Abend empfehlen? *keunen' zi oun's ètvass fur dén' aben't èm'pfélen'?*
Avez-vous une liste des auberges de jeunesse / des campings de la région ?	Haben Sie eine Liste der Jugendherbergen / Campingplätze in der Umgebung? *haben' zi aïne liste dèr' iouguen'thèrbèrguen' / kèm'pin'gplètse in' dèr' oum'guéboun'g?*
Je cherche un hôtel pas trop cher / près du centre.	Ich suche ein nicht allzu teures Hotel / ein Hotel in Zentrumsnähe. *ish zourre aïn nisht' altsou toïress hotèl / aïn hotèl in' tsèn'troum'snèe*
Je voudrais un plan des transports en commun avec les horaires.	Ich hätte gern einen Plan der öffentlichen Verkehrsmittel mit den Abfahrtszeiten. *ish hète guèrn aïnen' plan' dèr' eufen'tlishen' fèrkérsmitel mit' dén' apfarts'tsaïten'*
Où peut-on louer une voiture / des vélos ?	Wo kann man ein Auto / Fahrräder mieten? *vo kan' man' aïn aoto / far'rèder' miten'?*
Pourriez-vous m'indiquer une église / une mosquée / une synagogue / un temple à proximité ?	Können Sie mir sagen, wo hier in der Nähe eine Kirche / eine Moschee / eine Synagoge / eine evangelische Kirche ist? *keunen' zi mir zaguen', vo hir in' dèr' nèe aïne kirshe / aïne moché / aïne zunagogue / aïne évan'guéliche kirshe ist'?*

à l'office du tourisme

tarifs et horaires

À quelle heure ouvrent / ferment les magasins ?	**Wann öffnen / schließen die Geschäfte?** *van' eufnen' / chlissen' di guechèfte?*
Y a-t-il des magasins qui restent ouverts les jours fériés ?	**Gibt es Geschäfte, die auch an Feiertagen geöffnet haben?** *guipt' èss guechèfte, di aorr an' faïer'taguen' gue'eufnet' haben'?*
Quels sont les horaires d'ouverture des musées ?	**Wann sind die Museen geöffnet?** *van' zin't di mouzéen' gue'eufnet'?*
Combien coûte une entrée au musée / en boîte de nuit ?	**Wie viel kostet der Eintritt ins Museum / in die Diskothek?** *vi fil kostet' dèr' aïntrit' in's mouzéoum' / in' di diskoték?*
Combien coûte une place de cinéma / de théâtre / à un concert ?	**Wie viel kostet der Eintritt ins Kino / Theater / Konzert?** *vi fil kostet' dèr' aïntrit' in's kino / téater' / kon'tsèrt'?*
Où peut-on faire du Pédalo / de la planche à voile ?	**Wo kann man Tretboot fahren / surfen?** *vo kan' man' trétbot' faren' / zeurfen'?*

Réductions dans les musées

Si vous présentez une carte d'étudiant valable (de l'année en cours), vous bénéficierez en général d'une « réduction » **Ermäßigung** *[èrmèssigoun'g]* sur le « prix d'entrée » **Eintrittspreis** *[aïn'tritspraïss]*. Selon les musées, les réglementations sont très différentes. L'« entrée gratuite » **freier Eintritt** *[fraïeur aïn'trit']* certains jours dépend des musées et de leur règlement. À *Berlin*, il est possible, le jeudi, d'entrer gratuitement quatre heures avant la fermeture dans quelques musées de l'*île des musées*. À *Munich*, l'entrée est à 1 euro le dimanche (**Alte, Neue, Pinakothek der Moderne**).

profiter de la ville

Y a-t-il un tour guidé / en bus de la ville ?	**Gibt es eine Stadtführung / Stadtrundfahrt?** *guipt' èss aïne chtat'furoun'g / chtat'roun'tfart'?*
Quels sont les principaux monuments à visiter ?	**Welches sind die wichtigsten Sehenswürdigkeiten?** *vèlshess zin't di vishtishsten' zéhen'svurdishkaïten'?*
Y a-t-il des excursions ?	**Kann man Ausflüge machen?** *kan' man' aoss'flugue marren'?*
Y a-t-il des promenades en bateau ?	**Kann man Bootsfahrten machen?** *kan' man' bot'sfarten' marren'?*
Où peut-on louer des vélos ?	**Wo gibt es einen Fahrradverleih?** *vo guipt' èss aïnen' far'rat'fèrlaï?*
Quel parc a un espace de jeux pour les enfants ?	**In welchem Park gibt es einen Kinderspielplatz?** *in' vèlshem' park guipt' èss aïnen' kin'der'chpilplat's?*
Où est le lac / la rivière ?	**Wo ist der See / der Fluss?** *vo ist' dèr' zé / dèr' flouss?*
Peut-on s'y rendre à pied ?	**Kommt man zu Fuß dorthin?** *kom't man' tsou fouss dort'hin'?*
Combien de temps faut-il compter ?	**Wie viel Zeit muss man einplanen?** *vi fil tsaït' mouss man' aïnplanen'?*

Promenades

- le centre commercial **das Einkaufszentrum** *[dass aïnkaofstsèn'troum']*
- le centre historique **die Altstadt** *[di altchtat']*
- la grande place **der Hauptplatz** *[dèr' haoptplats']*
- le marché **der Markt** *[dèr' markt']*
- la plage **der Strand** *[dèr' chtran't]*
- le pont **die Brücke** *[di bruke]*
- les puces **der Flohmarkt** *[dèr' flomarkt']*
- le quai **das Ufer** *[dass oufer']*
- les remparts **die Stadtmauer** *[di chtat'maoer']*
- le zoo **der Zoo** *[dèr' tso]*

demander son chemin

Pourriez-vous m'aider ?	Können Sie mir bitte helfen? *keunen' zi mir bite hèlfen'?*
Je crois que je me suis perdu(e).	Ich glaube, ich habe mich verlaufen. *ish glaobe, ish habe mish fèrlaofen'*
Pourriez-vous m'indiquer où nous sommes ?	Können Sie mir sagen, wo wir sind? *keunen' zi mir zaguen', vo vir zin't?*
Où est-ce sur le plan ?	Wo ist das auf dem Plan? *vo ist' dass aof dém' plan'?*
Excusez-moi, je cherche...	Entschuldigung, ich suche... *èn'tchouldigoun'g, ish zourre...*
C'est tout droit ? Il faut tourner à droite ou à gauche ?	Geht es geradeaus? Geht es rechts oder links ab? *guét' èss gueradeaoss? guét' èss rèshts oder' lin'ks ap?*
Est-ce bien la direction de... ?	Geht es hier zu... *guét' èss hir tsou...*

Vous entendrez

- **Zum Bahnhof nehmen Sie die erste Straße rechts.** *[tsoum' ban'hof némen' zi di èrsste chtrasse rèshts]* Pour aller à la gare, prenez la première à droite.
- **Es geht immer geradeaus.** *[èss guét' imer' gueradeaoss]* C'est toujours tout droit.
- **Sie fahren in die falsche Richtung. Sie müssen wenden.** *[zi faren' in' di falche rishtoun'g. zi mussen' vèn'den']* Vous avez pris la mauvaise direction. Vous devez faire demi-tour.
- **Das ist ein bisschen weit zu Fuß. Sie sollten lieber den Bus nehmen.** *[dass ist' aïn bischen' vaït' tsou fouss. zi zolten' liber dén' bouss némen']* C'est un peu loin à pied. Je vous conseille d'y aller en bus.
- **Sie müssen mit der U6 bis zur Endstation fahren.** *[zi mussen' mit' dèr' ou zèks biss tsour en'tchtatsion' faren']* Il faut prendre le métro, ligne 6, et descendre au terminus.

transports en commun

Où peut-on acheter les tickets ?	Wo kann man hier Fahrscheine kaufen? *vo kan' man' hir farchaïne kaofen'?*
Un ticket / Deux tickets pour la gare, s'il vous plaît.	Einen Fahrschein / Zwei Fahrscheine zum Bahnhof bitte. *aïnen' farchaïn / tsvaï farchaïne tsoum' ban'hof bite*
Un ticket de 10 voyages, s'il vous plaît.	Einen Zehnerfahrschein bitte. *aïnen' tséner'farchaïn bite*
Existe-t-il un billet hebdomadaire ?	Gibt es eine Wochenkarte? *guipt' èss aïne vorren'karte?*
Les enfants paient à partir de quel âge ?	Ab welchem Alter brauchen Kinder einen Fahrschein? *ap vèlshem' alter' braorren' kin'der' aïnen' farchaïn?*
Peut-on acheter les tickets au chauffeur du bus ?	Kann man die Fahrscheine beim Busfahrer kaufen? *kan' man' di farchaïne baïm' boussfarer' kaofen'?*
Ces tickets sont-ils aussi valables pour le bus ?	Sind diese Fahrscheine auch im Bus gültig? *zin't dize farchaïne aorr im' bouss gultish?*
Y a-t-il des réductions pour les jeunes / les étudiants / les groupes ?	Gibt es Ermäßigungen für Jugendliche / Studierende / Gruppen? *guipt' èss èrmèssigoun'guen' fur iouguen'tlishe / chtoudiren'de / groupen'?*

Directions

- l'est **der Osten** *[dèr' osten']*
- le sud **der Süden** *[dèr' zuden']*
- l'ouest **der Westen** *[dèr' vèsten']*
- le nord **der Norden** *[dèr' norden']*
- devant **vorne** *[forne]*
- derrière **hinten** *[hin'ten']*
- gauche **links** *[lin'ks]*
- droite **rechts** *[rèshts]*
- le centre **die Mitte** *[di mite]*
- en haut **oben** *[oben']*
- en bas **unten** *[ounten']*

en bus / en métro

Je cherche la ligne…	**Ich suche die Linie…** *ish **zou**rre **di** **li**nie…*
Excusez-moi, où se trouve l'arrêt du 20 ?	**Entschuldigen Sie, wo hält die 20?** *èn'tchouldiguen' **zi**, **vo** hèlt' **di** tsvan'tsish?*
À quelle station / À quel arrêt dois-je descendre pour aller à…?	**An welcher Station / Haltestelle muss ich aussteigen, wenn ich zu … will?** *an' vèlsher' chtatsi**o**n' / haltechtèle mouss ish **ao**ss'cht**aï**guen', ven' ish ts**ou** … vil?*
Quel bus / Quel métro faut-il prendre pour aller à… ?	**Mit welchem Bus / welcher U-Bahn kommt man zu…?** *mit' vèlshem' bouss / vèlsher' **ou**-b**a**n kom't man' ts**ou**… ?*
Ce bus va-t-il / Cette ligne va-t-elle à la gare / à l'aéroport ?	**Fährt dieser Bus / diese Linie zum Bahnhof / zum Flughafen?** *f**è**rt' d**i**zer' bouss / d**i**ze l**i**nie tsoum' b**a**n'h**o**f / tsoum' fl**ou**kh**a**fen'?*
Ce bus va bien à… ?	**Dieser Bus fährt doch zu…?** *d**i**zer' bouss f**è**rt' dorr ts**ou**… ?*
Où est la station de métro la plus proche / l'arrêt de bus le plus proche ?	**Wo ist die nächste U-Bahn-Station / Bushaltestelle?** *v**o** ist' d**i** n**è**kste **ou**-b**a**n-chtatsi**o**n' / bouss'haltechtèle?*
Dans combien de temps passe le bus 48 / la prochaine rame ?	**Wann kommt die 48 / der nächste Zug?** *van' kom't d**i** arrtoun'tfirtsish / dèr' n**è**kste ts**ou**k?*
Nous sommes arrivés au terminus ?	**Ist das die Endstation?** *ist' dass d**i** en'tchtatsi**o**n'?*
Pourriez-vous me prévenir quand nous serons arrivés / à cet arrêt ?	**Können Sie mir bitte Bescheid sagen, wenn wir da sind / bei dieser Haltestelle sind?** *keunen' **zi** m**i**r bite bech**aï**t' z**a**guen', ven' v**i**r d**a** zin't / b**aï** d**i**zer' haltechtèle zin't?*

en taxi

Pouvez-vous me dire où est la station de taxis ?	**Können Sie mir sagen, wo der Taxistand ist?** *keunen' zi mir zaguen', vo dèr' taksichtan't ist'?*
Pourriez-vous m'appeler un taxi ?	**Würden Sie mir bitte ein Taxi rufen?** *vurden' zi mir bite aïn taksi roufen'?*
Je voudrais réserver un taxi pour 8 h.	**Ich möchte ein Taxi für 8 Uhr reservieren.** *ish meushte aïn taksi fur arrt' our rézèrviren'*
Conduisez-moi à cette adresse, s'il vous plaît.	**Fahren Sie mich bitte zu dieser Adresse.** *faren' zi mish bite tsou dizer' adrèsse*
À la gare routière / À la gare / À l'aéroport, s'il vous plaît.	**Zum Busbahnhof / Bahnhof / Flughafen bitte.** *tsoum' boussban'hof / ban'hof / floukhafen' bite*
Combien de temps met-on pour aller à l'aéroport ?	**Wie lange braucht man bis zum Flughafen?** *vi lan'gue braorrt' man' biss tsoum' floukhafen'?*
Veuillez vous arrêter ici / au feu / au coin de la rue.	**Bitte halten Sie hier / an der Ampel / an der Straßenecke.** *bite halten' zi hir / an' dèr' am'pel / an' dèr' chtrassen'èke*
Quel sera le prix de la course ?	**Wie viel kostet die Fahrt?** *vi fil kostet' di fart'?*
Je vous dois combien ?	**Was schulde ich Ihnen?** *vass choulde ish inen'?*

Hep, taxi

Les taxis, traditionnellement des Mercedes beiges, stationnent surtout à la sortie des gares et des aéroports. Les numéros de téléphone que l'on peut se procurer sur place vous permettront d'en appeler un. Vous pouvez aussi héler un taxi si ce dernier a son panneau jaune éclairé, ce qui signifie qu'il est disponible. Si vous désirez laisser un pourboire au chauffeur, précisez la somme que vous souhaitez qu'il encaisse.

à pied

Je cherche le centre historique.	Ich möchte in die Altstadt. *ish meushte in' di alt'chtat'*
Où se trouve la zone commerciale / piétonne ?	Wo ist die Einkaufsstraße / Fußgängerzone? *vo ist' di aïnkaofchtrasse / foussguèn'guertsone?*
Excusez-moi, quel est le nom de cette église / ce musée ?	Entschuldigen Sie, wie heißt diese Kirche / dieses Museum? *èn'tchouldiguen' zi, vi haïsst' dize kirshe / dizess mouzéoum'?*
Vous pouvez nous prendre en photo ?	Könnten Sie vielleicht ein Foto von uns machen? *keun'ten' zi filaïsht aïn foto fon' oun's marren'?*
Nous cherchons le parc / le square.	Wir suchen den Park / Platz. *vir zourren' dén' park / plats'*

Allons au musée

- *Berlin* : Alte Nationalgalerie (XIXe siècle), Neue Nationalgalerie (XXe siècle), Gemäldegalerie (du XIIIe au XVIIIe siècle), Pergamonmuseum (arts antique et islamique), Jüdisches Museum (Musée juif), DDR Museum (musée de la RDA)
- *Vienne* : musée Leopold (Art nouveau), Gemäldegalerie (XVIe-XVIIIe siècle), MUMOK (art moderne), Kunsthalle (art contemporain), musée Sissi.
- *Bâle* : Fondation Beyeler (XXe siècle), Kunsthalle (art contemporain), Kunstmuseum (du XVe siècle à nos jours)
- *Munich* : Ancienne Pinacothèque, Nouvelle Pinacothèque, galerie d'Art moderne
- *Hambourg* : Altonaer Museum (art du nord de l'Allemagne, XIXe et XXe siècles), Hamburger Kunsthalle (du XIVe siècle à nos jours)
- *Cologne* : musée Wallraf-Richartz (du Moyen Âge à l'impressionnisme), musée Ludwig (moderne et contemporain)
- *Dresde* : Gemäldegalerie Alte Meister (Renaissance, baroque), Grünes Gewölbe (orfèvrerie)

aller au musée

Excusez-moi, je cherche le musée…	**Entschuldigen Sie, ich suche das …-Museum.** *èn'tchouldiguen' zi, ish zourre dass …-mouzéoum'*
Combien coûte une entrée au musée / à l'exposition ?	**Wie viel kostet der Eintritt ins Museum / in die Ausstellung?** *vi fil kostet' dèr' aïntrit' in's mouzéoum' / in' di aoss'chtèloun'g?*
Y a-t-il des réductions enfants / étudiants / seniors ?	**Gibt es Ermäßigungen für Kinder / Studierende / Senioren?** *guipt' èss èrmèssigoun'guen' fur kin'der' / chtoudiren'de / zénioren'?*
Je voudrais une carte pour plusieurs musées.	**Ich möchte eine Sammeleintrittskarte für mehrere Museen.** *ish meushte aïne zamelaïntritskarte fur mérere mouzéen'*
Vous avez de la documentation en français ?	**Haben Sie Prospekte auf Französisch?** *haben' zi prospèkte aof fran'tseuzich?*
Y a-t-il des visites guidées en français ?	**Gibt es Führungen auf Französisch?** *guipt' èss furoun'guen' aof fran'tseuzich?*
Combien coûte une visite guidée ?	**Was kostet die Führung?** *vass kostet' di furoun'g?*
À quelle heure commence la visite ?	**Wann beginnt die Führung?** *van' beguin't di furoun'g?*
Je voudrais un guide / un guide audio en français.	**Ich hätte gern einen Führer / einen Audioguide auf Französisch.** *ish hète guèrn aïnen' furer' / aïnen' aodioguaït aof fran'tseuzich*
Quelles sont les choses à voir absolument ?	**Was muss man unbedingt gesehen haben?** *vass mouss man' oun'bedin'gt guezéen' haben'?*
Où est la consigne / le vestiaire ?	**Wo sind die Schließfächer / ist die Garderobe?** *vo zin't di chlissfèsher' / ist' di garderobe?*

aller au théâtre / au cinéma

Y a-t-il encore de la place pour demain soir ?	Gibt es für morgen Abend noch Karten? *guipt' èss fur morguen' aben't norr karten'?*
La réservation est-elle obligatoire ?	Muss man reservieren? *mouss man' rézèrviren'?*
Où y a-t-il des concerts ?	Wo finden Konzerte statt? *vo fin'den' kon'tsèrte chtat'?*
La pièce se joue jusqu'à quand ?	Bis wann läuft das Stück? *biss van' loïft' dass chtuk?*
Y a-t-il un entracte ?	Gibt es eine Pause? *guipt' èss aïne paoze?*
Les places sont-elles numérotées ou c'est en placement libre ?	Sind die Plätze nummeriert oder ist die Platzwahl frei? *zin't di plètse noumerirt' oder' ist' di plats'val fraï?*
Je voudrais deux places d'orchestre / au balcon.	Ich hätte gern zwei Karten fürs Parkett / für den Rang. *ish hète guèrn tsvaï karten' fürs parkèt / fur dén' ran'g*
Est-ce qu'il reste de la place pour le concert de ce soir ?	Gibt es für das Konzert heute Abend noch Karten? *guipt' èss fur dass kon'tsèrt' hoïte aben't norr karten'?*
Il reste des places pour la séance de 20 h ?	Gibt es für die Vorführung um 20 Uhr noch Karten? *guipt' èss fur di forfuroun'g oum' tsvan'tsish our norr karten'?*
Le film est-il en VO / sous-titré / doublé ?	Ist der Film in Originalversion / untertitelt / synchronisiert? *ist' dèr' film in' origuinalvèrzion' / oun'tertitelt / zun'kronizirt?*
Où est la file pour « Mutter Courage » ?	Wo ist die Schlange für "Mutter Courage"? *vo ist' di chlan'gue fur "mouter' kourage"?*

les fêtes en plein air

Faut-il payer ?	**Kostet es Eintritt?** *kostet' èss aïntrit'?*
Je cherche l'entrée / le guichet / la caisse.	**Ich suche den Eingang / den Kartenschalter / die Kasse.** *ish zourre dén' aïn'gan'g / dén' karten'chalter' / dî kasse*
Où a lieu le défilé / la manifestation / la fête ?	**Wo findet der Umzug / die Demonstration / das Fest statt?** *vo fin'det dèr' oum'tsouk / dî démon'stratsion' / dass fèst' chtat'?*
À quelle heure commence le match / le concert ?	**Wann beginnt das Spiel / Konzert?** *van' beguin't dass chpîl / kon'tsèrt'?*
Nous aimerions voir un match de football, y en a-t-il un ce soir ?	**Wir würden gern ein Fußballspiel sehen. Ist heute Abend eins?** *vîr vurden' guèrn aïn foussbalchpîl zéhen'. ist' hoïte aben't aïns?*
Où est le cinéma en plein air ?	**Wo ist das Open-Air-Kino?** *vo ist' dass open'-èr-kîno?*
Où est la buvette / le café / le bistro ?	**Wo ist der Ausschank / das Café / das Bistro?** *vo ist' dèr' aoss'chan'k / dass kafé / dass bistro?*

Bars et boîtes de nuit

Dans les pays de langue allemande, d'innombrables « bars » **Kneipen** *[knaïpeun']* et « boîtes de nuit » **Diskos** *[diskos']* permettent de passer d'agréables soirées. En Allemagne, la vie la nuit est très développée, surtout dans les moyennes et grandes villes. Les lieux, souvent plus spacieux qu'en France, sont parfois insolites, surtout à Berlin. En discothèque, les prix à l'entrée sont souvent moins chers qu'en France (entre 4 et 8 euros), ce qui attire les plus jeunes (16 ans au minimum). Les boissons y sont très bon marché, en général entre 2 et 3 euros pour une bière.

Vie urbaine

Sens unique

Zone piétonne : livraison autorisée, vélos autorisés

Arrêt de bus

Station de métro

Station de S-Bahn (RER)

Arrêt de tramway

Loisirs de plein air

En plein essor : l'écotourisme

Umweltbewusstsein *[oum'vèlt-bevoustzaïn']*. Voici un bien long mot allemand qui désigne une grande préoccupation dans les pays germaniques : la protection de l'environnement et des écosystèmes. Nos voisins font en effet figure de pionniers en matière d'écologie et les *Verts* (**Die Grünen** *[grunen']*) sont souvent localement bien plus puissants outre-Rhin qu'en France. Il n'est pas rare, par exemple, de voir des panneaux signalant le passage de crapauds ou d'autres animaux sur une route. Cette conscience écologique omniprésente a un impact sur tous les domaines de la vie et également sur les loisirs. L'« écotourisme » **Ökotourismus** *[eukotourismouss]*, une autre manière de voyager, est en plein essor. Le **Naturpark** *[natourpark]* « parc naturel », et plus encore le **Nationalpark** *[natsionalpark]* « parc national », préservent faune et flore et attirent les amoureux de la nature. Séjourner dans une ferme **Bauernhof** *[baoernhof]* est l'occasion d'être en contact immédiat avec la nature, les animaux et les productions de la ferme (http://fr.bauernhofurlaub-deutschland.de). En Autriche et en Suisse, le **Kinderhotel** *[kin'derhotèl]* « hôtel pour enfants » est un établissement adapté aux familles, disposant entre autres d'une garderie, d'espaces de jeux, et offrant des activités aux enfants sans endommager la nature.

Marcher, faire du vélo, se déplacer en canoë sont des activités qui permettent de découvrir un pays tout en respectant son environnement.

Randonnées

D'innombrables lieux se prêtent à la « randonnée » **Wandern** ***[van'dern']***. La « Forêt-Noire » **Schwarzwald** ***[chvartsvalt]*** est l'une des destinations idéales pour la randonnée en pleine nature. Un chemin de randonnée célèbre est le **Westweg** ***[vèstvék]*** « chemin de l'Ouest » qui relie ***Pforzheim*** à ***Bâle***.
Les « Alpes bavaroises » **Bayerische Alpen** ***[baïriche alpen']*** permettent d'admirer l'un des plus beaux paysages de montagne allemands en visitant des villes comme ***Bad Reichenhall*** et ***Berchtesgaden***.
Autour de Berlin, accessible depuis la ville de ***Potsdam***, le **66-Seen-Weg** ***[zèksoun'tsèshtsishzén'vék]*** « chemin des 66-Lacs » passe par la région du Brandebourg et longe, outre les lacs, des étangs, des ruisseaux et des

Les parcs nationaux

Les « parcs nationaux » **Nationalparks** *[natsionalparks]*, qui préservent la nature et les écosystèmes, font l'objet d'une protection très stricte soumise aux critères de l'ONG *Union internationale pour la conservation de la nature*.
14 Nationalparks sont présents en *Allemagne*. Celui de *Schleswig-Holsteinisches Wattenmeer*, situé à l'embouchure de l'*Elbe* dans la « mer des Wadden » **Wattenmeer** *[vaten'mér]*, se caractérise par un paysage composé de dunes de sable blanc, d'estuaires et de marais salants. *Berchtesgaden* se distingue par ses montagnes abruptes. *Bayerischer Wald* offre une forêt dense parcourue de ruisseaux. *Müritz* est connu pour ses marais et ses lacs.
En *Autriche*, **6 Nationalparks** peuvent être visités, parmi lesquels le **Nationalpark Kalkalpen** *[natsionalpark kalkalpen']* « parc national des Alpes calcaires » et le *Neusiedler See*, dont une partie se trouve en Hongrie. La Suisse possède un seul parc national alpin, le **Schweizerische Nationalpark** *[chvaïtseriche natsionalpark]* « parc national suisse », situé à l'est du pays dans le *canton des Grisons*.

rivières. Le Land de **Thüringen** *[turin'guen']* « Thuringe » est très prisé par les randonneurs pour son **Rennsteig** *[rèn'chtaïk]*, chemin de randonnée qui traverse la **Thüringer Wald** *[turin'guer' valt]* « la forêt de Thuringe » depuis la ville de *Eisenach*.

Cyclotourisme

Un réseau dense de *voies cyclables* (itinéraires de randonnée cycliste), en allemand **Radwanderwege** *[ratvan'deurvégueu]*, utilisant des chemins de randonnée ou des routes secondaires, couvre les pays de langue allemande.

À Berlin, le **Berliner Mauerweg** *[bèrliner' maoer'vék]* « chemin du mur de Berlin » qui longe l'ancien tracé du mur, se prête parfaitement à une randonnée culturelle à vélo (aussi en famille). Non loin de *Griebnitzsee*, le chemin à travers le *Babelsberger Park* permet d'admirer le plateau lacustre de la *Havel*.

Les « routes des fleuves » **Flussrouten** *[floussrouten']* permettent de passer par des chemins plats ou de montagne agrémentés de fleuves et de cours d'eau. La route menant du *Main* au massif de la *Rhön* est très fréquentée par les cyclistes. Elle longe des châteaux forts et des maisons à l'architecture typique de *Franconie*.

Mer du Nord et mer Baltique

La station balnéaire la plus connue de *mer du Nord* est celle de *Sankt Peter-Ording* où se trouve, outre des plages de sable blanc, le « parc national de la mer des Wadden du Schleswig-Holstein » *Nationalpark Schleswig-Holsteinisches Wattenmeer*. En plus, le littoral, balayé par les vents, attire les amateurs de « planche à voile » **Windsurfen** *[vin'tzeurfen']*. De *Hambourg*, vous pourrez faire une excursion sur l'île de *Sylt*, la plus célèbre de mer du Nord. *Wangerooge* est une île où les voitures sont interdites, donc **autofrei** *[aotofraï]*. Sur les rives de la *mer Baltique*, la cité portuaire de *Warnemünde* est bien desservie depuis *Berlin*. *Stralsund* est une ville hanséatique typique aux portes de l'île de **Rügen**, lieu de villégiature connu pour ses falaises de craie. Juste à l'ouest, *Hiddensee* est une autre île exclusivement dédiée aux piétons.

Activités en eau douce

Les activités sur les lacs et les fleuves sont très développées dans les pays de langue allemande. À *Berlin*, sur le lac *Wannsee*, des « Pédalos® » **Tretboote** *[trétbote]* sont à disposition. Dans le *Treptower Park*, traversé par la *Spree* vous pourrez également louer une « barque » **Ruderboot** *[rouder'bot]*. Non loin de *Munich*, sur le *Starnberger See*, des barques permettent de flâner sur le lac, tout en admirant les montagnes.

les indispensables

Où se trouve le **club** de tennis ?	Wo ist der Tennisklub? *vo ist' dèr' tènisskloup?*
Y a-t-il un **terrain** de foot ?	Gibt es hier einen Fußballplatz? *guipt' èss hir aïnen' foussbalplats'?*
Où peut-on **jouer** au / à la... ?	Wo kann man ... spielen? *vo kan' man' ... chpilen'?*
Combien coûte une **entrée** ?	Wie viel kostet der Eintritt? *vi fil kostet' dèr' aïntrit'?*
C'est combien pour une **heure** de badminton ?	Wie viel kostet eine Stunde Badminton? *vi fil kostet' aïne chtoun'de bètmin'ten'?*
Combien coûte un **permis** de pêche?	Wie viel kostet ein Angelschein? *vi fil kostet' aïn an'guelchaïn'?*
On loue à l'**heure** ou à la **journée** ?	Verleihen Sie stundenweise oder tageweise? *fèrlaïhen' zi chtoun'den'vaïze oder' taguevaïze?*
Est-ce moins **cher** si on loue à la **semaine** ?	Kostet es für eine Woche weniger? *kostet' èss fur aïne vorre véniguer?*
J'aimerais prendre des **cours**.	Ich würde gern einen Kurs machen. *ish vurde guèrn aïnen' kourss marren'*
Je voudrais m'**inscrire** / inscrire mon **enfant** à...	Ich möchte mich / mein Kind zu ... anmelden. *ish meushte mish / maïn kin't tsou ... an'mèlden'*
Avez-vous des **activités** pour les **enfants** ?	Bieten Sie etwas für Kinder an? *biten' zi ètvass fur kin'der' an'?*
Y a-t-il des **excursions** pour les **enfants** / à faire en **famille** ?	Bieten Sie Ausflüge für Kinder / Familien an? *biten' zi aoss'flugue fur kin'der' / familien' an'?*
Est-il **nécessaire** de **réserver** ?	Muss man sich vorher anmelden? *mouss man' zish forhér an'mèlden'?*

les indispensables

Fournissez-vous aussi le matériel ?	Stellen Sie auch die Ausrüstung zur Verfügung? *chtèlen' zi aorr di aoss'rustoun'g tsour fèrfugoun'g?*
Faut-il payer une caution pour le matériel ?	Muss man für die Ausrüstung eine Kaution zahlen? *mouss man' fur di aoss'rustoun'g aïne kaotsion' tsalen'?*
Combien cela coûte-t-il ?	Wie viel kostet das? *vi fil kostet' dass?*
Avez-vous un tarif enfant / étudiant ?	Haben Sie einen Kindertarif / Studententarif? *haben' zi aïnen' kin'der'tarif / chtouden'ten'tarif?*
Je voudrais louer… , s'il vous plaît.	Ich möchte gern … leihen. *ish meushte guèrn … laïen'*
Êtes-vous équipés pour les handicapés ?	Sind Sie behindertengerecht ausgestattet? *zin't zi behin'derten'guerèsht aosguechtatet'?*
J'aimerais déposer mes affaires au vestiaire.	Ich würde meine Sachen gerne an der Garderobe abgeben. *ish vurde maïne zarren' guèrne an' dèr' garderobe apguében'*
Je voudrais une crème solaire haute protection.	Ich hätte gern eine Sonnencreme mit hohem Lichtschutzfaktor. *ish hète guèrn aïne zonen'kréme mit' hoem' lisht'chouts'faktor*
Combien de temps faut-il compter ?	Wie viel Zeit muss man einplanen? *vi fil tsaït' mouss man' aïnplanen'?*
Peut-on pique-niquer ?	Kann man dort picknicken? *kan' man' dort' pikniken'?*
Quel est le tarif horaire ?	Wie viel kostet es in der Stunde? *vi fil kostet' èss in' dèr' chtoun'de?*
Y a-t-il un club pour les enfants ?	Gibt es einen kinderklub? *guipt' èss aïnen' kin'der'kloup?*

à la mer

sur la plage

Où se trouve la plage / la plage privée ?	**Wo ist der Strand / Privatstrand?** *vo ist' dèr' chtran't / privatchtran't?*
Le prix de l'entrée comprend quelles prestations ?	**Was ist alles im Eintrittspreis inbegriffen?** *vass ist' aless im' aïntritspraïs in'begrifen'?*
Y a-t-il une plage naturiste ? Où se trouve-t-elle ?	**Gibt es hier einen FKK-Strand? Wo ist er?** *guipt' èss hir aïnen' èfkaka-chtran't? vo ist' èr?*
Pouvons-nous nous installer ici ?	**Können wir uns hier hinlegen?** *keunen' vir oun's hir hin'léguen'?*

dans l'eau

À quelle heure est la marée haute / la marée basse ?	**Wann ist Flut / Ebbe?** *van' ist' flout / èbe?*
La baignade est-elle surveillée sur cette plage ? Où faut-il aller ?	**Ist dieser Strand bewacht? Wo muss man hin?** *ist' dizer' chtran't bevarrt'? vo mouss man' hin'?*
Faut-il se méfier des courants par ici ?	**Gibt es hier gefährliche Strömungen?** *guipt' èss hir gueferlishe chtreumoun'guen'?*
Est-ce qu'on a pied longtemps ?	**Kann man hier lange stehen?** *kan' man' hir lan'gue chtéen'?*

Vie de plage à l'allemande

Existant depuis le XIXe siècle, le **Strandkorb** *[chtran'tkorp]* « corbeille de plage » fait partie de la culture balnéaire allemande. Ce fauteuil de plage équipé d'un toit protège du soleil, du vent, de la pluie et du sable volant. Fixée par la commune, la **Kurtaxe** *[kourtakse]* « taxe de séjour » (environ 2 euros par personne), dont les recettes servent à entretenir les plages et les équipements publics, vous sera demandée sur votre lieu d'hébergement ou à l'entrée de certaines plages.

le matériel

Louez-vous des bateaux / des planches à voile / de surf ?	**Verleihen Sie Boote / (Wind-)Surfbretter?** *fèrlaïhen' zi bote / (vin't-)zeurfbrèter'?*
Je voudrais louer du matériel de plongée / un tuba et un masque, s'il vous plaît.	**Ich möchte eine Taucherausrüstung / einen Schnorchel und eine Taucherbrille leihen.** *ish meushte aïne taorrer'aoss'rustoun'g / aïnen' chnorshel oun't aïne taorrer'brile laïen'*
Combien coûte la location d'une combinaison / d'une planche ?	**Wie viel kostet es, einen Tauchanzug / ein Surfbrett zu leihen?** *vi fil kostet' èss, aïnen' taorran'tsouk / aïn zeurfbrèt' tsou laïen'?*

prendre des cours

Je voudrais m'inscrire / l'inscrire.	**Ich möchte mich / ihn / sie anmelden.** *ish meushte mish / în' / zi an'mèlden'*
Avez-vous des stages ?	**Bieten Sie Kurse an?** *bîten' zi kourze an'?*
Combien coûtent les cours / coûte le forfait / la licence ?	**Was kostet der Unterricht/ die Pauschale/ der Schein?** *vass kostet' dèr' oun'terisht' / dî paochale / dèr' chaïn'?*
Je suis débutant(e).	**Ich bin Anfänger(in).** *ish bin' an'fèn'guer'(in')*

Sports nautiques

- le canoë-kayak **(das) Kanufahren / Kajakfahren** *[(dass) kanoufaren' / kaïakfaren']*
- le canyoning **(das) Canyoning** *[(dass) kènienin'g]*
- la planche à voile **(das) (Wind-)Surfen** *[(dass) (vin't-)zeurfen']*
- la plongée **(das) Tauchen** *[(dass) taorren']*
- le rafting **(das) Rafting** *[(dass) raftin'g]*
- le ski nautique **(der) Wasserski** *[(dèr') vasserchi]*
- le surf **(das) Surfen / Wellenreiten** *[(dass) zeurfen' / vèlen'raïten']*
- la voile **(das) Segeln** *[(dass) zégueln]*

les activités

Y a-t-il une piscine pour les enfants ?	Gibt es hier ein Schwimmbad für Kinder? *guipt' èss hir aïn chvim'bat' fur kin'der'?*
Où est la piscine municipale ?	Wo ist das städtische Schwimmbad? *vo ist' dass chtètiche chvim'bat'?*
La piscine est chauffée?	Ist das Schwimmbad beheizt? *ist' dass chvim'bat' behaïtst'?*
La piscine est en plein air ?	Ist es ein Freibad? *ist' èss aïn fraïbat'?*
Y a-t-il un bassin de jeu pour les enfants ?	Gibt es ein Kinderspielbecken? *guipt' èss aïn kin'der'chpilbèken'?*
Peut-on faire de la planche à voile / du ski nautique par ici ?	Kann man hier irgendwo surfen / Wasserski fahren? *kan' man' hir irguen'tvo zeurfen' / vasserchi faren'?*
Où se trouve le club de voile / de plongée / de surf le plus proche ?	Wo ist der nächste Segelklub / Tauchklub / Surfklub? *vo ist' dèr' nèkste zéguelkloup / taorrkloup / zeurfkloup?*
On m'a dit qu'on pouvait faire du kayak.	Ich habe gehört, dass man hier Kajak fahren kann. *ish habe gueheurt, dass man' hir kaïak faren' kan'*

Petit lexique pour la plage

- la casquette **die Kappe** *[di kape]*
- la chaise longue **der Liegestuhl** *[dèr' liguechtoul]*
- les chaussures de plage **die Strandschuhe** *[di chtran'tchoue]*
- le coup de soleil **der Sonnenbrand** *[dèr' zonen'bran't]*
- la crème solaire **die Sonnencreme** *[di zonen'kréme]*
- l'insolation **der Sonnenstich** *[dèr' zonen'chtish]*
- le parasol **der Sonnenschirm** *[dèr' zonen'chirm]*
- la serviette **das Handtuch** *[dass han't'tourr]*
- les tongs **die Flipflops** *[di flipflops']*

se renseigner

J'aimerais faire une randonnée.	Ich möchte eine Wanderung machen. *ish meushte aïne van'deroun'g marren'*
Quelle est la longueur du parcours ?	Wie lange ist die Strecke? *vi lan'gue ist' di chtrèke?*
Le parcours est-il facile / difficile ?	Ist die Wanderung einfach / schwer? *ist' di van'deroun'g aïnfarr / chvér'?*
Où se trouve le début du sentier de randonnée ?	Wo beginnt der Wanderweg? *vo beguin't dèr' van'der'vék?*
À quelle heure / De quel endroit faut-il partir ?	Wann / Wo geht die Wanderung los? *van' / vo guét' di van'deroun'g loss?*

La randonnée

Le *balisage* en forêt, destiné à guider les randonneurs, est régulièrement entretenu. Les symboles sont en général expliqués sur des panneaux d'information à l'entrée des forêts. Les « chemins de grande randonnée » **Fernwanderwege** *[fèrnvan'der'végue]* sont très nombreux en Allemagne. Pour préparer votre parcours, vous trouverez les descriptifs et les cartes sur le site Internet http://www.fernwege.de. Vous pouvez également consulter, en anglais, le site http://www.walk-in-europe.com/germany. Les **Europäische Fernwanderwege** *[oïropéiche fèrn-van'der'végue]* « chemins de grande randonnée européens » forment un réseau de 52 000 km à travers l'Europe (dont 9 700 km en Allemagne). Le chemin *E1* passe entre autres par les *landes de Lüneburg*, les régions montagneuses du *Weserbergland* et du *Sauerland*, la *Forêt-Noire*, le *lac de Constance* et la *Suisse*. Le *E8* rejoint le *Jura franconien*, *Ratisbonne*, les régions de *Haute-Autriche* et de *Basse-Autriche*. Le chemin *E3* traverse l'*Allemagne* d'ouest en est, en rejoignant les massifs du *Taunus*, du *Vogelsberg* et la *forêt de Franconie*.

cyclotourisme

sur la route

Nous aimerions faire du cyclotourisme.	**Wir möchten radwandern.** *vir meushten' rat'van'dern'*
Nous voudrions faire une promenade / une randonnée / un tour.	**Wir möchten eine Radtour machen.** *vir meushten' aïne rat'tour marren'*
Nous voudrions faire un circuit.	**Wir möchten eine Radrundfahrt machen.** *vir meushten' aïne ratroun'dfart' marren'*
Il y a beaucoup d'arbres le long de ce sentier / de cette route ?	**Ist dieser Weg / diese Straße von vielen Bäumen gesäumt?** *ist' dîzer' vék / dîze chtrasse fon' fîlen' boïmen' guezoïm't?*
Est-ce une route à grande circulation ?	**Ist das eine verkehrsreiche Straße?** *ist' dass aïne fèrkérsraïshe chtrasse?*
Pouvez-vous nous conseiller un parcours avec de beaux paysages ?	**Können Sie uns eine landschaftlich schöne Strecke empfehlen?** *keunen' zi oun's aïne lan'tchaftlish cheune chtrèke èm'pfélen'?*

petits problèmes

Je cherche un atelier de réparations.	**Ich suche eine Werkstatt.** *ish zourre aïne vèrkchtat'*
La fourche est faussée.	**Die Gabel ist verbogen.** *di guabel ist' fèrboguen'*
Mon vélo a déraillé.	**Bei meinem Fahrrad ist die Kette abgesprungen.** *baï maïnem' far'rat' ist' di kète apguechproun'guen'*
Le frein arrière du vélo ne marche pas.	**Die Rückbremse des Fahrrads funktioniert nicht.** *di rukbrèm'ze dèss far'rats' foun'ktionîrt' nisht'*
J'ai un pneu crevé / une roue voilée.	**Das Rad hat einen Platten / eine Acht.** *dass rat' hat' aïnen' platen' // aïne arrt'*

le matériel

Je cherche un magasin de vélo.	**Ich suche ein Fahrradgeschäft.** *ish zourre aïn far'rat'guechèft*
Où peut-on louer des vélos ?	**Wo gibt es einen Fahrradverleih?** *vo guipt' èss aïnen' far'rat'fèrlaï?*
Je voudrais louer un vélo pour une journée.	**Ich möchte für einen Tag ein Fahrrad leihen.** *ish meushte fur aïnen' tak aïn far'rat' laïen'*
Vous auriez une carte des randonnées cyclistes ?	**Haben Sie eine Radwanderkarte?** *haben' zi aïne rat'van'der'karte?*
Il me faut un coupe-vent / un poncho / un gilet de sécurité.	**Ich brauche eine Windjacke / ein Cape / eine Sicherheitsweste.** *ish braorre aïne vin'tiake / aïn kèp / aïne zisherhaïtsvèste*
Nous voudrions un antivol (en U) / des rustines / des ampoules.	**Wir hätten gern ein (Bügel-)Schloss / Flickzeug / Glühbirnchen.** *vir hèten' guèrn aïn (buguel-)chloss / fliktsoïk / glubirnshen'*
Il me faudrait des sacoches.	**Ich bräuchte Satteltaschen.** *ish broïchte zateltachen'*

Radwandern

Les aménagements prévus pour les cyclistes sont nombreux dans les pays de langue allemande. Les métros et les trains disposent de compartiments spéciaux, plus spacieux pour les vélos, reconnaissables au vélo dessiné sur la vitre des wagons. Les « voies cyclables » **Radwanderwege** *[rat'van'der'végue]* sont généralement bien entretenues et situées à la campagne. Ce sont des routes à faible circulation pour répondre à un souci de sécurité, longeant des fleuves et où les pentes sont peu nombreuses, ce qui convient aux randonnées en famille et en groupe. Les voies cyclables bénéficient d'un balisage séparé : panneaux rouges sur fond blanc en Allemagne.

aux sports d'hiver

se renseigner

À quelle altitude se trouve la station / le domaine skiable ?	Auf welcher Höhe liegt der Skiort / das Skigebiet? *aof vèlsher' heue likt' dèr' chiort' / dass chiguebit'?*
Quelle est la taille du domaine skiable ?	Wie groß ist das Skigebiet? *vi gross ist' dass chiguebit'?*
Combien de remonte-pentes y a-t-il ?	Wie viele Schlepplifte gibt es? *vi file chlèplifte guipt' èss?*
À quelle heure est le dernier téléski ?	Bis wann ist der Lift in Betrieb? *biss van' ist' dèr' lift in' betrip?*
Où est le départ du télésiège ?	Wo fährt der Sessellift ab? *vo fèrt' dèr' zèssel'lift ap?*

le matériel

Je voudrais louer une paire de skis pour la semaine, s'il vous plaît.	Ich möchte für eine Woche ein Paar Ski leihen. *ish meushte fur aïne vorre aïn par chi laïen'*
Je voudrais louer des skis de fond / des raquettes.	Ich möchte Langlaufski / Schneeschuhe leihen. *ish meushte lan'glaofchi / chnéchoue laïen'*
Vous avez des combinaisons à louer ? Et des chaussures ?	Verleihen Sie Anzüge? Und Skistiefel? *fèrlaïhen' zi an'tsugue? oun't chichtifel?*

Stations de sport d'hiver

Les reliefs montagneux des pays germaniques sont propices aux sports d'hiver. On peut y pratiquer non seulement le « ski » **Ski** *[chi]*, mais aussi le « ski de fond » **Skilanglauf** *[chilan'glaof]* et le « patin à glace », **Schlittschuh** *[chlitchou]*, très populaire dans les pays alpins. Les stations de ski sont très nombreuses, surtout en Autriche et en Suisse alémanique.

prendre des cours

Pourriez-vous me dire à quelle heure ouvre l'école de ski ?	Können Sie mir sagen, wann die Skischule aufmacht? *keunen' zi mir zaguen', van' di chichoule aofmarrt'?*
À partir de quel âge peut-on inscrire les enfants ?	Ab welchem Alter kann man Kinder anmelden? *ap vèlshem' alter' kan' man' kin'der' an'mèlden'?*
Je voudrais l'inscrire dans un cours pour les tout-petits / pour les débutants.	Ich möchte ihn / sie für einen Kleinkinderkurs / Anfängerkurs anmelden. *ish meushte in' / zi fur aïnen' klaïnkin'der'kourss / an'fèn'guer'kourss an'mèlden'*
Je voudrais l'inscrire dans un cours niveau flocon / à la première étoile.	Ich möchte ihn / sie für einen Flocon-Kurs / 1-Stern-Kurs anmelden. *ish meushte in' / zi fur aïnen' flocon-kourss / aïn-chtèrn-kourss an'mèlden'*
Je voudrais m'inscrire dans un cours supérieur / de compétition.	Ich möchte mich für einen Fortgeschrittenen-kurs / Wettkampfkurs anmelden. *ish meushte mish fur aïnen' fort'guechritenen'kourss / vètkam'pfkourss an'mèlden'*

Assurances et forfait

En cas d'accident, le personnel de la station vous portera secours, mais, selon le type d'accident et l'aide déployée (hélicoptère), ce secours aura un coût. En cas de besoin, il est possible de souscrire une « assurance neige » **Skiversicherung** *[chifèrzisheroun'g]* auprès de l'« office du tourisme ». Les *équipements* se louent sur place, des forfaits à la journée ou à la semaine étant proposés, souvent à proximité du téléphérique. Le montant total de la location est en général versé lors du retrait. Un forfait peut être valable pour tout un domaine skiable, une **Skischaukel** *[chichaokel]* se composant de plusieurs vallées qui sont reliées entre elles par des télésièges.

équitation

se renseigner

Peut-on monter à cheval dans les environs ?	**Kann man hier in der Gegend irgendwo reiten?** *kan' man' hir in' dèr' guéguén't irguen'tvo raïten'?*
Peut-on faire du poney / du double poney / de l'attelage ?	**Kann man hier auf Ponys reiten / auf Kleinpferden reiten / Kutsche fahren?** *kan' man' hir aof ponis' raïten' / aof klaïnpférden' raïten' / koutche faren'?*
Y a-t-il un poney club ?	**Gibt es hier einen Ponyclub?** *guipt' èss hir aïnen' ponikloup?*
Proposez-vous des balades à cheval ?	**Bieten Sie Ausritte an?** *biten' zi aoss'rit' an'?*
Nous voudrions faire une balade d'une journée.	**Wir würden gern einen eintägigen Ausritt machen.** *vir vurden' guèrn aïnen' aïntèguiguen' aoss'rite marren'*
Où peut-on faire de la randonnée ?	**Wo kann man hier wanderreiten?** *vo kan' man' hir van'der'raïten'?*

Petit lexique de l'équitation et du cheval

- la bombe **die Reitkappe** *[di raït'kape]*
- la brosse **der Striegel** *[dèr' chtriguel]*
- la couverture **die Decke** *[di dèke]*
- le cure-pieds **der Hufkratzer** *[dèr' houfkratser']*
- l'étrier **der Steigbügel** *[dèr' chtaïkbuguel]*
- la bride **das Zaumzeug** *[dass tsaom'tsoïk]*
- la cravache **die Reitgerte** *[di raït'guèrte]*
- l'étalon **der Hengst** *[dèr' hèn'gst]*
- le filet **das Halfter** *[dass halfter']*
- le fer **das Hufeisen** *[dass houfaïzen']*
- le mors **die Trense** *[di trèn'ze]*
- le naseau **die Nüster** *[di nuster']*
- le pantalon de cheval **die Reithose** *[di raït'hoze]*
- le poney **das Pony** *[dass poni]*
- le poulain **das Fohlen** *[dass folen']*
- la rêne **der Zügel** *[dèr' tsuguel]*
- le sabot **der Huf** *[dèr' houf]*
- la selle **der Sattel** *[dèr' zatel]*

cours et activités

Sais-tu monter à cheval ?	**Kannst du reiten?** *kann'sst dou raïten'?*
Quelles sont les gîtes / fermes équestres qui proposent des cours pour débutants ?	**Welche Reiterhöfe bieten Anfängerkurse an?** *vèlshe raïter'heufe bîten' an'fèn'guer'kourze an'?*
Combien coûte un cours d'équitation ?	**Wie viel kostet eine Reitstunde?** *vî fîl kostet' aïne raït'chtoun'de?*
L'assurance est-elle comprise ?	**Ist die Versicherung inbegriffen?** *ist' dî ferzisheroun'g in'begrifen'?*
Quelles sont les disciplines proposées ?	**Welche Pferdesportarten werden angeboten?** *vèlshe pférdechportarten' vérden' an'gueboten'?*
Peut-on faire du saut / du dressage ?	**Wird Springreiten / Dressurreiten angeboten?** *virt' chprin'graïten' / drèssour'raïten' an'gueboten'?*
Peut-on monter en amazone ?	**Kann man im Damensitz reiten?** *kan' man' im' damen'zits' raïten'?*
J'ai déjà fait un peu d'équitation.	**Ich kann schon ein bisschen reiten.** *ish kan' chon' aïn bis'chen' raïten'*
Je monte depuis six ans.	**Ich reite seit sechs Jahren.** *ish raïte zaït' zèks iaren'*
Je sais faire du dressage.	**Ich kann dressurreiten.** *ish kan' drèssour'raïten'*
J'ai déjà fait du saut.	**Ich habe schon Erfahrung im Springreiten.** *ish habe chon' èrfaroun'g im' chprin'graïten'*
Je ne suis pas doué pour le départ au galop .	**Ich kann nicht aus dem Stand losgaloppieren.** *ish kan' nisht' aoss dém' chtan't lossgalopîren'*
Je préfère faire du trot.	**Ich reite lieber im Trab.** *ish raïte lîber' im' trap*

das Mountainbike
VTT

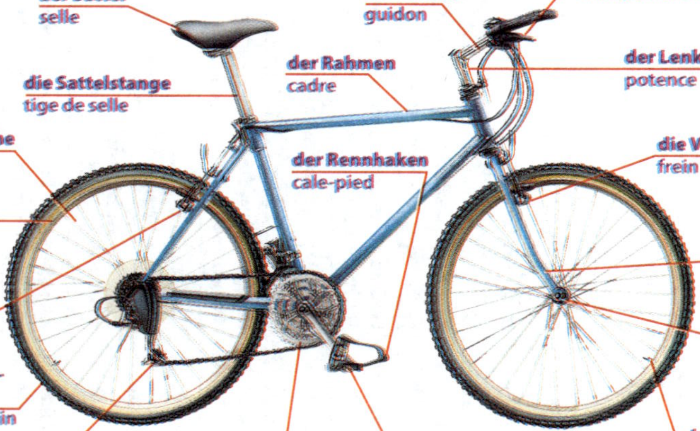

Shopping

Horaires et jours de fermeture traditionnels

Depuis 2006, en Allemagne, après un débat public houleux, chaque Land peut déterminer ses horaires et ses jours d'ouverture. De manière générale, les magasins sont ouverts de 9 h à 20 h. L'ouverture est autorisée à partir de 7 h pour les magasins d'alimentation. Traditionnellement, les magasins sont fermés le dimanche et les jours fériés, malgré certaines tendances à libéraliser la réglementation. Sachez que le 26 décembre, les lundis de Pâques et de Pentecôte sont jours fériés dans les pays germaniques. *Berlin* est la ville la plus libérale en matière d'ouverture dominicale. Certains supermarchés ont même le droit d'ouvrir jusqu'à minuit. Une fois par an, en mars, a lieu la « nuit blanche du shopping » **Lange Nacht des Shoppings** *[lan'gue narrt dèss chopin'gs]* sur le *Kurfürstendamm*, une importante avenue commerçante de Berlin. La *Bavière* est en revanche le Land le plus conservateur, l'ouverture le dimanche étant toujours interdite et la fermeture fixée à 20 h du lundi au samedi. En *Autriche*, les magasins sont ouverts jusqu'à 21 h, la loi ayant changé depuis peu, mais demeurent fermés le dimanche. En *Suisse*, chaque canton possède sa propre réglementation, mais les magasins sont généralement ouverts jusqu'à 18 h 30. Le jeudi dans les grandes villes, le vendredi dans les plus petites, ils demeurent ouverts jusqu'à 20 h ou 21 h.

Souvenirs, tenues traditionnelles, produits bio, vous trouverez de tout dans les boutiques spécialisées. Et, si vous êtes en manque d'inspiration, faites un tour dans les marchés aux puces.

Souvenirs et spécialités

À *Berlin*, des boutiques de souvenirs vendent quantité d'objets différents : un **Ampelmännchen** *[am'pelmèn'shen']* « petit bonhomme des feux de circulation », un **Mauerstein** *[maoer'chtaïn']* « pierre du mur de Berlin » (attention, l'authenticité n'est pas toujours garantie), un **Bär** *[bèr]* « ours », symbole de la ville, une **Schapka** *[chapka]* « chapka » en souvenir de l'occupation russe de la RDA, des cartes postales de Berlin avant la chute du mur. À *Munich*, les touristes pourront sans problème acheter : une « chope de bière » **Bierkrug** *[birkrouk]*, des tee-shirts avec le logo du *FC Bayern de Munich* proposés dans de nombreuses boutiques, le **Gamsbart** *[gam'sbart']*, « chapeau vert surmonté d'une touffe de poils de chamois » (costume traditionnel bavarois). En Bavière, l'emblème du château de Neuschwanstein, un « cygne » **Schwan** *[chvan']*, est proposé. En « Forêt-Noire » **Schwarzwald** *[chvartsvalt]*, la **Kuckucksuhr** *[koukouksour]* « horloge coucou » constitue un souvenir typique. Si vous résidez du côté de la **Ostsee** *[ostzé]* « mer Baltique », vous pourrez ramener du « jus d'ar-

Chaînes de drogueries

Les produits d'entretien, d'hygiène, pour les cheveux et le corps, la parapharmacie, se trouvent dans la **Drogerie** *[drogueri]* « droguerie », supermarché spécialisé qui propose aussi des vitamines, du thé, etc. En *Allemagne*, les chaînes les plus représentées sont Schlecker, Rossmann, dm, drospa. En *Autriche*, **Müller** est la plus fréquente. En *Suisse alémanique*, une Drogerie désigne une boutique spécialisée dans les produits de beauté, où un vendeur est à la disposition du client pour le conseiller.

gousier » **Sanddornsaft** *[zan'dorn'zaft]*. Quant à la *Bionade*, limonade bio allemande devenue à la mode, vous n'aurez aucun problème à vous la procurer partout en Allemagne.
En *Autriche*, plus particulièrement à *Salzbourg*, les **Mozartkugeln** *[mot-sartkougueln']* « chocolats Mozart », fourrés à la pistache, sont l'une des spécialités les plus appréciées.
En *Suisse alémanique*, le *couteau suisse* et le *chocolat* font partie des souvenirs le plus souvent rapportés par les touristes.

Les magasins traditionnels

En Allemagne, la tradition bio est très ancrée dans la culture. C'est pourquoi l'enseigne de magasins bio **Bioladen** *[bioladen']*, qui propose des produits issus de l'agriculture biologique, fleurit dans toutes les villes allemandes. **Reformhaus** *[réform'haoss]*, autre marque qui a fait son apparition en 1900, vend des produits biologiques dans les domaines de la diététique et de la cosmétique.
Dans les années 1970, le **Weltladen** *[vèltladen']* « boutique de commerce équitable » fait son apparition en Allemagne. Son objectif est de vendre des produits d'Afrique, d'Asie et d'Amérique du Sud et d'informer les clients sur la provenance, les producteurs et leurs difficultés.
La **Bäckerei** *[békeraï]* « boulangerie » vend une grande variété de pains et aussi des **Brötchen** *[breutshen']* « petits pains », nature ou en « sandwichs » (**belegtes Brötchen** *[beléktess breutshen']*), toutes sortes de viennoiseries, de« gâteaux » **Kuchen** *[kourreun']* (souvent du **Käsekuchen** *[kézekourren']* « gâteau au fromage blanc »). Les boulangeries turques proposent le **Börek** *[beurek]*, fréquemment fourré d'épinards et/ou de fromage de brebis.
La **Konditorei** *[kon'ditoraï]* « pâtisserie » offre à la dégustation des spécialités allemandes ou autrichiennes comme la *sachertorte* ou la *forêt-noire*.
Le **Teeladen** *[téladen']* « magasin de thé » dispose d'un large choix de « thés en vrac » **lose Tee** *[loze té]*, en « sachets » **Teebeutel** *[téboïtel]* et de « théières » **Teekannen** *[tékanen']*.
La « pharmacie » **Apotheke** *[apotéke]*, reconnaissable à son grand A rouge dessiné en caractère gothique, occupe parfois les lieux mêmes d'une ancienne boutique d'apothicaire.
Les « librairies » allemandes, de taille petite et moyenne, sont souvent spécialisées. L'**Antiquariat** *[an'tikvariat]* « bouquiniste » propose des livres d'occasion de grande qualité.

à la poste

Quel est le tarif pour un courrier urgent / une carte postale pour la France ?	Was kostet ein Eilbrief / eine Postkarte nach Frankreich? *vass kostet' aïn aïlbrif / aïne postkarte narr fran'kraïsh?*
Je voudrais dix timbres pour la France.	Ich hätte gern zehn Briefmarken für Frankreich. *ish hète guèrn tsén brifmarken' fur fran'kraïsh*
Je voudrais envoyer cette lettre / ce paquet en recommandé.	Ich möchte diesen Brief / dieses Paket per Einschreiben schicken. *ish meushte dizen' brif / dizess pakét' pèr' aïn'chraïben' chiken'*
Pouvez-vous me passer un formulaire, s'il vous plaît ?	Können Sie mir bitte ein Formular geben? *keunen' zi mir bite aïn formoular guében'?*
Où dois-je indiquer l'adresse du destinataire et celle de l'expéditeur ?	Wo soll ich die Adresse des Empfängers und die des Absenders angeben? *vo zol ish di adrèsse dèss em'pfèn'guers' oun't di dèss apzèn'ders' an'guében'?*
Ça met combien de temps pour arriver en France ?	Wie lange braucht die Post nach Frankreich? *vi lan'gue braorrt' di post' narr fran'kraïsh?*
J'aurais voulu une carte de téléphone à 15 euros.	Ich hätte gern eine Telefonkarte zu 15 Euro. *ish hète guèrn aïne téléfon'karte tsou fun'ftsén oïro*

Vous lirez

- **Bitte geben Sie Ihre Karte ein.** Insérez votre carte.
- **Bitte geben Sie Ihre PIN ein.** Veuillez saisir votre code.
- **Bitte bestätigen Sie Ihre Eingabe mit der grünen Taste.** Appuyez sur la touche verte pour confirmer.
- **Bitte wählen Sie den gewünschten Betrag.** Choisissez le montant désiré.
- **Bitte entnehmen Sie Ihre Karte.** Veuillez retirer votre carte.
- **Abbrechen / Ändern / Bestätigen** annuler / corriger / confirmer
- **außer Betrieb** hors service

à la banque

Je voudrais retirer de l'argent.	Ich möchte Geld abheben. *ish meushte guèlt' ap'hében'*
Je voudrais encaisser des chèques de voyage.	Ich möchte Reiseschecks einlösen. *ish meushte raïzechèks aïnleuzen'*
Où y a-t-il un distributeur de billets ?	Wo finde ich einen Geldautomaten? *vo fin'de ish aïnen' guèltaotomaten'?*
Ma carte de crédit ne fonctionne pas.	Meine Kreditkarte funktioniert nicht. *maïne krédit'karte foun'ktionirt' nisht'*
Le distributeur automatique dehors a avalé ma carte de crédit, comment faire pour la récupérer ?	Der Automat draußen hat meine Kreditkarte einbehalten. Wie kann ich sie wiederbekommen? *dèr' aotomat' draossen' hat' maïne krédit'karte aïnbehalten'. vi kan' ish zi vider'bekomen'?*

au cybercafé

Je voudrais envoyer un e-mail.	Ich möchte eine E-Mail schicken. *ish meushte aïne imél chiken'*
Pouvez-vous m'indiquer un cybercafé ?	Können Sie mir sagen, wo ich ein Internetcafé finde? *keunen' zi mir zaguen', vo ish aïn in'ternètkafé fin'de?*
Y a-t-il une zone Wi-Fi par ici ?	Gibt es hier in der Nähe einen Hot-Spot? *guipt' èss hir in' dèr' nèe aïnen' hot'spot'?*
Où puis-je trouver un accès gratuit à Internet ?	Wo finde ich einen kostenlosen Internetzugang? *vo fin'de ish aïnen' kosten'lozen' in'ternèt'tsougan'g?*
Faut-il payer avant ou après la connexion ?	Zahlt man vorher oder nachher? *tsalt' man' forhér oder' narrhér?*
Je peux prendre quel poste ?	Kann ich an diesen Rechner? *kan' ish an' dizen' rèshner'?*

SHOPPING

chez le coiffeur

Je voudrais prendre rendez-vous.	Ich hätte gern einen Termin. *ish hète guèrn **aï**nen' tèrm**i**n'*
Une coupe avec brushing, s'il vous plaît.	Einmal Schneiden und Fönen, bitte. ***aï**nm**a**l chn**aï**den' oun't f**eu**nen', bite*
Un shampooing et une mise en plis.	Einmal Waschen mit Wasserwelle, bitte. ***aï**nm**a**l vachen' mit' vasser'vèle, bite*
Je voudrais une coupe dégradée.	Ich möchte einen Stufenschnitt. *ish meushte **aï**nen' cht**ou**fen'chnit'*
Ne coupez pas trop derrière / devant.	Schneiden Sie die Haare bitte vorne / hinten nicht zu kurz. *chn**aï**den' z**i** d**i** h**a**re bite forne / hin'ten' nisht' ts**ou** kourts'*
Plus court dessus / sur les côtés.	Oben / an den Seiten kürzer. ***o**ben' / an' dén' z**aï**ten' kurtser'*
C'est trop chaud / froid / très bien comme ça.	Es ist zu heiß / zu kalt / in Ordnung so. *èss ist' ts**ou** h**aï**ss / ts**ou** kalt' / in' ordnoun'g **zo***
J'ai une permanente / une coloration.	Ich habe eine Dauerwelle / gefärbte Haare. *ish h**a**be **aï**ne d**ao**er'vèle / guefèrpte h**a**re*

Mode de paiement

Dans les pays de langue allemande, il est impossible de payer par chèque, seuls la carte de paiement internationale (Visa, MasterCard, etc.) **Kreditkarte** *[krédit' karte]* et le « liquide » **Bargeld** *[barguèlt]* sont acceptés. Attention, en Allemagne, de nombreux commerces n'acceptent pas la carte de paiement internationale, mais seulement la **EC Karte** *[étsé karte]* « carte de débit » que délivrent les banques allemandes après qu'on y a ouvert un compte.

les soins du corps

Pouvez-vous me conseiller un centre de thalassothérapie / un spa / un institut de beauté ?	**Können Sie mir ein Thalassotherapiezentrum / ein Spa / einen Schönheitssalon empfehlen?** *keunen' zi mir aïn talassotérapitsèn'troum' / aïn chpa / aïnen' cheunhaït's'zalon èm'pfélen'?*
Proposez-vous des soins pour le visage / des massages ?	**Bieten Sie Gesichtspflege / Massagen an?** *biten' zi guezishts'pflégue / massagen' an'?*
Faites-vous de l'épilation ?	**Bieten Sie Enthaarung an?** *biten' zi ènt'haroun'g an'?*
Quels sont les tarifs de soins ?	**Was kosten die Leistungen?** *vass kosten' di laïstoun'guen'?*
Les produits utilisés sont-ils naturels ?	**Verwenden Sie natürliche Produkte?** *fèrven'den' zi naturlishe prodoukte?*
Pouvez-vous me détailler les forfaits disponibles ?	**Können Sie mir sagen, was genau die einzelnen Pakete umfassen?** *keunen' zi mir zaguen', vass guénao di aïn'tselnen' pakéte oum'fassen'?*
J'aurai accès à quelles installations ?	**Welche Einrichtungen kann ich benutzen?** *vèlshe aïnrishtoun'guen' kan' ish benoutsen'?*
Dois-je amener un maillot de bain / des sandales / un bonnet de bain ?	**Muss ich eine Badehose (pour hommes) / einen Badeanzug (pour femmes) / Sandalen / eine Bademütze mitbringen?** *mouss ish aïne badehoze / aïnen' badean'tsouk / zan'dalen' / aïne bademutse mit'brin'guen'?*
Y a-t-il un sauna ?	**Haben Sie eine Sauna?** *haben' zi aïne zaona?*
Proposez-vous des séances de manucure ?	**Bieten Sie Maniküre an?** *biten' zi manikure an'?*
Où peut-on faire des séances d'UV ?	**Wo kann man Sonnenbäder nehmen?** *vo kan' man' zonen'bèder' némen'?*

SHOPPING

se renseigner

Dans quelle zone se trouvent les magasins ?	Wo ist das Geschäftsviertel? *vo ist' dass guechèftsfirtel?*
Où se trouve le centre commercial ?	Wo ist das Einkaufszentrum? *vo ist' dass aïnkaofstsèn'troum'?*
Quels sont les jours de marché aux puces ?	An welchen Tagen findet der Flohmarkt statt? *an' vèlshen' taguen' fin'det dèr' flomarkt' chtat'?*
Vendez-vous des enveloppes / des cartes routières ?	Haben Sie Briefumschläge / Straßenkarten? *haben' zi brifoumchlègue / chtrassen'karten'?*
Excusez-moi, je cherche l'ascenseur / l'Escalator® / la caisse.	Entschuldigen Sie, wo ist der Aufzug / die Rolltreppe / die Kasse? *èn'tchouldiguen' zi, vo ist' dèr' aoftsouk / di roltrèpe / die kasse?*
Je peux vous demander un renseignement ?	Kann ich Sie etwas fragen? *kan' ish zi ètvass fraguen'?*
Je voudrais voir celui qui est en vitrine.	Ich würde gern den / die / das aus dem Schaufenster sehen. *ish vurde guèrn dén' / di / dass aoss dém' chaofèn'ster' zéen'*

Discount et soldes

Les grands supermarchés discount, apparus en Allemagne, proposent des produits à bas prix. *Aldi* (*Hofer* en Autriche), *Plus*, *Netto* sont les principaux magasins alimentaires discount en *Allemagne*. *KiK Textil-Diskont* et *Takko* sont des grands magasins de vêtements, également présents en *Autriche*. En *Suisse* vous trouverez *Spar*, *Lidl*, *Aldi Suisse* et *Denner*. Les « soldes » **Schlussverkäufe** *[chloussfèrkoïfe]* ont lieu la dernière semaine de janvier et la première de février. Et en *été*, la dernière semaine de juillet et la première d'août.

cosmétiques et parapharmacie

Je cherche le rayon du linge de toilette.	Ich suche die Handtuchabteilung. *ish zourre di han'tourraptaïloun'g*
Où sont les brosses à dents ?	Wo sind die Zahnbürsten? *vo zin't di tsan'bursten'?*
Où est le dentifrice ?	Wo ist die Zahncreme? *vo ist' di tsan'kréme?*
Pouvez-vous me conseiller une crème hydratante / un shampooing pour enfant ?	Können Sie mir eine Feuchtigkeitscreme / ein Kindershampoo empfehlen? *keunen' zi mir aïne foïshtishkaïts'kréme / aïn kin'der'cham'pou èm'pfélen'?*
Je n'ai plus de mouchoirs en papier / de couches-culottes.	Ich habe keine Papiertaschentücher / Windeln mehr. *ish habe kaïne papirtachen'tusher' / vin'deln mér*
Je cherche un fond de teint / un rouge à lèvres / un baume pour les lèvres.	Ich bräuchte ein Make-up / einen Lippenstift / ein Lippenbalsam. *ish broïshte aïn mék-ap / aïnen' lipen'chtift' / aïnen' lipen'balzam'*
Où puis-je trouver une huile de massage ?	Wo finde ich Massageöl? *vo fin'de ish massageeul?*

Vous lirez

- **Geöffnet / Geschlossen** Ouvert / Fermé
- **Von 13 bis 15 Uhr geschlossen** Fermé de 13 h à 15 h
- **Samstag und Sonntag geschlossen** Fermé samedi et dimanche
- **Montag bis Freitag von ... bis ...** Du lundi au vendredi, de… à…
- **Öffnungszeiten** Horaires d'ouverture
- **Heute / Sonntag von ... bis ... geöffnet** Aujourd'hui / Dimanche, ouvert de… à…
- **Ich bin gleich wieder da.** Je reviens tout de suite.

les vêtements

Je fais du 38.	**Ich habe Größe 38.** *ish h**a**be gr**eu**sse arrtoun'tdr**aï**tsish*
Je chausse du 40.	**Ich habe Schuhgröße 40.** *ish h**a**be ch**ou**gr**eu**sse firtsish*
Ma fille peut-elle l'essayer ?	**Kann meine Tochter das anprobieren?** *kan' m**aï**ne torrter' dass an'prob**i**ren'?*
Où se trouvent les cabines d'essayage ?	**Wo sind die Umkleiden?** *v**o** zin't d**i** oum'kl**aï**den'?*
Y a-t-il une glace ?	**Ist hier irgendwo ein Spiegel?** *ist' h**i**r irguen'tv**o** **aï**n chp**i**guel?*
Avez-vous la taille au-dessus / au-dessous ?	**Haben Sie es eine Größe größer / kleiner?** *h**a**ben' z**i** èss **aï**ne gr**eu**sse gr**eu**sser' / kl**aï**ner'?*
Avez-vous un haut / une jupe assorti(e) ?	**Haben Sie ein passendes Oberteil / einen passenden Rock dazu?** *h**a**ben' z**i** **aï**n passen'dess **o**ber'**taï**l / **aï**nen' passen'den' rok dats**ou**?*

La garde-robe

- le blouson **die Jacke** *[di iake]*
- la chemise **das Hemd** *[dass hèm't]*
- les chaussures **die Schuhe** *[di choue]*
- le chemisier **die Bluse** *[di blouze]*
- la culotte **der Slip** *[dèr' slip]*
- la jupe **der Rock** *[dèr' rok]*
- le maillot de bain *(pour hommes)* **die Badehose** *[di badehoze]*
- le maillot de bain *(pour femmes)* **der Badeanzug** *[dèr' badean'tsouk]*
- le manteau **der Mantel** *[dèr' man'tel]*
- le pantalon **die Hose** *[di hoze]*
- le pull **der Pulli** *[dèr' pouli]*
- la robe **das Kleid** *[dass klaït']*
- le soutien-gorge **der BH** *[dèr' béha]*
- le tee-shirt **das T-Shirt** *[dass ticheurt]*
- la veste **die Jacke** *[di iake]*

les vêtements

C'est trop petit / grand / long / serré.	Es ist zu klein / groß / lang / eng. *èss ist' tsou klaïn / gross / lan'g / èn'g*
L'avez-vous dans une autre couleur ?	Haben Sie das in einer anderen Farbe? *haben' zi dass in' aïner' an'deren' farbe?*
C'est du cuir / du lin / de la laine / du synthétique ?	Ist das Leder / Leinen / Wolle / Kunstfaser? *ist' dass léder' / laïnen' / vole / koun'stfazer'?*
C'est chaud ?	Hält das warm? *hèlt' dass varm?*
C'est confortable ?	Ist das bequem? *ist' dass bekvém?*
Est-ce lavable en machine ?	Kann man das in der Maschine waschen? *kan' man' dass in' dèr' machine vachen'?*
Combien ça coûte ? / C'est combien ?	Wie viel kostet das? *vi fil kostet' dass?*
Je vais prendre celui-ci, merci.	Ich nehme das hier. *ish néme dass hir*
Si ça ne va pas, je pourrai le changer ?	Kann ich es umtauschen, wenn es nicht passt? *kan' ish èss oum'taochen', ven' èss nisht' passt'?*
Ça ne me plaît pas.	Das gefällt mir nicht. *dass guefèlt' mir nisht'*
Faites-vous les retouches / du sur-mesure ?	Kann ich das hier ändern / maßschneidern lassen? *kan' ish dass hir èndern / mass'chnaïdern' lassen'?*
Pouvez-vous prendre mes mesures, s'il vous plaît ?	Können Sie bitte meine Maße nehmen? *keunen' zi bite maïne masse némen'?*
Je vais réfléchir.	Ich muss mir das noch überlegen. *ish mouss mir dass norr uber'léguen'*

les équipements électroniques

Vendez-vous des cordons d'alimentation pour téléphone portable / Caméscope® ?	Haben Sie Aufladekabel für Handys / Camcorder? *haben' zi aofladekabel fur hèn'diz / kam'korder'?*
Quels sont les prix des lecteurs MP3 ?	Wie viel kosten die MP3-Player? *vi fil kosten' di èmpédraï-pléer'?*
Avez-vous des cartes-mémoire / des piles ?	Haben Sie Speicherkarten / Batterien? *haben' zi chpaïsher'karten' / baterien'?*
La batterie de mon appareil ne se recharge plus, peut-on la changer ?	Der Akku meines Geräts lässt sich nicht mehr aufladen. Kann man ihn austauschen? *dèr' akku maïness guerèts' lèsst zish nisht' mér aofladen'. kan' man' in' aoss'taochen'?*
Une pellicule photo, s'il vous plaît.	Einen Film, bitte. *aïnen' film, bite*

pour les enfants

Excusez-moi, à quel étage se trouvent les vêtements pour enfants / les jouets ?	Entschuldigen Sie, auf welcher Etage finde ich Kinderbekleidung / Spielzeug? *èn'tchouldiguen' zi, aof vèlsher' étage fin'de ish kin'der'beklaïdoun'g / chpiltsoïk?*
Cela convient-il à un enfant de 8 ans ?	Kann ein acht Jahre altes Kind damit etwas anfangen? *kan' aïn arrt' iare altess kin't damit' ètvass an'fan'guen'?*
Que me recommandez-vous pour un adolescent / une petite fille ?	Was empfehlen Sie mir für einen Jugendlichen / ein kleines Mädchen? *vass èm'pfélen' zi mir fur aïnen' iouguen'tlishen / aïn klaïness mètshen'?*
C'est la mode en ce moment en Allemagne ?	Ist das momentan in Deutschland angesagt? *ist' dass momèn'tan' in' doïtchlan't an'guezakt'?*

livres, CD, art

Où puis-je trouver des disques / des livres / des revues ?	Wo finde ich CDs / Bücher / Zeitschriften? *vo fin'de ish tsédéss / busher' / tsaïtchriften'?*
Quel est l'album de pop allemande qui marche fort en ce moment ?	Welches deutsche Popalbum ist denn im Moment sehr angesagt? *vèlshess doïtche popalboum ist' dèn' im' momen't zér an'guezakt?*
Je cherche un CD avec la chanson « Mein kleiner grüner Kaktus ».	Ich suche eine CD mit dem Lied "Mein kleiner grüner Kaktus". *ish zourre aïne tsédé mit' dém' lit "maïn klaïner' gruner' kaktouss"*
Pouvez-vous me conseiller une librairie ?	Können Sie mir eine Buchhandlung empfehlen? *keunen' zi mir aïne burr'han'dloun'g èm'pfélen'?*
Où sont les livres illustrés / les albums pour enfants ?	Wo sind die Bilderbücher / Kinderbücher? *vo zin't di bilder'busher' / kin'der'busher'?*
Je cherche un beau livre de photos sur la ville / la région.	Ich suche einen Bildband von der Stadt / der Gegend. *ish zourre aïnen' biltban'd fon' dèr' chtat' / dèr' guéguén't*
Vous pouvez m'indiquer une galerie d'art / un antiquaire ?	Können Sie mir sagen, wo ich eine Kunstgalerie / einen Antiquitätenladen finde? *keunen' zi mir zaguen', vo ish aïne koun'stgaleri / aïnen' an'tikvitèten'laden' fin'de?*

Les librairies

Les grandes chaînes de librairies sont très nombreuses en Allemagne et en Autriche. Elles proposent en général des espaces de lecture pour tous, ainsi qu'une cafétéria. *Thalia*, *Hugendubel*, *Mayersche* sont les principales enseignes. Outre les livres, les **Hörbücher** *[heur-busher']* « livres audio » remportent un grand succès auprès du public. Des **Autorenlesungen** *[aotoren'lézoun'guen']* « lectures-débats », parfois payantes, sont régulièrement organisées en présence de l'auteur.

l'artisanat

Où pouvons-nous acheter des souvenirs de la cathédrale ?	**Wo finden wir Andenken vom Dom?** *vo fin'den' vir an'den'ken' fom' dom'?*
Où est le magasin de cadeaux ?	**Wo ist der Geschenkeladen?** *vo ist' dèr' guechèn'keladen'?*
Je cherche une boutique de souvenirs.	**Ich suche einen Andenkenladen.** *ish zourre aïnen' an'dèn'ken'laden'*
Quelles sont les spécialités de l'artisanat régional / de la ville ?	**Welche kunsthandwerklichen Gegendstände sind typisch für die Gegend / Stadt?** *vèlshe koun'st'han'tvèrklishen' guéguen'chtèn'de zin't tupich fur di guéguén't / chtat'?*
Avez-vous des tee-shirts ?	**Haben Sie T-Shirts?** *haben' zi ticheurts'?*
C'est fait main ?	**Ist das handgemacht?** *ist' dass han'tguemarrt?*
C'est à base de produits naturels ?	**Ist das aus Naturprodukten?** *ist' dass aoss natourprodoukten'?*

Chiner aux puces

• À *Berlin*, le **Flohmarkt** *[flomarkt']* «marché aux puces» remporte un grand succès auprès des habitants. Une foule de marchés aux puces étalent leurs marchandises dans de nombreux quartiers le dimanche : le *Mauerpark* (U-Bahn Bernauer Str.), objets et meubles d'occasion **Second-Hand** *[séken'd-hèn'd]*, l'*Arkona Platz*, meubles d'ex-RDA, et *Neukölln* (U-Bahn Neukölln), bric-à-brac oriental.

• À *Munich*, le marché aux puces de *Riem* (U-Bahn Messestadt Ost) est gigantesque.

• À *Hambourg*, le *Fischmarkt* (S-Bahn Reeperbahn) est très apprécié des noctambules car il ouvre à 5 h du matin. Le **Fischbrötchen** *[fichbreut'shen']* « petit sandwich au poisson » y est proposé pour agrémenter la flânerie entre les stands.

• À *Vienne*, le marché aux puces de la *Linke Wienzeile* (U-Bahn Kettenbrückengasse) a lieu le samedi. Le **Flohmarkt** de la *Neubaugasse*, qui se tient le vendredi et le samedi, est considéré comme l'un des plus animés.

les spécialités locales

Que me suggérez-vous de ramener en France ?	**Was sollte ich mit zurück nach Frankreich nehmen?** *vass zolte ish mit' tsouruk narr fran'kraïsh némen'?*
Qu'y a-t-il de vraiment typique ?	**Was ist wirklich typisch?** *vass ist' virklish tupich?*
Il y a du porc / de la viande / de l'alcool ?	**Enthält das Schweinefleisch / Fleisch / Alkohol?** *èn't'hèlt dass chvaïneflaïch / flaïch / alkohol?*
Pouvez-vous me recommander un bon vin ?	**Können Sie mir einen guten Wein empfehlen?** *keunen' zi mir aïnen' gouten' vaïn èm'pfélen'?*
Je voudrais acheter de la charcuterie.	**Ich würde gern Wurst kaufen.** *ish vurde guèrn vourst kaofen'*
Ça a été préparé avec des produits naturels ?	**Ist das aus natürlichen Zutaten zubereitet?** *ist' dass aoss naturlishen' tsoutaten' tsouberaïtet'?*
Ça ne va pas s'abîmer pendant le voyage ?	**Verdirbt das auch nicht auf der Reise?** *fèrdirpt dass aorr nisht' aof dèr' raïze?*
Doit-on le conserver au frais ?	**Muss man das kühl aufbewahren?** *mouss man' dass kul aofbevaren'?*
Vous l'auriez en conserve / en bocal ?	**Haben Sie das auch in der Dose / im Glas?** *haben' zi dass aorr in' dèr' doze / im' glass?*
Pouvez-vous l'emballer dans un plastique / sous vide ?	**Können Sie mir das in Plastik verpacken / einschweißen?** *keunen' zi mir dass in' plastik fèrpaken' / aïnchvaïssen'?*
Avez-vous des spécialités sucrées ?	**Haben Sie süße Spezialitäten?** *haben' zi zusse chpétsialitèten'?*
Pourriez-vous me faire un paquet cadeau ?	**Können Sie mir das als Geschenk einpacken?** *keunen' zi mir dass als guechèn'k aïnpaken'?*
Pouvez-vous les mettre dans une belle boîte ?	**Können Sie sie in eine schöne Schachtel verpacken?** *keunen' zi zi in' aïne cheune charrtel fèrpaken'?*

Marché aux poissons de Hambourg

Marché de Noël

Vente de bretzels

Au marché

Bureau de poste

Marchand de journaux

Urgences

Avis de recherche

- Mon fils / Ma fille a disparu. **Mein Sohn / Meine Tochter ist verschwunden.** *[maïn zon' / maïne torrter' ist' fèrchvoun'den']*
- Il / Elle s'appelle Pierre / Marion. **Er / Sie heißt Pierre / Marion.** *[èr / zi haïsst' Pierre / Marion]*
- Il / Elle a 10 ans. **Er / Sie ist zehn Jahre alt.** *[èr / zi ist' tsén iare alt']*
- Il / Elle mesure environ 1,45 m et pèse quelque 35 kilos. **Er / Sie ist ungefähr 1,45 m groß und wiegt ungefähr 35 Kilo.** *[èr / zi ist' oun'guefèr aïnméter' fun'foun'tfirtsish gross oun't vikt oun'guefèr fun'foun't-draïssish kilo]*
- Il / Elle a les cheveux blonds / bruns / roux / courts / longs / lisses / frisés. **Er / Sie hat blonde / braune / rote / kurze / lange / glatte / gelockte Haare.** *[èr / zi hat' blon'de / braone / rote / kourtse / lan'gue / glate / guelokte hare]*
- Il / Elle porte un jean, un T-shirt bleu et des tennis rouges. **Er / Sie trägt Jeans, ein blaues T-Shirt und rote Turnschuhe.** *[èr / zi trèkt djin's, aïn blaoess ticheurt' oun't rote tourn-choue]*
- Il / Elle a été vu(e) pour la dernière fois à ou en... / près de... **Er / Sie wurde zum letzten Mal in / bei... gesehen.** *[èr / zi vourde tsoum' lètsten' mal in' / baï ... guezéen']*

En cas de pépin, il est impératif de connaître les «numéros d'urgence» (Notrufnummer) et de savoir comment fonctionne le système de santé de votre lieu de séjour.

En cas d'urgence

Les « numéros d'urgence » **Notrufnummer** *[notroufnoumer']* sont centralisés. En ***Allemagne***, si vous souhaitez joindre la police, composez le *110* (*112* en ***Autriche*** et en ***Suisse***). En cas d'urgence liée à un problème de santé, vous pouvez composer le *112* en Allemagne et en Suisse, le *141* en Autriche.

Médecine de ville

En ville, les cabinets médicaux de « médecin généraliste » **Allgemeiner Arzt** *[alguemaïner' artst']* (parfois sur rendez-vous) sont le plus souvent très bien équipés en matériel. Les assistants vous feront passer les examens nécessaires, le médecin restant très peu de temps

Important : perte ou vol de pièces d'identité

En cas de *perte* ou de *vol* de vos pièces d'identité, vous devrez vous rendre à l'ambassade de France à Berlin ou aux consulats de France pour y faire une déclaration de perte ou de vol. Pour 23 euros, on vous délivrera sur-le-champ un *laissez-passer consulaire* valable une seule fois pour votre retour en France. Pour cela, vous aurez besoin d'une photo d'identité, d'un autre document attestant de votre identité ou d'une personne pouvant l'attester. Un *passeport d'urgence* valable 1 an peut aussi être délivré pour la somme de 30 euros, ce qui vous laissera le temps de renouveler vos papiers d'identité en France. Dans ce cas, un délai d'un ou de plusieurs jours est nécessaire, le temps que la préfecture de votre département donne son accord. Attention, seuls les consulats généraux de France sont habilités. Ils se trouvent à Hambourg, Düsseldorf, Francfort-sur-le-Main, Sarrebruck, Stuttgart et Munich.

avec le patient. N'hésitez pas à dire **Es ist dringend** *[èss ist drin'guen't]* « C'est urgent » si c'est le cas pour obtenir un rendez-vous en priorité. Avec votre « carte européenne d'assurance maladie » **europäische Krankenkarte** *[oïropéiche kran'ken'karte]* (voir encadré), vous pouvez directement vous rendre chez un médecin généraliste.

Carte européenne d'assurance maladie

La « carte européenne d'assurance maladie » **Europäische Krankenkarte** *[oïropéiche kran'ken'karte]* est délivrée par votre centre de sécurité sociale. Valable 1 an, cette carte permet de bénéficier de la prise en charge sur place des soins médicalement nécessaires. Tous les membres de la famille doivent avoir leur propre carte, y compris les enfants de moins de 16 ans. Adressez-vous à la CPAM *au moins deux semaines avant le départ* (la demande peut se faire par téléphone ou Internet). Chez le médecin, vous devrez remplir un formulaire à l'aide de votre carte, demandez au besoin à la secrétaire médicale.

Hôpital

Si un hôpital est à proximité de votre lieu de séjour, les « urgences » **Notaufnahme** *[notaofname]* pourront vous orienter vers le service adéquat. L'avantage pour le patient est que les hôpitaux disposent de nombreux équipements et que toutes les spécialités sont représentées.

Je vous dois combien, docteur ?

Avec votre « carte européenne d'assurance maladie » (voir encadré), vous pourrez vous rendre chez le médecin et vous n'aurez que peu de frais. Une taxe unique de 10 euros vous sera réclamée (**Praxisgebühr** *[praksisguebur]* à payer 1 fois par trimestre par les assurés du système de sécurité sociale public). Les patients allemands qui bénéficient d'une assurance privée ne la paient pas. Si le médecin dispose du médicament dont vous avez besoin, il ne vous délivrera pas d'ordonnance. En dehors de la taxe obligatoire, le patient ne paie pas la consultation (ou une petite partie selon les soins prodigués). Les honoraires du médecin sont directements versés à celui-ci par la sécurité sociale allemande ou l'assurance privée du patient allemand, dans votre cas par la sécurité sociale française.

la police

appeler

À l'aide ! / Au secours !	Hilfe! *hilfe!*
Appelez la police / les pompiers !	Rufen Sie die Polizei / Feuerwehr! *roufen' zi di politsaï / foïer'vér'!*
Appelez un médecin / une ambulance !	Rufen Sie einen Arzt / Krankenwagen! *roufen' zi aïnen' artst' / kran'ken'vaguen'!*
Il y a eu un accident.	Es ist ein Unfall passiert. *èss ist' aïn oun'fal passirt'*
Il y a le feu.	Es brennt. *èss brèn't*
Où est le commissariat / l'hôpital le plus proche ?	Wo ist das nächste Polizeirevier / Krankenhaus? *vo ist' dass nèkste politsaïrévir / kran'ken'haoss?*

La description physique

- le mari **der (Ehe-)Mann** *[dèr' (ée-)man']*
- la femme **die (Ehe-)Frau** *[di (ée-)frao]*
- le fils **der Sohn** *[dèr' zon']*
- la fille **die Tochter** *[di torrter']*
- blond(e) **blond** *[blon't]*
- brun(e) **dunkelhaarig** *[doun'kel'harish]*
- châtain(e) **braunhaarig** *[braon'harish]*
- roux (rousse) **rothaarig** *[rot'harish]*
- les cheveux longs **lange Haare** *[lan'gue hare]*
- les cheveux courts **kurze Haare** *[kourtse hare]*
- chauve **kahlköpfig** *[kalkeupfish]*
- grand(e) *(corpulence)* **korpulent** *[korpoulen't]*
- petit(e) *(corpulence)* **zierlich** *[tsirlish]*
- grand(e) *(taille)* **groß** *[gross]*
- petit(e) *(taille)* **klein** *[klaïn]*
- gros(se) **dick** *[dik]*
- maigre **dünn** *[dun']*
- les lunettes **die Brille** *[di brile]*
- les yeux bleus / verts **blaue / grüne Augen** *[blaoe / grune aoguen']*
- les yeux marron **braune Augen** *[braone aoguen']*
- les yeux noirs / gris **schwarze / graue Augen** *[chvartse / graoe aoguen']*

au commissariat

Quelqu'un parle-t-il français / anglais ?	Spricht hier jemand Französisch / Englisch? *chprisht' hir iéman't fran'tseuzich / èn'glich?*
Je voudrais déclarer un vol / déposer une plainte.	Ich möchte einen Diebstahl anzeigen / Anzeige erstatten. *ish meushte aïnen' dipchtal an'tsaïguen' / an'tsaïgue èrchtaten'*
On m'a volé / J'ai perdu mes papiers.	Mir wurden meine Papiere gestohlen / Ich habe meine Papiere verloren. *mir vourden' maïne papire guechtolen' / ish habe maïne papire fèrloren'*
Ma voiture / mon scooter a disparu.	Mein Auto / Motorroller ist verschwunden. *maïn aoto / motor'roler' ist' fèrchvoun'den'*
On a fracturé ma voiture.	Mein Auto wurde aufgebrochen. *maïn aoto vourde aofguebrorren'*
Mon fils / Ma fille s'est fait voler ses affaires.	Meinem Sohn / Meiner Tochter wurden die Sachen gestohlen. *maïnem' zon' / maïner' torrter' vourden' di zarren' guechtolen'*
Je me suis fait cambrioler.	Bei mir wurde eingebrochen. *baï mir vourde aïnguebrorren'*
J'ai eu un accident de voiture.	Ich hatte einen Autounfall. *ish hate aïnen' aoto'oun'fal*
Je cherche mon fils / ma fille / mon mari / ma femme.	Ich suche meinen Sohn / meine Tochter / meinen Mann / meine Frau. *ish zourre maïnen' zon' / maïne torrter' / maïnen' man' / maïne frao*
Mon fils / Ma fille a été arrêté(e), est-il / est-elle ici ?	Mein Sohn / Meine Tochter wurde festgenommen. Ist er / sie hier? *maïn zon' / maïne torrter' vourde fèst'guenomen'. ist' èr / zi hir?*
J'ai été verbalisé(e).	Ich habe einen Strafzettel bekommen. *ish habe aïnen' chtraftsètel bekomen'*

décrire la situation

Un homme vient de faire un malaise dans la rue.	Gerade ist einem Mann auf der Straße schlecht geworden. *guerade ist' aïnem' man' aof dèr' chtrasse chlèsht' guevorden'*
J'ai entendu des cris dans l'appartement à côté / du dessous / du dessus.	Ich habe Schreie in der Wohnung nebenan / über uns / unter uns gehört. *ish habe chraïe in' dèr' vonoun'g nében'an' / uber' oun's / oun'ter' oun's gueheurt'*
Il / Elle est légèrement / gravement blessé(e).	Er / Sie ist leicht / schwer verletzt. *èr / zi ist' laïsht' / chvér' fèrlètst'*
Ils ont cassé une vitre / forcé la porte.	Sie haben ein Fenster eingeschlagen / die Tür aufgebrochen. *zi haben' aïn fèn'ster' aïnguechlaguen' / di tur aofguebrorren'*
Nous nous sommes disputés et il m'a frappé(e).	Wir haben gestritten und er hat mich ge-schlagen. *vir haben' guechtriten' oun't èr hat' mish guechlaguen'*
On m'a arraché mon sac sur la place principale.	Auf dem großen Platz wurde mir die Handtasche entrissen. *aof dém' grossen' plats' vourde mir di han't'tache èn'trissen'*
J'ai découvert en rentrant que mon portefeuille avait disparu.	Zuhause habe ich gemerkt, dass mein Portemonnaie nicht mehr da ist. *tsouhaoze habe ish guemèrkt, dass maïn port'moné nisht' mér da ist'*

Les numéros d'urgence

- **110 :** *[houn'dert'tsén]* police
- **112 :** *[houn'dert'tsveulf]* pompiers et ambulance
- **(0761) 192 40** centre antipoison
- **(089) 76760** ADAC (panne)
- **0900 1 99 05 99** bureau des objets trouvés de la Deutsche Bahn
- **030 590 03 9160** ambassade de France

le constat d'accident

On va faire un constat d'accident.	Machen wir ein Unfallprotokoll. *marren' vir aïn oun'falprotokol*
C'est moi qui suis responsable.	Ich bin schuld. *ish bin' choult*
La voiture venait de la gauche / de la droite.	Das Auto kam von links / rechts. *dass aoto kam' fon' lin'ks / rèshts'*
On m'a refusé la priorité.	Mir wurde die Vorfahrt genommen. *mir vourde di forfart' guenomen'*
L'autre voiture a brûlé un feu rouge.	Das andere Auto ist bei Rot gefahren. *dass an'dere aoto ist' baï rot guefaren'*
Un bus / Une voiture / Une moto a percuté notre voiture.	Ein Bus / Ein Auto / Ein Motorrad ist mit unserem Auto zusammengestoßen. *aïn bouss / aïn aoto / aïn motor'rat' ist' mit' oun' zerem' aoto tsouzamen'guechtossen'*

à l'ambassade / au consulat

Je cherche le consulat français / l'ambassade de France.	Ich suche das französisches Konsulat / die französische Botschaft. *ish zourre dass fran'tseuzichess kon'zoulat' / di fran'tseuziche botchaft'*
J'ai perdu mes papiers.	Ich habe meine Papiere verloren. *ish habe maïne papire fèrloren'*
Je me suis fait voler mes papiers.	Meine Papiere wurden gestohlen. *maïne papire vourden' guechtolen'*
J'ai besoin de papiers pour pouvoir passer la frontière.	Ich brauche einen Ausweis für die Grenzkontrolle. *ish braorre aïnen' aosvaïss fur di gren'tskon'trole*
Je cherche le Photomaton® / la photocopieuse.	Ich suche einen Passfotoautomaten / einen Fotokopierer. *ish zourre aïnen' passfotoaotomaten' / aïnen' fotokopirer'*

URGENCES

décrire les symptômes

Il faut appeler les secours.	Wir müssen den Rettungsdienst rufen. *vir mussen' dén' rètoun'gsdin'st roufen'*
Appelez les pompiers !	Rufen Sie die Feuerwehr! *roufen' zi di foïer'vér'!*
Pouvez-vous nous emmener aux urgences ?	Können Sie uns zur Notaufnahme bringen? *keunen' zi oun's tsour notaofname brin'guen'?*
Pouvez-vous envoyer une ambulance au... ?	Können Sie einen Rettungswagen zu ... schicken? *keunen' zi aïnen' rètoun'gsvaguen' tsou ... chiken'?*
J'ai eu un accident.	Ich hatte einen Unfall. *ish hate aïnen' oun'fal*
Je me suis blessé(e).	Ich bin verletzt. *ish bin' fèrlètst'*
Il / Elle est grièvement blessé(e).	Er / Sie ist schwer verletzt. *èr / zi ist' chvér' fèrlètst'*
Il / Elle a du mal à marcher / respirer.	Er / Sie kann nicht mehr laufen / bekommt keine Luft. *èr / zi kan' nisht' mér laofen' / bekom't kaïne louft*
Il / Elle a une fracture du pied.	Er / Sie hat sich den Fuß gebrochen. *èr / zi hat' zish dén' fouss guebrorren'*
On l'a retrouvé(e) évanoui(e).	Er / Sie wurde bewusstlos aufgefunden. *èr / zi vourde bevousstloss aofguefoun'den'*
J'ai vomi.	Ich habe mich übergeben. *ish habe mish uberguében'*
J'ai la diarrhée.	Ich habe Durchfall. *ish habe dourshfal*
J'ai mal à la tête / à la gorge / au ventre.	Ich habe Kopfschmerzen / Halsschmerzen / Bauchschmerzen. *ish habe kopfchmèrtsen' / hals'chmèrtsen' / baorrchmèrtsen'*

décrire les symptômes

Je me suis foulé la cheville et je ne peux plus marcher.	Ich habe mir den Knöchel verstaucht und kann nicht mehr laufen. *ish h**a**be m**i**r dén' kneurrel fèrcht**ao**rrt' oun't kan' nisht' m**é**r l**ao**fen'*
Je suis tombé(e).	Ich bin gestürzt. *ish bin' guechturtst*
Mon bras / ma jambe me fait très mal.	Mein Arm / Bein tut sehr weh. *m**aï**n arm / b**aï**n tout' z**é**r v**é***
J'ai attrapé un coup de soleil.	Ich habe einen Sonnenbrand. *ish h**a**be **aï**nen' zonen'bran't*
J'ai attrapé une insolation.	Ich habe einen Sonnenstich. *ish h**a**be **aï**nen' zonen'chtish*
Je me suis brûlé la main.	Ich habe mir die Hand verbrannt. *ish h**a**be m**i**r' d**i** han't fèrbran't*
J'ai des vertiges.	Mir ist schwindlig. *m**i**r' ist' chvin'dlish*

Le corps humain

- le bras **der Arm** *[dèr' arm]*
- la cheville **der Knöchel** *[dèr' kneurrel]*
- le cou **der Hals** *[dèr' hals']*
- le coude **der Ellbogen** *[dèr' èlboguen']*
- le doigt **der Finger** *[dèr' fin'guer']*
- le dos **der Rücken** *[dèr' ruken']*
- l'épaule **die Schulter** *[di choulter']*
- les fesses **das Gesäß** *[dass guezèss]*
- le front **die Stirn** *[di chtirn]*
- le genou **das Knie** *[dass kni]*
- la gorge **der Hals** *[dèr' hals']*
- la jambe **das Bein** *[dass baïn]*
- la hanche **die Hüfte** *[di hufte]*
- la main **die Hand** *[di han't]*
- l'œil **das Auge** *[dass **ao**gue]*
- le pied **der Fuß** *[dèr' **fou**ss]*
- le poignet **das Handgelenk** *[dass han'tguelèn'k]*
- le talon **die Ferse** *[di fèrze]*
- la tête **der Kopf** *[dèr' kopf]*

URGENCES

l'accueil

Je cherche un médecin / gynécologue / dermatologue / ophtalmologiste / pédiatre.	Ich suche einen Arzt / Frauenarzt / Hautarzt / Augenarzt / Kinderarzt. *ish **zou**rre **aï**nen' artst' / fr**ao**en'artst' / h**ao**t'artst' / **ao**guen'artst' / kin'der'artst'*
Je n'ai pas de rendez-vous, pouvez-vous me recevoir quand même ?	Kann ich auch ohne Termin zu Ihnen kommen? *kan' ish **ao**rr **o**ne tèrm**in**' ts**ou** **i**nen' komen'?*
Quels sont les horaires des consultations ?	Wann haben Sie Sprechstunde? *van' h**a**ben' **zi** chprèsh'chtoun'de?*
Est-il possible de prendre un rendez-vous pour ce soir ?	Kann ich für heute Abend einen Termin bekommen? *kan' ish f**u**r h**oï**te **a**ben't **aï**nen' tèrm**in**' bekomen'?*

Vous entendrez

- **Was fehlt Ihnen?** *[vass félt' inen'?]* Dites-moi ce qui ne va pas.
- **Ziehen Sie bitte Ihre Bluse / Ihr T-Shirt aus.** *[tsien' zi bite ire bl**ou**ze / ir ticheurt' **ao**ss]* Merci d'enlever votre chemise / T-shirt.
- **Atmen Sie ein, atmen Sie aus, husten Sie.** *[atmen' zi aïn, atmen' zi **ao**ss, housten' zi]* Inspirez, expirez, toussez !
- **Nehmen Sie dreimal täglich eine Tablette zu den Mahlzeiten.** *[némen' zi draïmal tèklish **aï**ne tablète ts**ou** dén' maltsaïten']* Prenez un comprimé trois fois par jour, au moment des repas.
- **Bleiben Sie in den nächsten 48 Stunden bitte zu Hause.** *[bl**aï**ben' zi in' dén' nèksten' arrtoun'tfirtsish chtoun'den' bite ts**ou** h**ao**ze]* Évitez de sortir pendant 48 heures.
- **Ich messe Fieber / Ihren Blutdruck.** *[ish mèsse fiber' / iren' bl**ou**tdrouk]* Je vais prendre votre température / tension.
- **Wir müssen eine Blutuntersuchung / Urinuntersuchung machen.** *[vir mussen' aïne bl**ou**toun'ter'zou-rroun'g / ourin'oun'ter' zourroun'g marren']* Il faut faire une analyse de sang / d'urine.
- **Sie müssen ins Krankenhaus.** *[zi mussen' in's kran'ken' h**ao**ss]* Il va falloir vous hospitaliser.

avant l'examen

J'ai mal là.	Mir tut es hier weh. *mir tout' èss hir vé*
C'est de pire en pire.	Es wird immer schlimmer. *èss virt' imer' chlimer'*
J'ai / Il a / Mon fils a mal au ventre / à la tête / à la gorge.	Ich habe / Er hat / Mein Sohn hat Bauchschmerzen / Kopfschmerzen / Halsschmerzen. *ish habe / èr hat' / maïn zon' hat' baorr'chmèrtsen' / kopf'chmèrtsen' / hals'chmèrtsen'*
J'ai de la fièvre depuis deux jours.	Ich habe seit zwei Tagen Fieber. *ish habe zaït' tsvaï taguen' fiber'*
Je tousse / J'ai un rhume.	Ich habe Husten / bin erkältet. *ish habe housten' / bin' èrkèltet'*
Je n'arrête pas de vomir.	Ich übergebe mich ständig. *ish uber'guébe mish chtèn'dish*
Je me suis / Il s'est fait piquer par un insecte.	Ich bin / Er ist gestochen worden. *ish bin' / èr ist' guechtorren' vorden'*
Je me suis brûlé la main.	Ich habe mir die Hand verbrannt. *ish habe mir' di han't fèrbran't*
Je me suis blessé(e) au genou / au coude / au bras.	Ich habe mich am Knie / Ellbogen / Arm verletzt. *ish habe mish am' kni / èlboguen' / arm fèrlètst'*
J'ai de fortes démangeaisons.	Mich juckt es sehr. *mish ioukt' èss zér*
Je suis diabétique et il me faudrait une ordonnance pour mon insuline.	Ich bin Diabetiker(in) und brauche ein Rezept für Insulin. *ish bin' diabétiker'(in') oun't braorre aïn rétsèpt fur inzoulin'*
J'ai des problèmes cardiaques.	Ich habe Herzprobleme. *ish habe hèrtsprobléme*

après l'examen

Qu'est-ce que j'ai ?	Was habe ich? *vass h**a**be ish?*
Il y a des risques de tétanos ?	Besteht Tetanusgefahr? *becht**é**t' t**é**tanous'guef**a**r?*
C'est une maladie contagieuse ?	Ist es eine ansteckende Krankheit? *ist' èss **aï**ne an'chtèken'de kran'kh**aï**t?*
Jusqu'à quand dois-je prendre ce médicament ?	Wie lange soll ich dieses Medikament einnehmen? *v**i** lan'gue zol ish d**i**zess médikamèn't **aï**n'n**é**men'?*
Combien de temps faudra-t-il attendre pour avoir un rendez-vous à l'hôpital ?	Wann kann ich frühestens einen Termin im Krankenhaus bekommen? *van' kan' ish fr**u**esten's **aï**nen' tèrm**i**n' im' kran'ken'h**ao**ss bekomen'?*
Vous pouvez me l'écrire ?	Können Sie mir das aufschreiben? *keunen' z**i** m**i**r dass **ao**fchr**aï**ben'?*
Quand pensez-vous que je serai en état de voyager ?	Wann bin ich reisefähig? *van' bin' ish r**aï**zef**è**ish?*
Il me faudrait un certificat médical pour mon employeur.	Ich brauche ein Attest für meinen Arbeitgeber. *ish br**ao**rre **aï**n atèst f**u**r m**aï**nen' arb**aï**tgu**é**ber'*
Pourriez-vous remplir ces formulaires pour mon assurance ?	Könnten Sie mir bitte diese Unterlagen für meine Versicherung ausfüllen? *keun'ten' z**i** m**i**r bite d**i**ze oun'ter'l**a**guen' f**u**r m**aï**ne fèrzisheroun'g **ao**ss'fulen'?*
Je préférerais me faire rapatrier en France.	Ich würde lieber nach Frankreich zurückgebracht werden. *ish vurde l**i**ber n**a**rr fran'kr**aï**sh tsourukguebr**a**rrt v**é**rden'*
J'ai souscrit une assistance rapatriement.	Ich habe eine Rücktransportversicherung abgeschlossen. *ish h**a**be **aï**ne ruktran'sportfèrzisheroun'g apguechlossen'*

la consultation

J'ai une rage de dents.	Ich habe heftige Zahnschmerzen. *ish habe hèftigue tsan'chmèrtsen'*
J'ai certainement une carie.	Ich habe bestimmt Karies. *ish habe bechtim't karièss*
Une de mes dents / incisives s'est cassée.	Ein Zahn / Ein Schneidezahn ist mir abgebrochen. *aïn tsan' / aïn chnaïdetsan' ist' mir apguebrorren'*
J'ai perdu un plombage sur une molaire.	Mir ist eine Füllung aus einem Backenzahn herausgefallen. *mir ist' aïne fuloun'g aoss aïnem' baken'tsan' hèraosguéfalen'*
Mes dents de sagesse me font mal.	Meine Weisheitszähne tun mir weh. *maïne vaïzhaïtstsène toun' mir vé*
Il faudrait refaire le bridge.	Die Brücke muss neu gemacht werden. *di bruke mouss noï guemarrt' vérden'*
J'ai cassé / perdu mon appareil dentaire.	Mein Zahnersatz ist kaputt / verloren gegangen. *maïn tsanèrzats' ist' kapout' / fèrloren' guegan'guen'*
Pourriez-vous me faire une anesthésie locale ?	Können Sie mir bitte eine Betäubungsspritze geben? *keunen' zi mir bite aïne betoïboun'gs'chpritse guében'?*
Attention, cette dent est un implant !	Achtung, das ist ein Implantat. *arrtoun'g, dass ist' aïn im'plan'tat'*

Vous entendrez

- **Sie brauchen eine Füllung.** *[zi braorren' aïne fuloun'g]* Vous avez besoin d'un plombage.
- **Vielleicht tut es gleich ein bisschen weh.** *[filaïsht tout' èss glaïsh aïn bischen' vé]* Il est possible que ça vous fasse un peu mal.
- **Machen Sie den Mund bitte weit auf.** *[marren' zi dén' moun't bite vaït' aof]* Ouvrez grand.
- **Bitte spülen.** *[bite chpulen']* Vous pouvez vous rincer la bouche.

la consultation

Voici le carnet de santé de mon fils / ma fille.	Hier ist der Gesundheitspass meines Sohns / meiner Tochter. *hir ist' dèr' guezoun'thaïtspass maïness zon's / maïner' torrter'*
Il a dit que ça lui fait mal.	Er hat gesagt, dass es ihm weh tut. *èr hat' guezakt, dass èss im' vé tout'*
Mon fils a mal au ventre / à la gorge.	Mein Sohn hat Bauchschmerzen / Halsschmerzen. *maïn zon' hat' baor'chmèrtsen' / hals'chmèrtsen'*
Il va vous montrer où il a mal.	Er zeigt Ihnen, wo es ihm weh tut. *èr tsaïkt inen', vo èss im' vé tout'*
Il a mal aux oreilles.	Er hat Ohrenschmerzen. *èr hat' oren'chmèrtsen'*
D'habitude il est très remuant / calme.	Normalerweise ist er sehr lebhaft / ruhig. *normalervaïze ist' èr zér lép'haft' / rouish*
En temps normal, il a très bon appétit.	Normalerweise hat er einen gesunden Appetit. *normalervaïze hat' èr aïnen' guezoun'den apétit'*
Pensez-vous que cela soit grave ?	Meinen Sie, es ist schlimm? *maïnen' zi, èss ist' chlim'?*
C'est contagieux pour son frère / pour sa sœur/ pour nous ?	Kann er / Kann sie / seinen Bruder / seine Schwester / uns anstecken? *kan' èr / kan' zi zaïnen' brouder' / zaïne chvèster' / oun's an'chtèken'?*

Maladies infantiles

- la coqueluche **Keuchhusten** *[koïsh'housten']*
- les oreillons **Mumps** *[moum'ps]*
- la rougeole **Masern** *[mazern]*
- la rubéole **Röteln** *[reuteln]*
- la scarlatine **Scharlach** *[charlarr]*
- la varicelle **Windpocken** *[vin'tpoken']*

la consultation

J'ai cassé mes lunettes.	Meine Brille ist kaputt gegangen. *maïne brile ist' kapout' guegan'guen'*
Je dois remplacer mes lunettes.	Ich muss meine Brille ersetzen. *ish mouss maïne brile èrzètsen'*
J'ai / Il a les yeux (très) irrités.	Meine / Seine Augen sind (sehr) gereizt. *maïne / zaïne aoguen' zin't (zér) gueraïtst*
J'ai perdu une lentille.	Ich habe eine Kontaktlinse verloren. *ish habe aïne kon'taktlin'ze fèrloren'*
J'ai quelque chose dans l'œil.	Ich habe etwas im Auge. *ish habe ètvass im' aogue*
J'ai mal à l'œil.	Mein Auge tut mir weh. *maïn aogue tout' mir vé*
J'ai un coup de soleil.	Ich habe einen Sonnenbrand. *ish habe aïnen' zonen'bran't*
J'ai des boutons / une inflammation.	Ich habe Bläschen / eine Entzündung. *ish habe blèss'shen' / aïne èn't'tsun'doun'g*
Je fais une allergie.	Ich habe eine Allergie. *ish habe aïne alèrgui*
Je fais de l'eczéma.	Ich habe Ausschlag. *ish habe aos'chlak*
Ça me démange. / Ça me gratte.	Es juckt mich. *èss ioukt' mish*
J'ai la peau très sensible.	Ich habe sehr empfindliche Haut. *ish habe zér èm'pfin'dlishe haot*
Il / Elle a les oreilles bouchées.	Seine / Ihre Ohren sind zu. *zaïne / ire oren' zin't tsou*
Mon groupe sanguin est A / AB / B / O / + / -.	Meine Blutgruppe ist A / AB / B / O / + / -. *maïne bloutgroupe ist' a /abé /bé /o /plouss /minouss*

URGENCES

à la pharmacie

se renseigner

Excusez-moi, où est la pharmacie de garde ?	Entschuldigen Sie, welche Apotheke hat Dienst? *èn'tchouldiguen' zi, vèlshe apotéke hat' din'st?*
Je voudrais un médicament contre les crampes d'estomac / la fièvre / le rhume des foins.	Ich hätte gern ein Medikament gegen Magenkrämpfe / Fieber / Heuschnupfen. *ish hète guèrn aïn médikamèn't guéguen' maguen'krèm'pfe / fiber' / hoïchnoupfen'*
Il me faudrait de l'aspirine / des pansements / un désinfectant local.	Ich bräuchte Aspirin / Heftpflaster / ein Desinfektionsmittel. *ish broïchte aspirin' / hèftpflaster' / aïn dèzin'fèktsion'smitel*
Je voudrais une crème solaire haute protection / une crème après-soleil.	Ich hätte gern eine Sonnencreme mit hohem Lichtschutzfaktor / eine After-Sun-Crème. *ish hète guèrn aïne zonen'kréme mit' hoem' lisht'chouts'faktor / aïne after'-seun'-kréme*
Auriez-vous une lotion contre les piqûres d'insectes / un répulsif ?	Haben Sie eine Creme für Insektenstiche / etwas zur Abwehr von Insekten? *haben' zi aïne kréme fur in'zèkten'chtishe / ètvass tsour apvér fon' in'zèkten'?*
Je me suis fait piquer par une guêpe / une méduse.	Ich bin von einer Wespe gestochen / von einer Qualle gebissen worden. *ish bin' fon' aïner' vèspe guechtorren' / fon' aïner' kvale guebissen' vorden'*
Je crois que je fais une allergie à...	Ich glaube, ich bin gegen ... allergisch. *ish glaobe, ish bin' guéguen' ... alèrguich*
Je suis allergique à l'aspirine.	Ich bin gegen Aspirin allergisch. *ish bin' guéguen' aspirin' alèrguich*
Avez-vous des médicaments homéopathiques / une pommade aux plantes ?	Haben Sie homöopathische Medikamente / eine pflanzliche Salbe? *haben' zi homeuopatiche médikamèn'te / aïne pflan'tslishe zalbe?*

se renseigner

J'ai des gerçures aux mains / des gerçures aux lèvres / des écorchures / une bosse, avez-vous une crème ?	Ich habe rissige Hände / rissige Lippen / Schürfwunden / eine Beule. Haben Sie eine Creme? *ish habe rissigue hèn'de / rissigue lipen' / churfvoun'den' / aïne boïle. haben' zi aïne kréme?*
Avez-vous quelque chose pour les ampoules ?	Haben Sie etwas gegen Blasen? *haben' zi ètvass guéguen' blazen'?*
Ce médicament convient-il à un enfant / une femme enceinte ?	Ist dieses Medikament auch für Kinder / Schwangere geeignet? *ist' dizess médikamèn't aorr fur kin'der' / chvan'guere gueaïgnet'?*
Puis-je avoir des préservatifs ?	Könnte ich bitte Präservative haben? *keun'te ish bite prèzèrvative haben'?*
J'ai une ordonnance de mon médecin français.	Ich habe ein Rezept meines französischen Arztes. *ish habe aïn rétsèpt maïness fran'tseuzichen' artstess*
Pourriez-vous me recommander un médecin / un dentiste ?	Können Sie mir einen Arzt / Zahnarzt empfehlen? *keunen' zi mir aïnen' artst' / tsan'artst' èm'pfélen'?*

Petits bobos

Équivalents allemands des médicaments les plus courants :

- aspirine **Aspirin®** *[aspirin']*
- paracétamol **Paracetamol®** *[paratsétamol]*
- Ibuprofène® **Ibuprofen®** *[ibouprofène]*
- Immodium® **Imodium®** *[imodioum]*
- pastille pour la gorge à la sauge **Salbeibonbons** *[salbaïbonbons']*
- sirop pour la toux **Hustensaft** *[housten'zaft]*
- pommade décongestionnante contre le rhume **Erkältungssalbe** *[èrkèltou'ngs'zalbe]*
- désinfectant **Desinfektionsmittel** *[dézinfèktsion'smitel]*

En cas d'urgence…

Voiture de pompier

Pharmacie

« Un ange jaune »
de l'automobile-club allemand

Ne pas utiliser l'ascenseur
en cas d'incendie

Chaussée en mauvais état

DICTIONNAIRE

français-allemand

A

à ❶ zu [tsou] ❷ in [in']

abeille *die* Biene [bine]

abîmer beschädigen [bechèdiguen']

abonnement [de métro] *die* Dauerkarte [daoer'karte]

abord (d') [avant] zuerst [tsouèrst']

accepter [invitation] annehmen [an'némen']

accès [entrée] *der* Zugang [tsougan'g]

accident *der* Unfall [oun'fal]

accompagner begleiten [beglaïten']

accord (d') einverstanden [aïnfèrchtan'denn' saïn]

accueil ❶ [bienvenue] *die* Begrüßung [begrussoun'g] ❷ [bureau] *der* Empfang [èm'pfan'g]

acheter kaufen [kaofen']

acompte *die* Anzahlung [an'tsaloun'g]

acteur *der* Schauspieler [chaochpiler']

activité [occupation] *die* Beschäftigung [bechèftigoun'g]

adaptateur [pour prise de courant] *der* Adapter [adapter']

addition [note] *die* Rechnung [rèshnoun'g]

adorer lieben [liben']

adresse *die* Adresse [adrèsse]

adulte *der* Erwachsene [èrvaksene]

aéroport *der* Flughafen [floukhafen']

affaires [objets] *die* Sachen [zarren']

affiche *das* Plakat [plakat']

affreux [laid] scheußlich [choïsslish]

âge *das* Alter [alter']

agence de voyages *das* Reisebüro [raïzeburo]

agent (de police) *der* Polizeibeamte [politsaïbeam'te]

agneau ❶ [animal] *das* Lamm [lam'] ❷ [viande] *das* Lammfleisch [lam'flaïch]

agréable nett [nèt']

aide *die* Hilfe [hilfe]

aider helfen [hèlfen']

aiguille [de couture, de seringue] *die* Nadel [nadel]

ail *der* Knoblauch [knoblaorr]

aile [d'oiseau, de bâtiment] *der* Flügel [fluguel]

ailleurs anderswo [an'dersvo]
– d'ailleurs übrigens [ubriguen's]

aimer ❶ [d'amour] lieben [liben'] ❷ [apprécier] mögen [meuguen']

air ❶ [atmosphère] *die* Luft [louft] ❷ [mélodie] *die* Melodie [mélodi]

aire *der* Platz [plats']

aise – être à l'aise sich wohl fühlen [zish vol fulen']
– être mal à l'aise sich unwohl fühlen [zish oun'vol fulen']

alcool *der* Alkohol [alkohol]

alimentation ❶ [nourriture] *die* Ernährung [èrnèrounk] ❷ [produits] *die* Lebensmittel [lében'smitel]

Allemagne Deutschland [doïtchlan't]

allemand ◆ *adj* deutsch [doïtch] ◆ *nm das* Deutsch(e) [doïtch(e)]

Allemand *nm der* Deutscher [doïsher']

aller ❶ [en voiture, en train] *die* Hinfahrt [hin'fart'] ❷ [en avion] *der* Hinflug [hin'flouk] ❸ [billet de train] einfache Fahrkarte [aïnfarre farkarte]

allergique allergisch [alèrguich]

allumer ❶ anzünden [an'tsun'den'] ❷ [interrupteur] anschalten [an'chalten']

allumette *das* Streichholz [chtraïsh'holts]
altitude *die* Höhe [heue]
ambassade *die* Botschaft [botchaft]
ambiance *die* Stimmung [chtimoun'g]
ambulance *der* Krankenwagen [kran'ken'vaguen']
améliorer verbessern [fèrbèssern]
amende *die* Geldstrafe [guèlt'chtrafe]
amer [goût] bitter [biter']
américain amerikanisch [amérikanich]
Américain *der* Amerikaner [amérikaner']
ami *der* Freund [froïnt]
ampoule ❶ [de lampe] *die* Glühbirne [glubirne] ❷ [cloque] *die* Blase [blaze]
amusant [comique] lustig [loustish]
amuser (s') [se distraire] sich vergnügen [zish fèrgnuguen']
an *das* Jahr [iar]
ancien ❶ alt [alt'] ❷ [ex-] ehemalig [éemalish]
anesthésie *die* Narkose [narkoze]
angine *die* Angina [an'gina]
anglais Englisch [èn'glich]
Angleterre England [èn'glan't]
anguille *der* Aal [al]
animal *das* Tier [tir]
animé [lieu] belebt [belépt]
année *das* Jahr [iar']
anniversaire *der* Geburtstag [guebourtstak]
annonce *die* Anzeige [an'tsaïgue]
annuaire *das* Telefonbuch [téléfon'bourr]
annuler absagen [apzaguen']
antibiotique *das* Antibiotikum [an'tibiotikoum']
antiquité [objet] *die* Antiquität [an'tikvitèt']
antiseptique keimtötend [kaïmteuten't]
août *der* August [aogoust']
appareil ❶ [dispositif] *das* Gerät [guerèt] ❷ [poste téléphonique] *der* Apparat [aparat']
appartement *die* Wohnung [vonoun'g]
appeler ❶ rufen [roufen'] ❷ [au téléphone] anrufen [an'roufen']
appendicite *die* Blinddarmentzündung [blin't'darm'èntsun'doun'g]
appétit *der* Appetit [apétit']
apporter [transporter] mitbringen [mit'brin'guen']
apprendre ❶ [étudier] lernen [lèrnen'] ❷ [nouvelle] erfahren [èrfaren']
appuyer drücken [druken']
après ❶ [dans le temps, dans un classement] nach [narr] ❷ [dans l'espace] hinter [hin'ter']
après-demain übermorgen [uber'morguen']
après-midi *der* Nachmittag [narrmitak]
araignée *die* Spinne [chpine]
arbitre SPORT *der* Schiedsrichter [chitsrishter']
arbre *der* Baum [baom']
argent ❶ [métal] *das* Silber [zilber'] ❷ [monnaie] *das* Geld [guèlt']
arranger [organiser] arrangieren [aran'giren']
arrêt *die* Haltestelle [haltechtèle]
arrêter ❶ aufhören [aofheuren'] ❷ [immobiliser] anhalten [an'halten]

arrhes *die* Anzahlung [an'tsaloun'g]
arriver ❶ passieren [passiren'] ❷ [train, personne] ankommen [an'komen']
art *die* Kunst [koun'st]
artisanat *das* Kunsthandwerk [koun'st'han'tvèrk]
artiste *der* Künstler [kun'stler']
ascenseur *der* Aufzug [aoftsouk]
asperge *der* Spargel [chparguel]
aspirine *das* Aspirin® [aspirin']
asseoir (s') sich setzen [zish zètsen']
assez genug [guenouk]
assiette *der* Teller [tèler']
assurance [contrat] *die* Versicherung [fèrzisheroun'g]
assurer [maison, voiture] versichern [fèrzishern]
asthme *das* Asthma [astma]
athlétisme *die* Leichtathletik [laïshtatlétik]
attendre warten [varten']
attention Vorsicht [forzisht']
atterrissage *die* Landung [lan'doun'g]
attraper fangen [fan'guen']
auberge *das* Gasthaus [gast'haoss]
aujourd'hui heute [hoïte]
aussi auch [aorr]
autant so viel [zo fil]
automatique [système] automatisch [aotomatich]
automne *der* Herbst [hèrpst']
autoriser erlauben [èrlaoben']
autoroute *die* Autobahn [aotoban']
auto-stop *der* Autostop [aotochtop']
– faire de l'auto-stop per Anhalter reisen [pèr an'halter raïzen']
autour um [oum']
autre ❶ [différent] andere [an'dere] ❷ [supplémentaire] noch ein [norr aïn]
Autriche Österreich [eusteraïsh]
autrichien österreichisch [eusteraïshish]
Autrichien *der* Österreicher [eusteraïsher']
avalanche *die* Lawine [lavine]
avaler hinunterschlucken [hinoun'ter'chlouken']
avance (en) im Voraus [imm foraoss]
avancer ❶ [rapprocher] vorrücken [for'ruken'] ❷ [se déplacer] weitergehen [vaïter'guéen']
avant ◆ *prép* vor [for] ◆ *adv* vorher [forhér] ◆ *adj inv* [partie, roue, siège] Vorder- [forder'-]
avec mit [mit']
avertir Bescheid sagen [bechaït' zaguen']
aveugle blind [blin't]
avion *das* Flugzeug [flouktsoïk]
avis ❶ [opinion] *die* Ansicht [an'zisht'] ❷ [information] *die* Bekanntmachung [bekan'tmarroun'g]
– changer d'avis seine Meinung ändern [zaïne maïnoun'g èn'dern]
avocat [homme de loi] *der* Rechtsanwalt [rèshts'an'valt]
avoir haben [haben']
– il y a es gibt [èss guipt']
avril *der* April [april]

B

bagage *das* Gepäckstück [guepèkchtuk]
bagarre *die* Schlägerei [chlèguerai]
bague *der* Ring [rin'g]

baigner baden [baden']

baignoire *die* Badewanne [badevane]

bain *das* Bad [bat']

baisser ❶ [tête, voix, prix] senken [zèn'ken'] ❷ [vitre] herunterlassen [héroun'ter'lassen'] ❸ [niveau, prix] sinken [zin'ken']

balcon *der* Balkon [balkon']

baleine [animal] *der* Wal [val]

balle SPORT *der* Ball [bal]

ballon ❶ *der* Ball [bal] ❷ [pour fête] *der* Luftballon [louftbalon]

bande dessinée *der* Comic [komik]

banlieue *die* Vororte [forort']

banque *die* Bank [ban'k]

bar *das* Café [kafé]

barbe *der* Bart [bart']

barman *der* Barmann [barman']

barrage [sur une rivière] *der* Damm [dam']

barre ❶ *der* Riegel [riguel] ❷ INFORM *die* Taste [taste]

bas ◆ *adj* [maison, prix] niedrig [nidrish] ◆ *nm* [vêtement] *der* Strumpf [chtroum'pf]

bassin *das* Becken [bèken']

bateau *das* Boot [bot']

batterie *die* Batterie [bateri]

baume *der* Balsam [balzam']

beau schön [cheun]

beaucoup ❶ [aimer] sehr [zér] ❷ [manger] viel [fil]

beau-frère *der* Schwager [chvaguer']

beau-père ❶ [père du conjoint] *der* Schwiegervater [chviguer'fater'] ❷ [conjoint de la mère] *der* Stiefvater [chtif'fater']

bébé *das* Baby [bébi]

belge belgisch [bèlguich]

Belge *der* Belgier [bèlguier']

Belgique Belgien [bèlguien']

belle-mère ❶ [mère du conjoint] *die* Schwiegermutter [chviguer'mouter'] ❷ [conjointe du père] *die* Stiefmutter [chtif'mouter']

besoin *das* Bedürfnis [bedurfniss]

betterave *die* Rübe [rube]

beurre *die* Butter [bouter']

biberon *die* Flasche [flache]

bicyclette *das* Fahrrad [far'rat']

bidon *der* Kanister [kanister']

bien ❶ gut [gout'] ❷ [satisfaisant, de bonne qualité] schön [cheun] ❸ [à l'aise] wohl [vol]

bientôt bald [balt']

bière *das* Bier [bir']

bijouterie *das* Juweliergeschäft [iouvelirguechèft]

billet ❶ *der* Fahrschein [farchaïn] ❷ [de spectacle] *die* Eintrittskarte [aïn'trits'karte] ❸ [de banque] *die* Banknote [ban'knote]

billetterie automatique ❶ [de tickets] *der* Fahrkartenautomat [farkarten'aotomat'] ❷ [de banque] *der* Geldautomat [guèltaotomat']

biscuit *der* Keks [kéks]

bise [baiser] *das* Küsschen [kuss'shen']

bizarre merkwürdig [mèrkvurdish]

blanc ◆ *adj* weiß [vaïss] ◆ *nm* [vin] *der* Weißwein [vaïssvaïn]

blesser (se) sich verletzen [zish fèrlètsen']

bleu ◆ *adj* ❶ blau [blao] ❷ [steak] englisch [èn'glich] ◆ *nm* [hématome] *der* blaue Fleck [blaoe flèk]

blond blond [blon't]

bloquer blockieren [blokiren']

bœuf ❶ *das* Rind [rin't] ❷ CULIN *das* Rindfleisch [rin'tflaïch]

boire trinken [trin'ken']

bois [matière] *das* Holz [holts']

boisson *das* Getränk [guetrèn'k]

boîte *die* Dose [doze]

bol *die* Schale [chale]

bon ❶ [gén] gut [gout'] ❷ [correct] richtig [rishtish] ❸ [valable] gültig [gultish]

bonheur *das* Glück [gluk]

bonjour guten Tag [gouten' tak]

bonnet *die* Mütze [mutse]

bonsoir ❶ [en arrivant] guten Abend [gouten' aben't] ❷ [en partant] schönen Abend noch [cheunen' aben't norr]

bord [côté] *der* Rand [ran't]

bosse [au front] *die* Beule [boïle]

bouche *der* Mund [moun't]

boucher ❶ [trou] zustopfen [tsouchtopfen'] ❷ [passage, vue] versperren [fèrchpèren']

boucherie *die* Metzgerei [mètsgueraï]

bouchon ❶ [de bouteille] *der* Korken [korken'] ❷ [embouteillage] *der* Stau [chtao]

bouée [pour nager] *der* Schwimmreifen [chvim'raïfen']

bouger bewegen [bevéguen']

bougie ❶ [cierge] *die* Kerze [kèrtse] ❷ [voiture] *die* Zündkerze [tsun'tkèrtse]

bouillir kochen [korren']

bouilloire *der* Wasserkocher [vasser'korrer']

boulangerie *die* Bäckerei [bèkeraï]

boule *die* Kugel [kouguel]

boussole *der* Kompass [kom'pass]

bouteille *die* Flasche [flache]

boutique *das* Geschäft [guechèft]

bouton ❶ *der* Knopf [knopf] ❷ [sur la peau] *der* Pickel [pikel]

bracelet *das* Armband [armban't]

brancher anschließen [an'chlissen']

bras *der* Arm [arm]

briquet *das* Feuerzeug [foïertsoïk]

brochette [plat] *der* Schaschlik [chachlik]

bronchite *die* Bronchitis [bron'shitiss]

bronzé gebräunt [guebroïn't]

brosse *die* Bürste [burste]

brouillard *der* Nebel [nébel]

bruit ❶ [son] *das* Geräusch [gueroïsh] ❷ [vacarme] *der* Krach [krarr]

brûler brennen [brènen']

brûlure [blessure] *die* Verbrennung [fèrbrènoun'g]

brun braun [braon']

bruyant laut [laot']

buffet ❶ [repas] *das* Büffet [bufé] ❷ [de gare] *die* Gaststätte [gast'chtète]

bureau ❶ [pièce] *das* Arbeitszimmer [arbaïts'tsimer'] ❷ [lieu de travail] *das* Büro [buro] ❸ [meuble] *der* Schreibtisch [chraïptich]

bus *der* Bus [bouss]

C

ça das [dass]

cabine ❶ [de bateau] *die* Kabine [kabine] ❷ [sur la plage] *die* Umkleidekabine [oum'klaïdekabine] ❸ [de téléphérique] *die* Gondel [gon'del]

cabinet *die* Praxis [praksiss]

cachet [comprimé] *die* Tablette [tablète]

cadeau *das* Geschenk [guechèn'k]

cadenas *das* Schloss [chloss]

cafard *die* Schabe [chabe]

café ❶ [boisson] *der* Kaffee [kafé] ❷ [établissement] *das* Café [kafé]

cahier *das* Heft [hèft]

caisse *die* Kasse [kasse]

calculatrice *der* Taschenrechner [tachen'rèshner']

caleçon ❶ [sous-vêtement] *die* Boxershorts [bokser'chorts'] ❷ [pantalon] *die* Leggings [lèguin's]

calendrier *der* Kalender [kalèn'der']

caler AUTO absaufen [apzaofen']

calmant *das* Beruhigungsmittel [berouigoun'gsmitel]

calme ruhig [rouish]

cambrioler einbrechen in [aïn'brèshen' in']

caméra *die* Kamera [kaméra]

camion *der* Lastwagen [lastvaguen']

campagne *das* Land [lan't]

camper campen [kèm'pen']

camping ❶ [terrain] *der* Campingplatz [kèm'pin'gplats] ❷ [activité] *das* Campen [kèm'pen']

camping-car *das* Wohnmobil [von'mobil]

Camping-Gaz® *der* Camping-Gaskocher [kèm'pin'g'gasskorrer']

Canada Kanada [kanada]

canard *die* Ente [èn'te]

canif *das* Taschenmesser [tachen'mèsser']

canne *der* Stock [chtok]
– canne à pêche *die* Angelrute [an'guelroute]

capot *die* Motorhaube [motorhaobe]

car[1] *conj* denn [dèn']

car[2] *nm der* Bus [bouss]

cardiaque ❶ [crise] Herz- [hèrts] ❷ [personne] herzkrank [hèrtskran'k]

carie *die* Karies [karièss]

carnaval *der* Karneval [karneval]

carnet *das* Heft [hèft]

carotte *die* Möhre [meure]

carpe *der* Karpfen [karpfen']

carrefour *die* Kreuzung [kroïtsoun'g]

carte ❶ *die* Karte [karte] ❷ [document officiel] *der* Ausweis [aossvaïss] ❸ [de restaurant] *die* Speisekarte [chpaïzekarte]

cartouche ❶ *die* Patrone [patrone] ❷ [de cigarettes] *die* Stange [chtan'gue]

cascade [chute d'eau] *der* Wasserfall [vasser'fal]

casque ❶ [de moto, d'ouvrier, de soldat] *der* Helm [hèlm] ❷ [écouteurs] *der* Kopfhörer [kopfheurer']

casquette *die* Schirmmütze [chirm'mutse]

casser [briser] kaputt machen [kapout' marren']

casserole *der* Topf [topf]

cassis *die* schwarze Johannisbeere [chvartse iohanisbére]

cathédrale *der* Dom [dom']

catholique katholisch [katolich]

caution [pour une location] *die* Kaution [kaotsion']

ceinture [courroie] *der* Gürtel [gurtel]
– ceinture de sécurité *der* Sicherheitsgurt [zisherhaïtsgourt]

célèbre berühmt [berum't]

célibataire ledig [lédish]

celui-ci ❶ [dans l'espace] der|die|das [dèr'|di|dass] ❷ [dont on vient de parler] der|die|das eine [dèr'|di|dass aïne]

celui-là ❶ [dans l'espace] der|die|das da [dèr'|di|dass da] ❷ [dont on a parlé] der|die|das andere [dèr'|di|dass an'dere]

cendrier *der* Aschenbecher [achen'bèsher']

cent einhundert [aïn'houn'dert]

centimètre *der* Zentimeter [tsèn'timéter']

centre ❶ [milieu] *die* Mitte [mite] ❷ [organisme] *das* Zentrum [tsèn'troum']

centre-ville *das* Stadtzentrum [chtat'tsèn'troum']

cerf-volant *der* Drachen [drarren']

cerise *die* Kirsche [kirche]

certain [assuré] sicher [zisher']

certificat *das* Zeugnis [tsoïkniss]

– certificat médical ärztliches Attest [èrtstlishess atèst]

chacun ❶ [chaque personne] jede [iéde] ❷ [tout le monde] jeder [iéder']

chaîne ❶ *die* Kette [kète] ❷ [de télévision] *der* Sender [zèn'der']

chaise *der* Stuhl [chtoul]

chaleur *die* Hitze [hitse]

chambre *das* Zimmer [tsimer']

chance ❶ *das* Glück [gluk] ❷ [probabilité] *die* Chance [chance]

change [taux] *der* Wechsel [vèksel]

changement [modification] *die* Veränderung [fèrèn'deroun'g]

changer ◆ *vt* ❶ wechseln [vèkseln] ❷ [transformer] verändern [fèrèn'dern] ❸ [bébé] wickeln [vikeln] ◆ *vi* [dans le métro, le train] um|steigen [oum'chtaïguen']

– changer (se) sich um|ziehen [zish oum'tsien']

chanson *das* Lied [lit]

chanter singen [zin'guen']

chanteur *der* Sänger [zèn'guer']

chapelle *die* Kapelle [kapèle]

charcuterie ❶ [aliments] *die* Wurstwaren [vourstvaren'] ❷ [magasin] *die* Metzgerei [mètsgueraï]

chariot *der* Wagen [vaguen']

chasse *die* Jagd [iakt]

chat *der* Kater [kater']

château *das* Schloss [chloss]

chatte *die* Katze [katse]

chaud ❶ [eau, radiateur, plat] heiß [haïss] ❷ [vêtement] warm [varm]

chauffage *die* Heizung [haïtsoun'g]

chauffe-eau *der* Warmwasserbereiter [varmvasser'beraïterer']

chauffer ❶ [pièce, aliment] beheizen [behaïtsen'] ❷ [eau] erhitzen [èrhitsen'] ❸ [radiateur] warm werden [varm vérden']

chauffeur *der* Fahrer [farer']

chaussure *der* Schuh [chou]

chemin *der* Weg [vék]

cheminée [foyer] *der* Kamin [kamin']

chemise [vêtement] *das* Oberhemd [ober'hèm't]

chèque *der* Scheck [chèk]

cher teuer [toïer']

chercher suchen [zourren']

cheval *das* Pferd [pfért]

cheveu *das* Haar [har]

cheville *der* Knöchel [kneurrel]

chèvre *die* Ziege [tsigue]

chez bei [baï]

chien *der* Hund [houn't]
chiffon *der* Lappen [lapen']
chiffre ❶ *die* Ziffer [tsifer'] ❷ [montant] *die* Zahl [tsal]
chinois chinesisch [shinézich]
chocolat *die* Schokolade [chokolade]
choisir wählen [vèlen']
chômage *die* Arbeitslosigkeit [arbaïtslozishkaït]
chose *die* Sache [zarre]
chou *der* Kohl [kol]
chouette *die* Eule [oïle]
chrétien christlich [kristlish]
ciel *der* Himmel [himel]
cigarette *die* Zigarette [tsigarète]
cimetière *der* Friedhof [frit'hof]
cinéma *das* Kino [kino]
cintre *der* Kleiderbügel [klaïder'buguel]
circuit [trajet] *die* Tour [tour]
circulation *der* Straßenverkehr [chtrassen'fèrkér']
cirque *der* Zirkus [tsirkouss]
ciseaux *die* Schere [chére]
citron *die* Zitrone [tsitrone]
clair ❶ hell [hèl] ❷ [pur, compréhensible] klar [klar]
classe *die* Klasse [klasse]
clé *der* Schlüssel [chlussel]
client [d'une boutique] *der* Kunde [koun'de]
climatisation *die* Klimaanlage [klima'an'lague]
cochon *das* Schwein [chvaïn']
code *der* Kode [kode]
cœur *das* Herz [hèrts]
coffre [de voiture] *der* Kofferraum [kofer'raom']
coiffeur *der* Friseur [frizeur]
coin *die* Ecke [èke]
col ❶ [de vêtement] *der* Kragen [kraguen'] ❷ [en montagne] *der* Pass [pass]
colis *das* Päckchen [pèkshen']
colle [pâte] *der* Kleber [kléber']
collège *sechste bis neunte Klasse*
collier [bijou] *die* Kette [kète]
colline *der* Hügel [huguel]
colonne [pilier] *die* Säule [zoïle]
combien wie viel [vi fil]
combinaison ❶ [de motard, de skieur] *der* Overall [overal] ❷ [de plongée] *der* Tauchanzug [taorran'tsouk]
commander bestellen [bechtèlen']
comme ❶ wie [vi] ❷ [en tant que] als [als]
commencer beginnen [beguinen']; an|fangen [an'fan'guen']
comment wie [vi]
commerce ❶ [activité] *der* Handel [han'del] ❷ [boutique] *das* Geschäft [guechèft]
commissariat *die* Polizeiwache [politsaïvarre]
commission de change *das* Umtauschgebühr [oum'taoch guebur]
communication [d'information] *die* Kommunikation [komounikatsion']
compagnie *die* Gesellschaft [guezèlchaft']
comparer vergleichen [fèrglaishen]
compartiment [train] *das* Zugabteil [tsoukaptaïl]
complet ❶ [entier] vollständig [folchtèn'dish] ❷ [plein] voll belegt [fol belékt] ❸ [aliment] Vollkorn- [folkorn]
composter entwerten [èn'tvérten']

comprendre verstehen [fèrchtéen']
comprimé *die* Tablette [tablète]
compris inbegriffen [in'begrifen']
compter [calculer] zählen [tsèlen']
compteur *der* Zähler [tsèler']
comptoir [de bar] *die* Theke [téke]
concert *das* Konzert [kon'tsèrt']
concombre *die* Salatgurke [zalat'gourke]
conduire ❶ [véhicule] fahren [faren'] ❷ [accompagner] begleiten [beglaïten'] ❸ [guider] führen [furen']
confiance *das* Vertrauen [fèrtraoen']
confirmer bestätigen [bechtètiguen']
confortable ❶ komfortabel [kom'fortabel] ❷ [fauteuil] bequem [bekvém]
congé *der* Urlaub [ourlaop]
conjonctivite *die* Bindehautentzündung [bin'dehaotèntsun'doun'g]
connaissance ❶ [savoir] *die* Kenntnisse [kèn'tnisse] ❷ [relation] *der* Bekannte [beka'nte]
connaître kennen [kènen']
conseil [avis] *der* Ratschlag [rat'chlak]
conseiller empfehlen [èm'pfélen']
consigne [de gare] *die* Gepäckaufbewahrung [guepèkaofbevaroun'g]
consommation [boisson] *das* Getränk [quetrèn'k]
constipation *die* Verstopfung [fèrchtopfoun'g]
construire bauen [baoen']
consulat *das* Konsulat [kon'zoulat']
contact *der* Kontakt [kon'takt']
contagieux ansteckend [an'chtèken't]
content zufrieden [tsoufriden']
continuer fort|setzen [fort'zètsen']
contraire *das* Gegenteil [guéguen'taïl]
contrat *der* Vertrag [fèrtrak]
contre gegen [guéguen']
contrôleur *der* Fahrkartenkontrolleur [farkarten'kon'troleur]
convenir passen [passen']
coordonnées die Adresse und die Telefonnummer [di adrèsse oun't di téléfon'noumer']
copain *der* Freund [froïnt]
coq *der* Hahn [han']
coquillage *die* Muschel [mouchel]
cordonnerie *die* Schuhmacherei [chumarreraï]
corps ANAT *der* Körper [keurper']
correspondance [transport] *der* Anschluss [an'chlouss]
correspondant ❶ [à qui on écrit] *der* Briefpartner [brifpartner'] ❷ [au téléphone] *der* Gesprächspartner [guechprèshs'partner']
côte ❶ ANAT *die* Rippe [ripe] ❷ [pente] *der* Hang [han'g] ❸ [bord de mer] *die* Küste [kuste]
côté *die* Seite [zaïte]
coton *die* Baumwolle [baomvole]
cou *der* Hals [hals']
coucher schlafen [chlafen']
couchette [de train] *der* Liegewagenplatz [liguevaguen'plats']
coude ❶ ANAT *der* Ellbogen [èlboguen'] ❷ [courbe] *der* Knick [knik]
couette *das* Oberbett [ober'bèt']
couleur *die* Farbe [farbe]
couloir *der* Flur [flour]
coup ❶ [choc] *der* Schlag [chlak] ❷ [fois] *das* Mal [mal]

– coup de téléphone *der* Anruf [an'rouf]

– coup de soleil *der* Sonnenbrand [zonen'bran't]

coupe [de cheveux, de vêtements] *der* Schnitt [chnit']

couper ❶ [sectionner] ab|schneiden [apchnaïden'] ❷ [interrompre] ab|schalten [apchalten'] ❸ [être tranchant] schneiden [chnaïden']

couple [mari et femme] *das* Ehepaar [éepar']

courage *der* Mut [mout]

courant ◆ *adj* [fréquent] geläufig [gueloïfish] ◆ *nm* ❶ [électrique] *der* Strom [chtrom] ❷ [d'une rivière] *die* Strömung [chtreumoun'g]

courgette *die* Zucchini [tsoukini]

courir laufen [laofen']

courrier *die* Post [post']

cours *der* Kurs [kourss]

course ❶ *das* Rennen [rènen'] ❷ [en taxi] *die* Fahrt [fart']

– courses [achats] *die* Einkäufe [ain'kaofe]

court kurz [kourts']

coussin *das* Kissen [kissen']

couteau *das* Messer [mèsser']

coûter kosten [kosten']

couvert ◆ *adj* ❶ [ciel] bedeckt [bedèkt] ❷ [marché, parking] überdacht [uber'darrt] ◆ *n das* Besteck [bechtèk']

couverture [de lit] *die* Bettdecke [bèt'dèke]

crabe *die* Krabbe [krabe]

crayon *der* Bleistift [blaïchtift]

crème *die* Creme [krém']

crever [avoir une crevaison] eine Reifenpanne haben [aïne raïfen'pane haben']

crevette *die* Garnele [garnéle]

cri [pour appeler] *der* Ruf [rouf]

cric *der* Wagenheber [vaguen'héber']

crise ❶ [économique] *die* Krise [krize] ❷ [de rire, de larmes] *der* Krampf [kram'pf]

croire glauben [glaoben']

croisière *die* Kreuzfahrt [kroïtsfart]

croix *das* Kreuz [kroïts]

cru roh [ro]

crudités *der* Rohkostsalat [rokostzalat']

crustacés *die* Krustentiere [krousten'tire]

cuillère *der* Löffel [leufel]

cuir *das* Leder [léder']

cuisine *die* Küche [kushe]

cuisse ❶ *der* Oberschenkel [ober'chen'kel] ❷ [de volaille] *die* Keule [koïle]

cuit ❶ gekocht [guekorrt] ❷ [gâteau] gebacken [guebaken'] ❸ [viande] gebraten [guebraten']

culotte *die* Unterhose [oun'ter'hoze]

cybercafé *das* Internetcafé [in'ternètkafé]

D

Danemark Dänemark [dènemark]

danger *die* Gefahr [guefar]

dangereux gefährlich [guefèrlish]

dans ❶ in [in'] ❷ [indique la provenance] aus [aoss]

danser tanzen [tan'tsen']

date *das* Datum [datoum']
de von [fon]
débrouiller (se) zurecht|kommen [tsourèshtkomen']
début *der* Anfang [an'fan'k]
décaféiné entkoffeiniert [èn'tkoféinirt]
décapsuleur *der* Flaschenöffner [flacheneufner']
décembre *der* Dezember [détsèm'ber']
déchirer zerreißen [tsèr'raïssen']
décider beschließen [bechlissen']
déclaration ❶ *die* Meldung [mèldoun'g] ❷ [de vol, de perte] *die* Anzeige [an'tsaïgue]
déclarer [à la douane, aux impôts] an|geben [an'guében']
décoller starten [chtarten']
découvert *die* Kontoüberziehung [kon'to'uber'tsioun'g]
découvrir [trouver] entdecken [èn'tdèken']
défaut *der* Fehler [féler']
dégager [déblayer] frei machen [fraï marren']
degré ❶ [de température, niveau] *der* Grad [grat'] ❷ [d'alcool] *das* Prozent [protsèn't]
dehors draußen [draossen']
déjà schon [chon']
déjeuner *das* Mittagessen [mitakèssen']
délicieux köstlich [keustlish]
deltaplane [sport] *das* Drachenfliegen [drarren'fliguen']
demain morgen [morguen']
demander fragen [fraguen']
démaquillant *der* Make-up-Entferner [mék-ap èn'tfèrner']
démarrer anspringen [an'chprin'guen']
demi ◆ *adj* halbe [halbe] ◆ *nm* [bière] *das* Bier [bir']
demi-pension [à l'hôtel] *die* Halbpension [halp'pen'zion']
demi-tour *das* Wenden [vèn'den']
dent *der* Zahn [tsan']
dentifrice *die* Zahnpasta [tsan'pasta]
dentiste *der* Zahnarzt [tsan'artst']
dépanneuse *der* Abschleppwagen [apchlèpvaguen']
départ ❶ [d'un train] *die* Abfahrt [apfart] ❷ [en vacances] *die* Abreise [apraïze]
dépêcher (se) sich beeilen [zish beaïlen']
dépendre an|kommen auf [an'komen' aof]
dépenser aus|geben [aoss'guében']
dépliant *der* Faltprospekt [faltprospèkt]
déposer ❶ [poser] ab|geben [apguében'] ❷ [argent] ein|zahlen [aïntsalen'] ❸ [en voiture] ab|setzen [apzètsen']
depuis seit [zaït']
dérangement [gêne] *die* Störung [chteuroun'g]
déranger stören [chteuren']
dernier ❶ letzte [lètste] ❷ [récent] neueste [noïeste]
derrière hinter [hin'ter']
désagréable unangenehm [oun'an'gueném]
descendre hinunter|gehen [hinoun'ter'guéen']
désert *die* Wüste [vuste]
désinfecter desinfizieren [dèzin'fitsiren']

désolé – je suis désolé es tut mir leid [èss tout' mir laït]

dessert *der* Nachtisch [narrtich]

desservir [ville, gare] halten in [halten' in']

dessin [art] *die* Zeichnung [tsaïshnoun'g]

– dessin animé *der* Zeichentrickfilm [tsaïshen'trikfilm]

dessous darunter [daroun'ter']

dessus darauf [daraof]

destinataire *der* Empfänger [èm'pfèn'guer']

détester hassen [hassen']

devant ❶ vor [for] ❷ [en face] davor [dafor] ❸ [en avant] vorne [forne]

développer entwickeln [èn'tvikeln]

déviation *die* Umleitung [oum'laïtoun'g]

devoir ❶ [exprime l'obligation] müssen [mussen'] ❷ [exprime l'intention] sollen [zolen'] ❸ [argent, explications] schulden [choulden']

diabétique zuckerkrank [tsoukerkran'k]

diarrhée *der* Durchfall [dourshfal]

dictionnaire *das* Wörterbuch [veurter'bourr]

Dieu *der* Gott [got']

différence *der* Unterschied [ou'nter'chit]

différent unterschiedlich [oun'ter'chitlish]

difficile schwierig [chvirish]

dimanche *der* Sonntag [zon'tak]

dinde *die* Pute [poute]

dîner *das* Abendessen [aben'tèssen']

dire ❶ sagen [zaguen'] ❷ [prononcer] aussprechen [aoss'chprèshen']

direct ❶ direkt [dirèkt] ❷ [vol] Direkt- [dirèkt]

directeur *der* Direktor [dirèktor]

direction ❶ [gestion] *die* Leitung [laïtoun'g] ❷ [équipe] *die* Geschäftsleitung [guechèftslaïtoun'g] ❸ [sens] *die* Richtung [rishtoun'g]

discothèque [boîte de nuit] *die* Diskothek [diskotèk]

disparaître [devenir invisible, manquer] verschwinden [fèrchvin'den']

disponible ❶ [article] vorrätig [for'rètish] ❷ [personne, place] frei [fraï]

disque *die* Schallplatte [chalplate]

distance *die* Entfernung [èn'tfèrnoun'g]

distributeur *der* Automat [aotomat']

docteur *der* Doktor [docktor]

documentation *die* Unterlagen [oun'ter'laguen']

doigt *der* Finger [fin'guer']

dommage schade [chade]

donner geben [guében']

dormir schlafen [chlafen']

dos *der* Rücken [ruken']

douane [lieu] *der* Zoll [tsol]

double ◆ *nm das* Doppel [dopel] ◆ *adv* doppelt [dopelt]

doubler ❶ verdoppeln [fèrdopeln] ❷ AUTO überholen [uber'holen']

doucement ❶ [bas] leise [laïze] ❷ [lentement] langsam [lan'gzam']

douche *die* Dusche [douche]

douleur *der* Schmerz [chmèrts]

drap *das* Bettlaken [bèt'laken]

drapeau *die* Fahne [fane]

droit ◆ *adj* ❶ gerade [guerade] ❷ [côté, main] rechte [rèshte] ◆ *nm* [autorisation] *das* Recht [rèsht]

droite *die* Rechte [rèshte]

dur ❶ hart [hart'] ❷ [viande] zäh [tsè] ❸ [difficile] schwer [chvér']

durer ❶ dauern [daoern'] ❷ [pile] halten [halten']

duvet [sac de couchage] *der* Daunenschlafsack [daonen'chlafzak]

E

eau *das* Wasser [vasser']

– eau minérale *das* Mineralwasser [minéralvasser']

échanger umtauschen [oum'taochen']

échecs (les) *das* Schachspiel [charrchpil]

école *die* Schule [choule]

écouter anhören [an'heuren']

écrire schreiben [chraïben']

écureuil *das* Eichhörnchen [aïsh'heurnshen']

égal gleich [glaïsh]

église *die* Kirche [kirshe]

élections *die* Wahlen [valen']

électrique elektrisch [élèktrich]

elle ❶ [pour une femme] sie [zi] ❷ [pour une chose, un animal] er|sie|es [èr|zi|èss]

elle sie [zi] ; ihr [ir']

elles sie [zi]

emballer einpacken [aïnpaken']

embarquement *das* Anbordgehen [an'bort'guéen']

embêter [taquiner] ärgern [èrgern']

embouteillage *der* Stau [chtao]

embrasser küssen [kussen']

embrayage *die* Kupplung [kouplou'ng]

emmener ❶ [amener avec soi] mitnehmen [mit'némen'] ❷ [déposer] begleiten [beglaïten']

emplacement ❶ [endroit] *die* Stelle [chtèle] ❷ [de parking] *der* Platz [plats']

employé *der* Angestellte [an'guechtèlte]

emporter [prendre avec soi] mitnehmen [mit'némen']

emprunter ausleihen [aoslaïen']

enceinte schwanger [chvan'guer']

enchanté begeistert [beguaïstert]

encore ❶ [toujours] noch [norr] ❷ [de nouveau] wieder [vider']

endormir (s') einschlafen [aïn'chlafen']

endroit [lieu] *der* Ort [ort']

enfant *das* Kind [kin't]

enlever ❶ [tache] entfernen [èn'tfèrnen'] ❷ [déplacer] wegnehmen [vèknémen']

ennuyer (s') sich langweilen [zish lan'gvaïlen']

enregistrement ❶ [musical] *die* Aufnahme [aofname] ❷ [de données] *das* Speichern [chaïshern]

enregistrer ❶ [disque] aufnehmen [aofnémen'] ❷ [données] speichern [chaïshern] ❸ [bagages] aufgeben [aofguében']

enrhumé erkältet [èrkèltet']

ensemble zusammen [tsouzamen']

ensuite [puis] dann [dan']

entendre hören [heuren']

– entendre (s') sich verstehen [zish fèrchtéen']

entier ganz [gan'ts]

entorse *die* **Verstauchung** [fèrchaorroun'g]

entre **zwischen** [tsvichen']

entrée ❶ [accès] *der* **Zutritt** [tsoutrit'] ❷ [pièce] *der* **Eingang** [aïn'gan'g] ❸ CULIN *die* **Vorspeise** [for'chpaïze]

entrer **hereinkommen** [hèr'aïnkomen']

enveloppe *der* **Umschlag** [oum'chlak]

envie *die* **Lust** [loust']

environ **ungefähr** [oun'guefèr]

envoyer **schicken** [chiken']

épaule *die* **Schulter** [choulter']

épeler **buchstabieren** [bourrchtabiren']

épicé **scharf** [charf]

épicerie [magasin] *das* **Lebensmittelgeschäft** [lében'smitelguechèft]

épiler ❶ [jambes] **enthaaren** [èn'tharen'] ❷ [sourcils] **zupfen** [tsoupfen']

épinards *der* **Spinat** [chpinat']

éponge [pour nettoyer] *der* **Schwamm** [chvam]

équipe [sportive] *die* **Mannschaft** [man'chaft']

équiper ❶ **ausstatten** [aos'chtaten'] ❷ [personne] **ausrüsten** [aosrusten']

équitation *die* **Reitkunst** [raïtkoun'st]

erreur *der* **Fehler** [féler']

Escalator® *die* **Rolltreppe** [roltrèpe]

escale *der* **Zwischenstopp** [tsvishen'chtop]

escalier *die* **Treppe** [trèpe]

escargot *die* **Schnecke** [chnèke]

escrime *das* **Fechten** [fèshten']

Espagne **Spanien** [chpanien']

espèce *die* **Art** [art']
– **espèces** *das* **Bargeld** [barguèlt']

espérer **hoffen** [hofen']

essayer ❶ [vêtement, chaussures] **anprobieren** [an'probiren'] ❷ [tenter] **versuchen** [fèrsourren']

essence *das* **Benzin** [bèn'tsin']

essuyer **abtrocknen** [aptroknen']

est *der* **Osten** [osten']

estomac *der* **Magen** [maguen']

et **und** [oun't]

étage *der* **Stock** [chtok]

état *der* **Zustand** [tsouchtan't]

États-Unis **die Vereinigten Staaten** [di fèraïniguen' chtaten']

été *der* **Sommer** [zomer']

éteindre ❶ [lumière, appareil] **ausschalten** [aos'chalten'] ❷ [incendie] **löschen** [leuchen'] ❸ [cigarette] **ausmachen** [aosmarren']

étoile *der* **Stern** [chtèrn]

étonner **erstaunen** [èrchtaonen']

étranger ◆ *adj* **fremd** [frèm't] ◆ *nm* ❶ [d'un autre pays] *der* **Ausländer** [aoslèn'der'] ❷ [autre pays] *das* **Ausland** [aoslan't]

être **sein** [zaïn']

études *das* **Studium** [chtoudioum]

étudiant *der* **Student** [chtoudèn't]

euro *der* **Euro** [oïro]

Europe **Europa** [oïropa]

européen **europäisch** [oïropèish]
– **Européen** *der* **Europäer** [oïropèer']

eux **sie** [zi]

évanouir (s') **ohmächtig werden** [on'mèshtish vérden']

évier *das* **Spülbecken** [chpulbècken']

excellent **hervorragend** [hèrfor'raguen't]

excursion *der* **Ausflug** [aosflouk]

excuser entschuldigen [èn'tchouldiguen']
exemple [cas] *das* Beispiel [baïchpil]
expéditeur *der* Absender [apzèn'der']
expliquer erklären [èrklèren']
exposition [d'art] *die* Ausstellung [aoss'chtèloun'g]
exprès [intentionnellement] absichtlich [apzishtlish]
extérieur (à l') draußen [draossen']
extraordinaire außergewöhnlich [aosser'gueveun'lish]

F

face [visage] *das* Gesicht [guezisht']
– en face gegenüber [guéguen'uber']
facile [aisé] leicht [laïsht']
facteur *der* Briefträger [britrèguer']
facture *die* Rechnung [rèshnoun'g]
faible schwach [chvarr]
faim *der* Hunger [houn'guer']
faire ◆ *vt* machen [marren'] ◆ *v impers* [avec des mesures, climat] sein [zaïn'] ◆ *v aux* [indique que l'on provoque une action] lassen [lassen']
falaise *die* Klippe [klipe]
falloir müssen [mussen']
famille *die* Familie [familie]
farine *das* Mehl [mél]
fatigant anstrengend [an'chtrèn'guen't]
fatigué müde [mude]
faute ❶ *der* Fehler [féler'] ❷ [responsabilité] *die* Schuld [choul't]
fauteuil ❶ *der* Sessel [zèssel] ❷ [de cinéma, de théâtre] *der* Sitz [zits']
– fauteuil roulant *der* Rollstuhl [rolchtoul]
faux falsch [falch]
félicitations *der* Glückwunsch [glukvoun'ch]
femme *die* Frau [frao]
fenêtre *das* Fenster [fèn'ster']
fer *das* Eisen [aïzen']
– fer à repasser Bügeleisen [buguelaïzen']
ferme *der* Bauernhof [baoern'hof]
fermer schließen [chlissen']
fermeture [de magasin le soir] *der* Ladenschluss [laden'chlouss]
ferry *das* Fährschiff [fèrchif]
fesses *der* Hintern [hin'tern]
festival *die* Festspiele [fèstchpile]
fête *das* Fest [fèst']
feu *das* Feuer [foïer']
feuille *das* Blatt [blat']
février *der* Februar [fébrouar]
fiche [de carton, de papier] *die* Karteikarte [kartaïkarte]
fièvre *das* Fieber [fiber']
figue *die* Feige [faïgue]
fil [à coudre] *der* Faden [faden']
– fil électrique *das* Elektrokabel [élèktrokabel]
fille ❶ *das* Mädchen [mètshen'] ❷ [descendante] *die* Tochter [torrter']
film TV & CINÉ *der* Film [film]
filmer filmen [filmen']
fils *der* Sohn [zon]
filtre *der* Filter [filter']
fin ◆ *adj* ❶ dünn [dun'] ❷ [nez, motif, sable] fein [faïn] ◆ *nf* *das* Ende [èn'de]
finir beenden [beèn'den']
flash [d'appareil photo] *das* Blitzlicht [blitslisht]

fleur ❶ [de plante] *die* **Blume** [bloume] ❷ [d'arbre] *die* **Blüte** [blute]
fleuriste *der* **Blumenhändler** [bloumen'hèn'tler']
fleuve *der* **Fluss** [flouss]
flûte *nf* *die* **Flöte** [fleute]
foie *die* **Leber** [léber']
– foie gras *die* **Gänseleberpastete** [gèn'zeléber'pastéte]
fois *das* **Mal** [mal]
foncé **dunkel** [doun'kel]
fond ❶ *der* **Boden** [boden'] ❷ [d'une salle] **hinterster Teil** [hin'terster' taïl]
football *der* **Fußball** [fous'bal]
forêt *der* **Wald** [valt]
forfait [abonnement] *die* **Pauschale** [paochale]
forme *die* **Form** [form]
formidable **toll** [tol]
formulaire *das* **Formular** [formoular]
fort ❶ **stark** [chtark] ❷ [son] **laut** [laot']
foulard *das* **Halstuch** [hals'tourr]
four *der* **Backofen** [bakofen']
fourchette *die* **Gabel** [gabel]
fourmi *die* **Ameise** [amaïze]
fourrière *Sammelplatz für abgeschleppte Kraftfahrzeuge*
fracture *der* **Bruch** [brourr]
fragile [objet] **zerbrechlich** [tsèrbrèshlish]
frais ❶ [froid] **kühl** [kul] ❷ [non altéré] **frisch** [frich]
fraise *die* **Erdbeere** [értbére]
framboise *die* **Himbeere** [him'bére]
franc *der* **Franken** [Fran'ken']
français ◆ *adj* **französisch** [fran'tseuzich] ◆ *nm* *das* **Französisch(e)** [fran'tseuzich(e)]
– Français *der* **Franzose** [fran'tsoze]
France **Frankreich** [fran'kraïsh]
frein *die* **Bremse** [brèm'ze]
frère *der* **Bruder** [brouder']
froid **kalt** [kalt]
fromage *der* **Käse** [kèze]
front *die* **Stirn** [chtirn]
frontière *die* **Grenze** [grèn'tse]
fruit *die* **Frucht** [frourrt]
– les fruits **das Obst** [opst']
fuite ❶ [départ] *die* **Flucht** [flourrt] ❷ [d'eau, de gaz] *das* **Leck** [lèk]
fumée *der* **Rauch** [raorr]
fumer ❶ [personne] **rauchen** [raorren'] ❷ [liquide] **dampfen** [dam'pfen']
fumeur *der* **Raucher** [raorrer']

G

gagner ❶ **gewinnen** [guevinen'] ❷ [argent] **verdienen** [fèrdin'en']
galerie ❶ [à bagages] *der* **Dachgepäckträger** [darrguepèktrèguer'] ❷ [marchande] **Einkaufspassage** [aïnkaofspassaje]
gant *der* **Handschuh** [han'tchou]
garage ❶ *die* **Garage** [garage] ❷ [de réparation] *die* **Werkstatt** [vèrkchtat']
garagiste *der* **Kfz-Mechaniker** [kaèftsèt'méshaniker']
garantie *die* **Garantie** [garan'ti]
garçon *der* **Junge** [ioun'gue]
garder [conserver] **behalten** [behalten']
gardien ❶ *der* **Wärter** [vèrter'] ❷ [d'immeuble] *der* **Hausmeister** [haossmaïster']
gare *der* **Bahnhof** [ban'hof]
garer **parken** [parken']

gâteau *der* **Kuchen** [kourren']
gauche **linke** [lin'ke]
gaz *das* **Gas** [gass]
gel ❶ *der* **Frost** [frost'] ❷ [pour cheveux, dentifrice] *das* **Gel** [guél]
gencive *das* **Zahnfleisch** [tsan'flaïch]
gêner **stören** [chteuren']
Genève **Genf** [guè'nf]
génial **genial** [guénial]
genou *das* **Knie** [kni]
genre ❶ [sorte] *die* **Art** [art'] ❷ GRAM *das* **Geschlecht** [guechlèsht]
gens *die* **Leute** [loïte]
gentil **nett** [nèt']
gilet [pull] *die* **Strickjacke** [chtrikiake]
– gilet de sauvetage **Schwimmweste** [chvim'vèste]
gîte *die* **Unterkunft** [oun'ter'koun'ft]
glace ❶ *das* **Eis** [aïss] ❷ [miroir] *der* **Spiegel** [chpiguel]
glaçon *der* **Eiswürfel** [aïssvurfel]
gorge ❶ *die* **Kehle** [kéle] ❷ [gouffre] *die* **Schlucht** [chlourrt]
gothique **gotisch** [gotich]
gourde *die* **Feldflasche** [fèltflache]
goût *der* **Geschmack** [guechmak]
goûter **probieren** [probiren']
goutte *der* **Tropfen** [tropfen']
gouvernail *das* **Ruder** [rouder']
grand **groß** [gross]
grand-mère *die* **Großmutter** [grossmouter']
grand-père *der* **Großvater** [grossfater']
gras **fett** [fèt']
gratte-ciel *der* **Wolkenkratzer** [volken'kratser']
gratuit **kostenlos** [kosten'loss]
grave **schlimm** [chlim']
Grèce **Griechenland** [grishen'lan't]
grenouille *der* **Frosch** [froch]
grippe *die* **Grippe** [gripe]
gris ❶ **grau** [grao] ❷ [temps] **trüb** [trup]
gros **dick** [dik]
groupe *die* **Gruppe** [groupe]
guêpe *die* **Wespe** [vèspe]
guichet *der* **Schalter** [chalter']
guide *der* **Führer** [furer']
gymnastique *das* **Turnen** [tournen']
gynécologue *der* **Frauenarzt** [fraoen'artst']

H

habiller (s') [mettre des vêtements] **sich anziehen** [zish an'tsien']
habiter **wohnen** [vonen']
habitude *die* **Gewohnheit** [guevonhaït]
hanche *die* **Hüfte** [hufte]
handicapé **behindert** [behin'dert]
hasard *der* **Zufall** [tsoufal]
haut **hoch** [horr]
heure *die* **Stunde** [chtoun'de]
heureux **glücklich** [gluklish]
hier **gestern** [guèchtern]
histoire *die* **Geschichte** [guechishte]
hiver *der* **Winter** [vin'ter']
homme ❶ [être humain] *der* **Mensch** [mèn'ch] ❷ [mâle] *der* **Mann** [man']
hôpital *das* **Krankenhaus** [kran'ken'haoss]
horaire ❶ [emploi du temps] *der* **Stundenplan** [chtoun'den'plan']

français-allemand

❷ [de trains] *der* **Fahrplan** [farplan']
❸ [d'avions] *der* **Flugplan** [floukplan']

hôtel *das* **Hotel** [hotèl]

huile *das* **Öl** [eul]

huître *die* **Auster** [aoster']

humide **feucht** [foïsht']

humour *der* **Humor** [houmor]

I

ici ❶ [sans déplacement] **hier** [hir'] ❷ [avec déplacement] **hierher** [hirhèr']

idée ❶ [pensée] *der* **Gedanke** [guedan'ke] ❷ [opinion] *die* **Vorstellung** [forchtèloun'g] ❸ [inspiration, projet] *die* **Idee** [idé]

il ❶ [sujet humain] **er** [èr] ❷ [sujet animal ou inanimé] **er|sie|es** [èr|zi|èss] ❸ [sujet de v impers] **es** [èss]

île *die* **Insel** [in'zel]

ils **sie** [zi]

immeuble *das* **Gebäude** [gueboïde]

imperméable *der* **Regenmantel** [régen'man'tel]

important **wichtig** [vishtish]

impossible **unmöglich** [oun'meuklish]

imprimer **drucken** [drouken']

inadmissible **unzulässig** [oun'tsoulèssish]

incendie *der* **Brand** [bran't]

inclus **inbegriffen** [in'begrifen']

incroyable **unglaublich** [oun'glaoplish]

indicatif [téléphonique] *die* **Vorwahl** [forval]

indiquer **sagen** [zaguen']

infection MÉD *die* **Infektion** [in'fèktsion']

information *die* **Information** [in'formatsion']

informatique **EDV-** [édéfao-] ; **Informatik-** [in'formatik-]

infusion *der* **Kräutertee** [kroïter'té]

ingénieur *der* **Ingenieur** [in'jén'ieur]

inquiéter (s') **sich Sorgen machen** [zish zorguen' marren']

inscrire **anmelden** [an'mèlden']

insecticide *das* **Insektenbekämpfungsmittel** [in'zèkten'bekèm'pfoun'gsmitel]

insolation *der* **Sonnenstich** [zonen'chtish]

installer ❶ [poser] **hinstellen** [hin'chtèlen'] ❷ [eau, électricité] **installieren** [in'staliren'] ❸ [aménager] **einrichten** [aïnrichten]

intention *die* **Absicht** [apzisht']

interdit **verboten** [fèrboten']

intéressant **interessant** [in'terèssan't]

intérieur ❶ [interne] **innere** [inere] ❷ [politique, cour] **Innen-** [inen'] ❸ [marché, commerce, mer] **Binnen-** [binen']

Internet *das* **Internet** [in'tèrnèt']

interrupteur *der* **Schalter** [chalter']

intestin *der* **Darm** [darm]

intoxication alimentaire *die* **Lebensmittelvergiftung** [lében'smitelfèrguiftoun'g]

inutile **nutzlos** [noutsloss]

inviter **einladen** [aïnladen']

Irlande **Irland** [irlan't]

Italie **Italien** [italien']

italien ◆ *adj* **italienisch** [italiénich] ◆ *nm* [langue] *das* **Italienisch(e)** [italiénich(e)]

itinéraire *die* **Route** [route]

ivre **betrunken** [betroun'ken']

J

jamais nie [ni]
jambe *das* Bein [baïn]
jambon *der* Schinken [chin'ken']
janvier *der* Januar [ianouar]
jardin *der* Garten [garten']
jaune gelb [guèlp]
je ich [ish]
jetable Einweg- [aïnvék-]
jeter ❶ [lancer] werfen [vèrfen'] ❷ [mettre à la poubelle] wegwerfen [vèkvèrfen']
jeu *das* Spiel [chpil]
jeudi *der* Donnerstag [donerstak]
jeune ◆ *adj* jung [ioun'g] ◆ *nm der* Jugendliche [iouguen'tlishe]
joli ❶ hübsch [hubch] ❷ schön [cheun]
joue *die* Backe [bake]
jouer spielen [chpilen']
jour *der* Tag [tak]
journal *die* Zeitung [tsaïtoun'g]
journée *der* Tag [tak]
juif jüdisch [iudich]
Juif *der* Jude [ioude]
juillet *der* Juli [iouli]
juin *der* Juni [iouni]
jumeaux Zwillinge [tsvilin'gue]
jumelles *das* Fernglas [fèrnglass]
jupe *der* Rock [rok]
jus *der* Saft [zaft']
jusqu'à [sens temporel] bis zu [biss tsou]
jusque-là bis dahin [biss dahin']
jusqu'ici ❶ [dans l'espace] bis hierhin [biss hirhin'] ❷ [dans le temps] bisher [biss'hér]
juste ◆ *adj* ❶ richtig [rishtish] ❷ [équitable] gerecht [guerèsht'] ❸ [vêtement, insuffisant] knapp [knap] ◆ *adv* [seulement] nur [nour']

K

kayak *der* Kajak [kaïak]
kilométrage *der* Kilometerstand [kilométer'chtan't]
kilomètre *der* Kilometer [kilométer']
kiosque à journaux *der* Zeitungskiosk [tsaïtoun'gskiosk]
Kleenex® *das* Tempo [tèm'po]
K-way® *die* Regenjacke [réguen'iake]

L

là da [da]
là-bas dort [dort']
lac *der* See [zé]
là-haut da oben [da oben']
laine *die* Wolle [vole]
laisser lassen [lassen']
lait *die* Milch [milsh]
lait entier *die* Vollmilch [folmilsh]
laitue *der* Kopfsalat [kopfzalat']
lampe *die* Lampe [lam'pe]
langue ❶ *die* Zunge [tsoun'gue] ❷ [langage] *die* Sprache [chprarre]
lapin *das* Kaninchen [kanin'shen']
large ❶ [rivière, route] breit [braït'] ❷ [vêtement] weit [vaït'] ❸ [généreux] großzügig [grosstsuguish]
lavable waschbar [vachbar]
lavabo *das* Waschbecken [vachbèken']
lave-linge *die* Waschmaschine [vachmachine]

laver [linge] waschen [vachen']
– **laver (se)** sich waschen [zish vachen']

laverie automatique *der* Waschsalon [vachsalon]

lave-vaisselle *die* Geschirrspülmaschine [guechirchpulmachine]

leçon *die* Unterrichtsstunde [oun'terishts'chtounde]

lecteur ❶ *der* Leser [lézer'] ❷ [de CD/DVD] *der* CD-|DVD-Player [tsédé|défaodé-pléer']

léger ❶ leicht [laïsht'] ❷ [café] schwach [chvarr]

légume *das* Gemüse [guemuze]

lendemain (le) am nächsten Tag [am' nèksten' tak]

lentement langsam [lan'gzam']

lentille *die* Linse [lin'ze]

lessive ❶ [poudre, liquide] *das* Waschmittel [vachmitel] ❷ [linge] *die* Wäsche [vèche]

lettre ❶ [de l'alphabet] *der* Buchstabe [bourrchtabe] ❷ [courrier] *der* Brief [brif]

lever ❶ [bras, doigt] heben [hében'] ❷ [passerelle] hochziehen [horrtsien']
– **lever (se)** aufstehen [aofchtéen']

librairie *die* Buchhandlung [bourr'han'dloun'g]

libre frei [fraï]

lieu *der* Ort [ort']

ligne ❶ *die* Linie [linie] ❷ [téléphonique] *die* Leitung [laïtoun'g]

limiter [dépenses, activité] beschränken [bechrèn'ken']

linge *die* Wäsche [vèche]

liquide ◆ *adj* [aliment] flüssig [flussish] ◆ *nm* [boisson, produit] *die* Flüssigkeit [flussishkaït']

lire lesen [lézen']

lit *das* Bett [bèt']

litre *der* Liter [liter']

livre *das* Buch [bourr]

local ◆ *adj* örtlich [örtlich] ◆ *nm der* Raum [raom']

location *das* Mieten [miten']

loger ❶ wohnen [vonen'] ❷ [des amis] beherbergen [behèrbèrguen']

loin weit [vaït']

long lang [lan'g]

longtemps lange [lan'gue]

louer mieten [miten']

loup *der* Wolf [volf]

lourd ❶ schwer [chvér'] ❷ [orageux] schwül [chvul]

luge *der* Schlitten [chliten']

lui ihn [in'] ; ihm [im']

lumière *das* Licht [lisht']

lundi *der* Montag [mon'tak]

lune *der* Mond [mon't]

lunettes *die* Brille [brile]
– **lunettes de soleil** Sonnenbrille [zonen'brile]

Luxembourg Luxemburg [louksem'bourk]

lycée *das* Gymnasium [gumnazioum']

M

machine à laver Waschmaschine [vachmachine]

madame Frau [frao]

mademoiselle Frau [frao]

magasin *das* Geschäft [guechèft]

magazine *die* Zeitschrift [tsaïtchrift]

magnifique wunderschön [voun'der'cheun']

mai *der* Mai [maï]

maigre mager [maguer']

maillot *das* Trikot [triko]

– maillot de bain *der* Badeanzug [badean'tsouk]

main *die* Hand [han't]

maintenant jetzt [iètst']

mairie *das* Rathaus [rathaoss]

mais ❶ [objection, restriction] aber [aber'] ❷ [après négation] sondern [zon'dern]

maison *das* Haus [haoss]

mal schlecht [chlèsht']

malade ◆ *adj* ❶ krank [kran'k] ❷ [sur un bateau] seekrank [zékran'k] ◆ *nm* [personne] *der* Kranke [kran'ke]

malentendu *das* Missverständnis [missfèrchtèn'dniss]

malheureusement leider [laïder']

mandat [postal] *die* Postanweisung [postan'vaïzou'ng]

manège [attraction] *das* Karussell [karoussel]

manger essen [èssen']

manifestation ❶ [défilé] *die* Demonstration [démon'stratsion'] ❷ [culturelle] *die* Veranstaltung [fèran'chtaltoun'g]

manquer ❶ [train] verpassen [fèrpassen'] ❷ [cible] verfehlen [fèrfélen'] ❸ [occasion] versäumen [fèrzoïmen'] ❹ [échouer] fehlschlagen [félchlaguen']

manteau *der* Mantel [man'tel]

maquereau *die* Makrele [makréle]

marchander handeln [han'deln]

marche ❶ [à pied] *der* Fußmarsch [foussmarsch] ❷ [d'escalier] *die* Stufe [chtoufe]

marché ❶ [lieu de vente] *der* Markt [markt'] ❷ [contrat] *der* Handel [han'del]

– bon marché preiswert [praïsvèrt]

marcher ❶ laufen [laofen'] ❷ [fonctionner] funktionieren [foun'ktioniren']

mardi *der* Dienstag [din'stak]

marée *die* Gezeiten [guetsaïten']

mari *der* Ehemann [éeman']

marié ◆ *adj* verheiratet [fèrhaïratet'] ◆ *nm* *der* Bräutigam [broïtigam']

– jeunes mariés *das* junge Paar [ioun'gue par]

marron braun [braon']

mars *der* März [mèrts]

match *das* Spiel [chpil]

matelas *die* Matratze [matratse]

matériel *die* Ausrüstung [aos'rustoun'g]

matière ❶ [matériau] *der* Stoff [chtof] ❷ SCOL *das* Fach [farr]

matin ❶ [début du jour] *der* Morgen [morguen'] ❷ [partie de la journée] *der* Vormittag [formitak]

mauvais ❶ schlecht [chlèsht'] ❷ [faux] falsch [falch] ❸ [méchant] böse [beuze]

maximum (au) höchstens [heuksten's]

médecin *der* Arzt [artst']

médicament *das* Medikament [médikamèn't]

méduse *die* Qualle [kvale]

meilleur ◆ *adj* ❶ [comparatif] bessere [bèssere] ❷ [superlatif] beste [bèste] ◆ *nm* *der* Beste [bèste]

membre ❶ *das* Glied [glit] ❷ [d'un club] *das* Mitglied [mitglit']

même ❶ [semblable] gleiche [glaïshe] ❷ [identique] selbe [zèlbe] ❸ [sert à renforcer] sogar [zogar] ❹ [exactement] genau [guénao]

ménage [famille] *der* Haushalt [haoss'halt']

mener ❶ führen [furen'] ❷ [diriger] leiten [laïten']

menthe Pfefferminz *(sans article)* [pfèfermin'ts]

menton *das* Kinn [kin']

menu ❶ *das* Menü [ménu] ❷ [carte] *die* Speisekarte [chpaïzekarte]

mer *das* Meer [mér]

merci danke [dan'ke]

mercredi *der* Mittwoch [mitvorr]

mère *die* Mutter [mouter']

merveilleux wunderbar [voun'der'bar']

message *die* Nachricht [narr'risht']

messe *die* Messe [mèsse]

météo *die* Wettervorhersage [vèterforhérzague]

métier *der* Beruf [berouf]

mètre *der* Meter [méter']

métro *die* U-Bahn [ouban']

mettre ❶ [à plat] legen [léguen'] ❷ [verticalement] stellen [chtèlen'] ❸ [vêtement] anziehen [an'tsien'] ❹ [lunettes, chapeau] aufsetzen [aofzètsen'] ❺ [temps] brauchen [braorren']

micro-ondes *die* Mikrowelle [mikrovèle]

midi *der* Mittag [mitak]

miel *der* Honig [honish]

mieux besser [bèsser']

mignon ❶ [joli] niedlich [nitlish] ❷ [gentil] lieb [lip]

milieu [centre] *die* Mitte [mite]

mince ❶ [personne] schlank [chlan'k] ❷ [tissu, tranche] dünn [dun']

minimum Minimal- [minimal-]

minuit *die* Mitternacht [miter'narrt']

miroir *der* Spiegel [chpiguel]

mi-temps SPORT *die* Halbzeit [halptsaït']

mode *die* Mode [mode]

– mode d'emploi *die* Gebrauchsanweisung [guebraorrsan'vaïzoun'g]

modifier ändern [èn'dern]

moi ich [ish] ; mich [mish] ; mir [mir']

– moi-même ich selbst [ish zèlpst']

moins ◆ *adv* weniger [véniguer] ◆ *prép* ❶ minus [minouss] ❷ [pour indiquer l'heure] vor [for]

mois *der* Monat [monat']

moitié *die* Hälfte [hèlfte]

– à moitié prix zum halben Preis [tsoum' halben' praïs]

mollet *die* Wade [vade]

moment *der* Moment [momen't]

monastère *das* Kloster [kloster']

monde *die* Welt [vèlt]

moniteur ❶ *der* Lehrer [lérer'] ❷ [de colonie] *der* Leiter [laïter']

monnaie ❶ [argent] *das* Geld [guèlt'] ❷ [devise] *die* Währung [vèroun'g] ❸ [pièces] *das* Kleingeld [klaïnguèlt']

monsieur *der* Herr [hèr]

montagne *der* Berg [bèrk]

monter ❶ steigen [chtaïguen'] ❷ [escalier, côte] hochgehen [horrguéen'] ❸ [tente] aufbauen [aofbaoen']

montre *die* **Uhr** [our]
montrer **zeigen** [tsaïguen']
monument *das* **Denkmal** [dèn'kmal]
morceau *das* **Stück** [chtuk]
mordre **beißen** [baïssen']
mort *der* **Tod** [tot]
morue *der* **Kabeljau** [kabeliao]
mosquée *die* **Moschee** [moché]
mot ❶ [terme] *das* **Wort** [vort] ❷ [message] *die* **Nachricht** [narr'risht']
moteur *der* **Motor** [motor]
moto *das* **Motorrad** [motor'rat']
mouche *die* **Fliege** [fligue]
mouchoir *das* **Taschentuch** [tachen'tourr]
mouillé **nass** [nass]
moustache *der* **Schnurrbart** [chnourbart']
moustique *die* **Stechmücke** [chtèshmuke]
moutarde *der* **Senf** [zèn'f]
mouton ❶ *das* **Schaf** [chaf] ❷ CULIN *das* **Hammelfleisch** [hamelflaïsh]
moyen ◆ *adj* ❶ [intermédiaire] **mittlere** [mitlere] ❷ [température, salaire, prix] **durchschnittlich** [doursh'chnitlish] ◆ *nm* *das* **Mittel** [mitel]
muguet *das* **Maiglöckchen** [maïglokshen']
mur ❶ [extérieur] *die* **Mauer** [maoer'] ❷ [intérieur] *die* **Wand** [van't]
mûr [fruit] **reif** [raïf]
mûre *die* **Brombeere** [brom'bére]
muscle *der* **Muskel** [mouskel]
musculation *das* **Bodybuilding** [bodibildin'g]
musée *das* **Museum** [mouzéoum']
musique *die* **Musik** [mouzik]
musulman ◆ *adj* **muslimisch** [mouslimich] ◆ *nm* *der* **Moslem** [moslèm]
myrtille *die* **Heidelbeere** [haïdelbére]

N

nager **schwimmen** [chvimen']
naître ❶ [personne] **geboren werden** [gueboren' vérden'] ❷ [sentiment] **entstehen** [èn'tchtéen']
nationalité *die* **Staatsangehörigkeit** [chtats'an'gueheurishkaït']
nature ◆ *nf* *die* **Natur** [natour] ◆ *adj* ❶ [yaourt] **Natur-** [natour-] ❷ [omelette] **einfach** [aïnfarr] ❸ [café] **schwarz** [chvarts]
nausée *die* **Übelkeit** [ubelkaït]
navette *der* **Shuttle** [chatel]
nécessaire **notwendig** [notvèn'dish]
neige *der* **Schnee** [chné]
neiger **schneien** [chnaïen']
nettoyer **reinigen** [raïniguen']
neuf[1] *adj* [nouveau] **neu** [noï]
neuf[2] *num* [chiffre] **neun** [noïn']
nez *die* **Nase** [naze]
niveau ❶ [hauteur] *der* **Stand** [chtan't] ❷ [qualité] *das* **Niveau** [nivo]
Noël *das* **Weihnachten** [vaïnarrten']
noir ❶ **schwarz** [chvarts] ❷ [sombre] **dunkel** [doun'kel]
noisette *die* **Haselnuss** [hazelnouss]
noix *die* **Nuss** [nouss]
nom *der* **Name** [name]
nombre *die* **Zahl** [di tsal']
nombril *der* **Bauchnabel** [baorrnabel]
non **nein** [naïn]
non-fumeur *der* **Nichtraucher** [nishtraorrer']

nord Nord- [nort-]

normal ❶ normal [normal] ❷ [habituel] üblich [ublish]

Norvège Norwegen [norvéguen']

note ❶ *die* Note [note] ❷ [remarque] *die* Anmerkung [an'mèrkoun'g] ❸ [facture] *die* Rechnung [rèshnoun'g]

noter ❶ [écrire] notieren [notiren'] ❷ [remarquer] bemerken [bemèrken']

nous ❶ [sujet] wir [vir] ❷ [objet, réfléchi] uns [oun's]

nouveau ◆ *adj* neu [noï] ◆ *nm der* Neue [noïe]

nouvelle [information] *die* Nachricht [narr'risht']

novembre *der* November [novèm'ber']

nu [personne, jambes] nackt [nakt]
– **pieds nus** barfuß [barfouss]

nuage *die* Wolke [volke]

nuit *die* Nacht [narrt']

nul unter aller Würde [oun'ter' aler' vurde]

numéro *die* Nummer [noumer']

O

objectif ❶ *das* Ziel [tsil] ❷ [d'appareil photo] *das* Objektiv [opièktif]

objet *der* Gegenstand [guéguen'chtan't]

obligé verpflichtet [fèrpflishtet']

occasion ❶ [chance] *die* Gelegenheit [gueléguen'haït] ❷ [bonne affaire] *das* Schnäppchen [chnèpshen']
– **occasion (d')** Gebraucht- [guebraorrt]

occupé ❶ [peu disponible] beschäftigt [bechèftikt'] ❷ [place, toilettes, téléphone] besetzt [bezètst']

occuper [pays, ville] besetzen [bezètsen']

octobre *der* Oktober [oktober']

œil *das* Auge [aogue]

œuf *das* Ei [aï]

office de tourisme *das* Fremdenverkehrsamt [frèm'den'fèrkérsam't]

offrir ❶ [en cadeau] schenken [chen'ken'] ❷ [mettre à disposition] anbieten [an'biten]

oiseau *der* Vogel [foguel]

ombre *der* Schatten [chaten']

omelette *das* Omelett [om'lèt']

on man [man']

oncle *der* Onkel [on'kel]

onde *die* Welle [vèle]

ongle [de main, de pied] *der* Nagel [naguel]

opéra *die* Oper [oper']

opérer operieren [operiren']

opinion *die* Meinung [maïnoun'g]

opticien *der* Optiker [optiker']

or ◆ *conj* aber [aber'] ◆ *nm das* Gold [golt]

orage *das* Gewitter [gueviter']

orange *die* Orange [oran'ge]

orchestre [musiciens] *das* Orchester [orkèster']

ordinateur *der* Computer [kom'piouter']

ordonnance [médicale] *das* Rezept [rétsèpt]

ordures *der* Müll [mul]

oreille *das* Ohr [or]

oreiller *das* **Kopfkissen** [kopfkissen']

organiser **organisieren** [organiziren']

origine ❶ *der* **Ursprung** [ourchproun'g] ❷ [cause] *die* **Ursache** [ourzarre] ❸ [d'une famille] *die* **Herkunft** [hèrkoun'ft]

orteil *der* **Zeh** [tsé]

os *der* **Knochen** [knorren']

otite *die* **Ohrenentzündung** [oren'èn'tsun'doun'g]

ou **oder** [oder']

où ❶ **wo** [vo] ❷ [endroit où l'on va] **wohin** [vohin']

oublier **vergessen** [fèrguéssen']

ouest **West-** [vèst-]

oui **ja** [ia]

ours *der* **Bär** [bèr]

– ours en peluche *der* **Teddybär** [tèdibèr]

oursin *der* **Seeigel** [zéiguel]

ouvert ❶ **offen** [ofen'] ❷ [magasin, restaurant] **geöffnet** [gueeufnet']

ouvre-boîtes *der* **Dosenöffner** [dozen'eufner']

ouvrir ❶ **öffnen** [eufnen'] ❷ [porte, fenêtre] **aufmachen** [aofmarren']

P

page *die* **Seite** [zaïte]

pain *das* **Brot** [brot']

paix *der* **Frieden** [friden']

palais ❶ [résidence] *der* **Palast** [palast'] ❷ ANAT *der* **Gaumen** [gaomen']

pamplemousse *die* **Grapefruit** [grépfrout']

panne *die* **Panne** [pane]

panneau ❶ [d'indication] *das* **Schild** [chilt] ❷ [de bois, de verre] *die* **Platte** [plate]

pansement *das* **Pflaster** [pflaster']

pantalon *die* **Hose** [hoze]

papeterie [magasin] *das* **Schreibwarengeschäft** [chraïpvaren'guechèft]

papier ❶ [matière] *das* **Papier** [papir] ❷ [feuille] *das* **Blatt Papier** [blat' papir]

papillon *der* **Schmetterling** [chmèterlin'g]

Pâques **Ostern** [ostern]

paquet ❶ *das* **Paket** [pakét'] ❷ [de cigarettes] *die* **Schachtel** [charrtel]

– paquet-cadeau *die* **Geschenkpackung** [guechen'kpakoun'g]

paraître ❶ [sembler] **scheinen** [chaïnen'] ❷ [apparaître, livre] **erscheinen** [èrchaïnen']

parapente [parachute] *der* **Gleitschirm** [glaïtchirm]

parapluie *der* **Regenschirm** [réguen'chirm]

parasol *der* **Sonnenschirm** [zonen'chirm]

parcours *die* **Strecke** [chtrèke]

pardon **Entschuldigung** [èn'tchouldigoun'g]

pardonner **verzeihen** [fèrtsaïhen']

pare-brise *die* **Windschutzscheibe** [vin'tchoutschaïbe]

pare-chocs *die* **Stoßstange** [chtoss'chtan'gue]

parfois **manchmal** [man'shmal]

parfum ❶ [odeur] *der* **Duft** [douft'] ❷ [de toilette] *das* **Parfüm** [parfum'] ❸ [goût] *der* **Geschmack** [guechmak]

parking *der* **Parkplatz** [parkplats']

parler sprechen [chprèshen']

part *das* Stück [chtuk]

partager aufteilen [aoftaïlen']

parti [politique] *die* Partei [partaï]

particulier ❶ [personnel] Privat- [privat-] ❷ [spécial] besondere [bezon'dere]

partie ❶ *der* Teil [taïl] ❷ [au jeu, en sport] *die* Partie [parti]

partir ❶ [à pied] weggehen [vèkguéen'] ❷ [en véhicule] wegfahren [vèkfaren'] ❸ [en train] abfahren [apfaren'] ❹ [en avion] abfliegen [apfliguen']

– à partir de ab [ap]

partout überall [uber'al]

pas[1] *adv* ❶ [avec « ne »] kein [kaïn] ; nicht [nisht'] ❷ [sans « ne »] nicht [nisht']

pas[2] *nm der* Schritt [chrit]

passage ❶ [de livre, de film] *die* Passage [passage] ❷ [chemin] *der* Durchgang [dourshgan'g] ❸ [d'un bus, d'un train] *das* Vorbeifahren [forbaïfaren']

passager ❶ [de bateau, d'avion] *der* Passagier [passagir'] ❷ [de voiture] *der* Insasse [in'zasse]

passeport *der* Reisepass [raizepass]

passer ◆ *vi* ❶ [en véhicule] vorbeifahren [forbaïfaren'] ❷ [à pied] vorbeigehen [forbaïgéen'] ❸ [temps] vergehen [fèrguéen'] ◆ *vt* ❶ [temps, vacances] verbringen [fèrbrin'guen'] ❷ [vidéo, CD] spielen [chpilen']

passe-temps *der* Zeitvertreib [tsaïtfèrtraïp]

passionner sehr interessieren [zér in'terèssiren']

pastèque *die* Wassermelone [vasser'mélone]

patiner ❶ [avec patins à glace] Schlittschuh laufen [chlitchou laofen'] ❷ [avec patins à roulettes] Rollschuh laufen [rolchou laofen']

patinoire *die* Eisbahn [aïssban']

paupière *das* Augenlid [aoguen'lit]

pause *die* Pause [paoze]

pauvre arm [arm]

payant kostenpflichtig [kosten'pflishtish]

payer zahlen [tsalen']

pays *das* Land [lan't]

paysage *die* Landschaft [lan'tchaft']

Pays-Bas die Niederlande [di nider'lan'de]

PCV *das* R-Gespräch [èr-guechprèsh]

péage *die* Maut [maot']

peau ❶ *die* Haut [haot] ❷ [d'animal] *das* Leder [léder'] ❸ [d'orange, de banane] *die* Schale [chale]

pêche ❶ [fruit] *der* Pfirsich [pfirzish] ❷ [activité] *die* Fischerei [ficheraï]

pêcher ❶ [en mer] fischen [fichen'] ❷ [à la ligne] angeln [an'gueln]

peigne *der* Kamm [kam']

peine ❶ [tristesse] *der* Kummer [koumer'] ❷ [effort] *die* Mühe [mue]

peintre *der* Maler [maler']

peinture ❶ [matière] *die* Farbe [farbe] ❷ [œuvre d'art] *das* Gemälde [guemèlde]

pelle *die* Schaufel [chaofel]

pellicule *der* Film [film]

pendant während [vèren't]

pénicilline *das* Penizillin [pénitsilin']

penser denken [dèn'ken']

pension ❶ [hôtel] *die* Pension [pen'zion'] ❷ [allocation] *die* Rente [rèn'te]

perdre verlieren [fèrliren']

père ❶ *der* Vater [fater'] ❷ [religieux] *der* Pater [pater']

– le père Noël der Weihnachtsmann [dèr' vaïnarrtsman']

périmé abgelaufen [apguelaofen']

permis *die* Genehmigung [guenémigoun'g]

persil *die* Petersilie [péterzilie]

personne *die* Person [pèrzon']

perte *der* Verlust [fèrloust']

petit klein [klaïn]

petit déjeuner *das* Frühstück [fruchtuk]

petite-fille *die* Enkelin [èn'kelin']

petit-fils *der* Enkel [èn'kel]

peu ❶ [en quantité] wenig [vénish] ❷ [en fréquence] selten [zèlten']

peur *die* Angst [an'gst']

peut-être vielleicht [filaïsht]

phare ❶ [de voiture] *der* Scheinwerfer [chaïnvèrfer'] ❷ [sur la côte] *der* Leuchtturm [loïsht'tourm]

pharmacie *die* Apotheke [apotéke]

photo *das* Foto [foto]

piano *das* Klavier [klafir]

pièce ❶ [salle] *das* Zimmer [tsimer'] ❷ [morceau] *das* Teil [taïl] ❸ [argent] *das* Geldstück [guèltchtuk]

pied *der* Fuß [fouss]

pierre *der* Stein [chtaïn]

pile ❶ [tas] *der* Stapel [chtapel] ❷ [électrique] *die* Batterie [bateri]

pilule *die* Pille [pile]

piment [épice] scharfe Würze [charfe vurtse]

pince [outil] *die* Zange [tsan'gue]

ping-pong *das* Tischtennis [tichtèniss]

pipe *die* Pfeife [pfaïfe]

pique-nique *das* Picknick [piknik]

piquer ❶ stechen [chtèshen'] ❷ [ortie, fumée, poivre] brennen [brènen']

piquet *der* Pflock [pflok]

piqûre ❶ [d'insecte] *der* Stich [chtish] ❷ MÉD *die* Spritze [chpritse]

piscine *das* Schwimmbad [chvim'bat']

pistache *die* Pistazie [pistatsie]

piste ❶ *der* Pfad [pfat'] ❷ [indice, trace] *die* Spur [chpour] ❸ [de ski] *die* Piste [piste] ❹ [d'athlétisme] *die* Bahn [ban']

place *der* Platz [plats']

plage *der* Strand [chtran't]

plainte *die* Klage [klague]

plaire gefallen [guefalen']

plaisanter Spaß machen [chpass marren']

plaisir *die* Freude [froïde]

plan *der* Plan [plan']

planche *das* Brett [brèt]

plante *die* Pflanze [pflan'tse]

– plante des pieds *die* Fußsohle [fouss'zole]

plaque ❶ [de verre, de métal] *die* Platte [plate] ❷ [de chocolat] *die* Tafel [tafel]

plastique *der* Kunststoff [koun'stchtof]

plat ◆ *adj* ❶ flach [flarr] ❷ [eau] still [chtil] ◆ *nm* [de menu] *das* Gericht [guerisht']

plein ◆ *adj* voll [fol] ◆ *nm* *die* Tankfüllung [tan'kfuloun'g]

pleurer weinen [vaïnen']

pleuvoir regnen [régnen']

plomb *das* **Blei** [blaï]
plombage *die* **Zahnfüllung** [tsan'fuloun'g]
plombier *der* **Klempner** [klèm'pner']
plongée *das* **Tauchen** [taorren']
plongeoir *das* **Sprungbrett** [chproun'gbrèt]
plonger **tauchen** [taorren']
plume *die* **Feder** [féder']
plus **mehr** [mér']
plusieurs **mehrere** [mérere]
plutôt ❶ [de préférence] **lieber** [liber'] ❷ [assez] **ziemlich** [tsimlish]
pneu *der* **Reifen** [raïfen']
poêle[1] *nf die* **Pfanne** [pfane]
poêle[2] *nm der* **Ofen** [ofen']
poignée ❶ [de porte] *die* **Klinke** [klin'ke] ❷ [de valise] *der* **Griff** [grif]
poignet *das* **Handgelenk** [han'tguelèn'k]
point ❶ *der* **Punkt** [poun'kt] ❷ [de couture] *der* **Stich** [chtish]
pointure *die* **Schuh größe** [chougreusse]
poire *die* **Birne** [birne]
poireau *der* **Porree** [poré]
pois [rond] *der* **Punkt** [poun'kt]
– petit pois **Erbse** [èrpse]
poisson *der* **Fisch** [fich]
poissonnerie *das* **Fischgeschäft** [fichguechèft]
poitrine *die* **Brust** [broust']
poivre *der* **Pfeffer** [pfèfer']
poivron *der* **Paprika** [paprika]
police *die* **Polizei** [politsaï]
pollution *die* **Verschmutzung** [fèrchmoutsoun'g]
pommade *die* **Salbe** [zalbe]
pomme ❶ *der* **Apfel** [apfel'] ❷ [de douche] *der* **Brausekopf** [braozekopf]
pompe *die* **Pumpe** [poum'pe]
pompier *der* **Feuerwehrmann** [foïer'vér'man']
pont *die* **Brücke** [bruke]
porc ❶ *das* **Schwein** [chvaïn'] ❷ CULIN *das* **Schweinefleisch** [chvaïneflaïch]
port *der* **Hafen** [hafen']
portable ◆ *adj* **tragbar** [trakbar] ◆ *nm* ❶ [téléphone] *das* **Handy** [hèn'di] ❷ [ordinateur] *der* **Laptop** [lèptop]
porte ❶ *die* **Tür** [tur] ❷ [d'une ville] *das* **Tor** [tor]
porte-bagages *der* **Gepäckträger** [guepèktrèguer']
portefeuille *die* **Brieftasche** [briftache]
porte-monnaie *der* **Geldbeutel** [guèltboïtel]
porter **tragen** [traguen']
portion ❶ [partie] *der* **Anteil** [an'taïl] ❷ [de nourriture] *die* **Portion** [portsion']
poser ❶ [à la verticale, question] **stellen** [chtèlen'] ❷ [à l'horizontale] **legen** [léguen']
possible **möglich** [meuklish]
poste[1] *nm* ❶ [emploi] *der* **Posten** [posten'] ❷ [de ligne téléphonique] *der* **Apparat** [aparat']
poste[2] *nf die* **Post** [post']
pot [récipient] *der* **Topf** [topf]
potiron *der* **Kürbis** [kurbiss]
poubelle *der* **Mülleimer** [mulaïmer']
poudre ❶ *das* **Pulver** [poulfer'] ❷ [maquillage] *das* **Puder** [pouder']
poule *das* **Huhn** [houn]
poulet *das* **Hähnchen** [hèn'shen']
poumon *die* **Lunge** [loun'gue]

pour ❶ für [fur'] ❷ [à destination de] nach [narr]
pourboire *das* Trinkgeld [trin'kguèlt']
pourquoi warum [varoum']
pousser ❶ [appuyer] drücken [druken'] ❷ [plante] wachsen [vaksen']
poussette *der* Sportwagen [chportvaguen']
pouvoir ◆ *n die* Macht [marrt'] ◆ *vt* ❶ [possibilité] können [keunen'] ❷ [autorisation] dürfen [durfen']
précis genau [guénao]
préféré ◆ *adj* Lieblings- [liplin'gs'-] ◆ *nm der* Liebling [liplin'g]
préférence *der* Vorzug [fortsouk]
préférer vorziehen [fortsihen']
premier erste [érste]
prendre ❶ nehmen [némen'] ❷ [emmener] mitnehmen [mit'némen'] ❸ [attraper] fangen [fan'gen']
prénom *der* Vorname [forname]
préparer ❶ [départ] vorbereiten [forberaïten'] ❷ [repas] zubereiten [tsouberaïten']
près in der Nähe [in' dèr' nèe]
présenter ❶ [produit, film] vorführen [forfuren'] ❷ [émission] moderieren [modériren']
préservatif *das* Kondom [kon'dom']
presque fast [fast']
pressé ❶ [urgent] eilig [aïlish] ❷ [citron, orange] frisch gepresst [frich gueprèsst]
pressing *die* Reinigung [raïnigoun'g]
pression *der* Druck [drouk]
prêt fertig [fèrtish]
prêter leihen [laïen']
prévenir Bescheid sagen [bechaït' zaguen']
prévoir vorsehen [forzéen']
prier beten [béten']
prière *das* Gebet [guebét]
– prière de… bitte… [bite…]
primeurs ❶ [légumes] *das* Frühgemüse [fruguemuze] ❷ [fruits] *das* Frühobst [fruopst]
printemps *der* Frühling [frulin'g]
priorité ❶ [en importance, en urgence] *der* Vorrang [for'ran'g] ❷ [sur la route] *die* Vorfahrt [forfart']
prise *die* Steckdose [chtèkdoze]
privé Privat- [privat'-]
prix *der* Preis [praïss]
problème *das* Problem [problém']
prochain nächste [nèkste]
proche nahe [nae]
produit *das* Produkt [prodoukt]
profession *der* Beruf [berouf]
profiter de es genießen [èss guenissen']
profond tief [tif]
programme *das* Programm [program']
promenade ❶ [à pied] *der* Spaziergang [chpatsirgan'g] ❷ [en vélo, en voiture] *die* Spazierfahrt [chpatsirfart']
prononcer aussprechen [aos'chprèshen']
proposer ❶ [offrir] anbieten [an'biten'] ❷ [suggérer] vorschlagen [forchlaguen']
propre sauber [zaober']
propriétaire ❶ *der* Besitzer [bezitser'] ❷ [d'une maison] *der* Eigentümer [aïguen'tumer']
prospectus *der* Prospekt [prospèkt]
protection *der* Schutz [chouts']

protéger ❶ [défendre] beschützen [bechutsen'] ❷ [mettre à l'abri] schützen [chutsen']

protestant *der* Protestant [protèstan't]

prune *die* Pflaume [pflaome]

public ◆ *adj* öffentlich [eufen'tlish] ◆ *nm das* Publikum [poublikoum']

publicité *die* Werbung [vèrboun'g]

pull *der* Pulli [pouli]

pyjama *der* Schlafanzug [chlafan'tsouk]

Q

quai ❶ [de port] *der* Kai [kaï] ❷ [de gare] *das* Gleis [glaïss]

qualité [d'un produit] *die* Qualität [kvalitèt]

quand ◆ *conj* ❶ [dans un passé défini] als [als] ❷ [dans le futur, toutes les fois que] wenn [ven'] ◆ *adv* wann [van']

quart *das* Viertel [firtel]

quartier *das* Viertel [firtel]

quatre vier [fir]

quatrième ◆ *adj* vierte [firte] ◆ *nf* SCOL achte Klasse [arrte klasse]

quel [interrogatif] welche [vèlshe]

quelques ❶ einige [aïnigue] ❷ ein paar [aïn par]

quelque chose etwas [ètvass]

quelqu'un jemand [iéman't]

question *die* Frage [frague]

queue ❶ [d'un animal] *der* Schwanz [chvan'ts] ❷ [d'un avion] *das* Heck [hèk] ❸ [d'un train] *das* Ende [èn'de] ❹ [file d'attente] *die* Schlange [chlan'gue]

qui ◆ *pron rel* [sujet] der|die|das [dèr'|di|dass] ◆ *pron interr* ❶ [sujet] wer [vér'] ❷ [complément d'objet] wen [vén] ; wem [vém]

quitter verlassen [fèrlassen']

quoi was [vass]

quotidien ◆ *adj* täglich [tèklish] ◆ [journal] *die* Tageszeitung [taguestsaïtoun'g]

R

rabais *der* Rabatt [rabat']

raccommoder flicken [fliken']

raccompagner zurückbringen [tsourukbrin'guen']

raccourci *die* Abkürzung [apkurtsoun'g]

raconter erzählen [èrtsèlen']

radar *der* Radar [radar]

radiateur ❶ [de chauffage] *der* Heizkörper [haïtskeurper'] ❷ [d'automobile] *der* Kühler [kuler']

radio ❶ [appareil] *das* Radio [radio] ❷ [station] *der* Sender [zèn'der'] ❸ MÉD *das* Röntgenbild [reun'tguen'bilt]

radis *das* Radieschen [radis'shen']

raisin *die* Weintraube [vaïn'traobe] **– raisins secs** Rosinen [rozinen']

raison ❶ [intelligence] *der* Verstand [fèrchtan't] ❷ [motif] *der* Grund [groun't']

rallonge [électrique] *die* Verlängerungsschnur [fèrlèn'gueroun'gs'chnour]

rame ❶ [aviron] *das* Ruder [rouder'] ❷ [de métro] *der* Zug [tsouk]

randonnée *die* Wanderung [van'deroun'g]

rappeler zurückrufen [tsourukroufen'] **– se rappeler de** sich erinnern an [zish èrinern' an']

raquette ❶ *der* **Schläger** [chlèguer'] ❷ [pour la neige] *der* **Schneeschuh** [chnéchou]

rarement selten [zèlten']

rasoir *der* **Rasierapparat** [raziraparat']

rater ❶ [cible] **verfehlen** [fèrfélen'] ❷ [train] **verpassen** [fèrpassen'] ❸ [échouer] **scheitern** [chaïtern]

ravi sehr erfreut [zér èrfroït]

rayon [de soleil, de lumière] *der* **Strahl** [chtral]

réception ❶ [d'un hôtel] *die* **Rezeption** [rétsèptsion'] ❷ [fête] *der* **Empfang** [èm'pfan'g]

recette ❶ [de cuisine] *das* **Rezept** [rétsèpt] ❷ [argent gagné] *die* **Einnahme** [aïn'name]

recevoir ❶ [colis, lettre] **erhalten** [èrhalten'] ❷ [balle, coup] **abbekommen** [apbekomen'] ❸ [accueillir] **empfangen** [èmpfan'guen']

rechange (de) Ersatz- [èrzats-]

réchaud *der* **Kocher** [korrer']

réclamation *die* **Reklamation** [réklamatsion']

recommandé *das* **Einschreiben** [aïnchraïben']

recommander empfehlen [èm'pfélen']

reconnaissant dankbar [dan'kbar']

reconnaître ❶ [se rappeler] **wieder erkennen** [vider' èrkènen'] ❷ [admettre] **einsehen** [aïnzéen']

reçu *die* **Quittung** [kvitoun'g]

reculer ❶ **zurückgehen** [tsourukguéen'] ; **zurückfahren** [tsourukfaren'] ❷ [dans l'espace] **zurückschieben** [tsourukchiben'] ❸ [date] **verschieben** [fèrchiben']

récupérer ❶ [reprendre] **zurückbekommen** [tsourukbekomen'] ❷ [pour réutiliser] **sammeln** [zameln] ❸ [se reposer] **sich erholen** [zish èrholen']

réduction [sur un prix] *die* **Ermäßigung** [èrmèssigoun'g]

réduit [tarif] **ermäßigt** [èrmèssikt']

réfléchir nachdenken [narrdèn'ken']

refuge ❶ [en montagne] *die* **Hütte** [hute] ❷ [pour sans-abri] *die* **Zuflucht** [tsouflourrt]

regarder ❶ [observer] **ansehen** [an'zéen'] ❷ [concerner] **angehen** [an'guéen']

régime [alimentaire] *die* **Diät** [dièt]

région *die* **Gegend** [guéguen't]

règle ❶ [instrument] *das* **Lineal** [linéal] ❷ [loi, jeu] *die* **Regel** [réguel]
– règles [menstruation] *die* **Tage** [tague]

régler ❶ [payer] **bezahlen** [betsalen'] ❷ [problème] **regeln** [régeln] ❸ [appareil, moteur] **einstellen** [aïnchtèlen']

regretter ❶ [erreur, décision] **bedauern** [bedaoern] ❷ [personne] **vermissen** [fèrmissen']

rein *die* **Niere** [nire]

reine ❶ [d'un royaume] *die* **Königin** [keuniguin'] ❷ [aux échecs, aux cartes] *die* **Dame** [dame]

rejoindre ❶ [personne] **treffen** [trèfen'] ❷ [arriver à] **erreichen** [èr'raïshen']

rembourser zurückzahlen [tsouruktsalen']

remercier danken [dan'ken']

remorquer abschleppen [apchlèpen']

remplir ❶ [verre, salle] **füllen** [fulen'] ❷ [questionnaire] **ausfüllen** [aosfulen']

français-allemand

rencontrer ❶ [par hasard] **begegnen** [beguégu'nen'] ❷ [faire la connaissance de] **kennen lernen** [kènen' lèrnen']

rendez-vous ❶ [d'affaires] *die* **Verabredung** [fèraprédoun'g] ❷ [lieu] *der* **Treffpunkt** [trèfpoun'kt]

rendre ◆ *vt* **zurückgeben** [tsourukgében'] ◆ *vi* [vomir] **sich übergeben** [zish uberguében']

renseignement *die* **Auskunft** [aoss'koun'ft']

rentrer [chez soi] **zurückkommen** [tsouruk'komen']

renverser ❶ [liquide] **verschütten** [fèrchuten'] ❷ [piéton] **anfahren** [an'faren']

réparation *die* **Reparatur** [réparatour]

réparer **reparieren** [répariren']

repas *das* **Essen** [èssen']

repasser ❶ **wieder vorbeikommen** [vider' forbaïkomen'] ❷ [linge] **bügeln** [bugueln]

répéter **wiederholen** [viderholen']

répondeur *der* **Anrufbeantworter** [an'roufbean'tvorter']

répondre **antworten** [an'tvorten']

réponse *die* **Antwort** [an'tvort']

reposer ❶ [à plat] **zurücklegen** [tsourukléguen'] ❷ [verticalement] **zurückstellen** [tsourukchtèlen']
– reposer (se) **sich erholen** [zish èrholen']

reprendre ❶ [objet] **wieder abholen** [vider' apholen'] ❷ [activité] **wieder aufnehmen** [vider' aofnémen'] ❸ [se resservir] **nachnehmen** [narrnémen']

réseau *das* **Netz** [nèts]

réservation ❶ [location] *die* **Buchung** [bourroun'g] ❷ [d'un billet] *die* **Reservierung** [rézèrviroun'g]

réserver ❶ [chambre] **reservieren** [rézèrviren'] ❷ [billet] **vorbestellen** [forbechtèlen']

réservoir [à essence] *der* **Tank** [tan'k]

résoudre **lösen** [leuzen']

respirer **atmen** [atmen']

responsable ❶ [coupable] *der* **Verantwortliche** [fèran'tvortlishe] ❷ [d'une administration, d'un magasin] *der* **Leiter** [laïter']

ressembler – ressembler à ❶ [en apparence] **ähneln** [èneln] ❷ [par le caractère] **ähnlich sein** [ènlish zaïn]

restaurant *das* **Restaurant** [rèstoran]

rester ❶ **bleiben** [blaïben'] ❷ [subsister] **übrig bleiben** [ubrish blaïben']

retard [d'un train, d'une personne] *die* **Verspätung** [fèrchpètoun'g]

retirer ❶ [argent] **abheben** [ap'hében'] ❷ [vêtement] **ausziehen** [aostsihen'] ❸ [billet, colis, bagages, argent] **abholen** [ap'holen']

retour ❶ [d'une personne, d'un événement] *die* **Rückkehr** [ruk'kér] ❷ [trajet] *die* **Rückfahrt** [rukfart]

retraite *der* **Ruhestand** [rouechtan't]

retrouver ❶ [objet perdu] **wieder finden** [vider' fin'den'] ❷ [personne] **treffen** [trèfen']

réussir ❶ **es schaffen** [èss chafen'] ❷ [tentative] **gelingen** [guelin'guen']

rêve *der* **Traum** [traom]

réveil [pendule] *der* **Wecker** [vèker']

réveiller **wecken** [vèken']

revenir ❶ [venir à nouveau] **wiederkommen** [vider'komen'] ❷ [d'où l'on arrive] **zurückkommen** [tsouruk'komen']

rêver **träumen** [troïmen']

revoir (se) sich wieder sehen [zish vider'zéen']
rez-de-chaussée *das* Erdgeschoss [èrtguechoss]
rhumatismes *das* Rheuma [roïma]
rhume *der* Schnupfen [chnoupfen']
riche ❶ [personne, pays] reich [raïsh] ❷ [nourriture, aliment] nahrhaft [narhaft]
rien nichts [nishts]
rire lachen [larren']
risque *das* Risiko [riziko]
rive *das* Ufer [oufer']
rivière *der* Fluss [flouss]
riz *der* Reis [raïs]
robe ❶ [vêtement de femme] *das* Kleid [klaït'] ❷ [d'un cheval] *das* Fell [fèl]
robinet *der* Wasserhahn [vasser'han]
– robinet d'arrêt *der* Absperrhahn [apchpèr'han]
rocher *nm* ❶ [bloc] *der* Felsen [fèlzen'] ❷ [matière] *der* Fels [fèlss]
roi *der* König [keunish]
roman ◆ *adj* romanisch [romanich] ◆ *nm* [récit] *der* Roman [roman']
romantique romantisch [roman'tish]
rond-point *der* Kreisverkehr [kraïsfèrkér']
rose ◆ *nm* *das* Rosa [roza] ◆ *nf* *die* Rose [roze]
roue *das* Rad [rat']
rouge ◆ *adj* rot [rot'] ◆ *nm* [vin] *der* Rotwein [rot'vaïn]
rouler [véhicule] fahren [faren']
route ❶ [voie] *die* Straße [chtrasse] ❷ [itinéraire] *der* Weg [vék]
roux ❶ [cheveux] rot [rot'] ❷ [personne] rothaarig [rot'harish]
rue *die* Straße [chtrasse]
ruines [vestiges] *die* Ruinen [rouine]
Russe Russie [rousse]

S

sable *der* Sand [zan't]
sac ❶ *die* Tasche [tache] ❷ *die* Tüte [tute]
sac en plastique *die* Plastiktüte [plastiktute]
sachet *die* Tüte [tute]
– sachet de thé *der* Teebeutel [téboïtel]
saignant [viande] englisch [èn'glich]
saigner bluten [blouten']
saison *die* Jahreszeit [iarestsaït']
salade *der* Salat [zalat']
sale schmutzig [chmoutsish]
salé ❶ [eau] Salz- [zalts-] ❷ [plat] gesalzen [guezaltsen']
saler [plat] salzen [zaltsen']
salle *der* Raum [raom']
salon ❶ [séjour] *das* Wohnzimmer [vontsimer'] ❷ [exposition] *die* Messe [mèsse]
salut ❶ [bonjour] hallo [halo] ❷ [au revoir] tschüs [tchuss]
samedi *der* Samstag [zam'stak]
SAMU *der* Rettungsdienst [rètoun'gsdin'st]
sandwich *das* Sandwich [zèn'tvitch]
sang *das* Blut [blout]
sans ohne [one]
santé *die* Gesundheit [guezoun'thaït']
sardine *die* Sardine [zardine]
sauce *die* Soße [zosse]
saucisse *das* Würstchen [vurstshen']
sauf außer [aosser']

saumon *der* Lachs [laks]
sauna *die* Sauna [zaona]
sauvage wild [vilt']
savoir ❶ [nouvelle, fait] wissen [vissen'] ❷ [langue, leçon] können [keunen']
savon *die* Seife [zaïfe]
sciatique *der* Ischias [ichiass]
scooter *der* Motorroller [motor'roler']
score *das* Ergebnis [èrguépniss]
Scotch® *der* Tesafilm® [tézafilm']
séance ❶ [réunion] *die* Sitzung [zitsoun'g] ❷ [de cinéma] *die* Vorstellung [forchtèloun'g]
seau *der* Eimer [aïmer']
sec trocken [troken']
sèche-cheveux *der* Föhn [feun']
sèche-linge *der* Wäschetrockner [vèchetrokner']
sécher trocknen [troknen']
séchoir *der* Trockner [trockner]
seconde ❶ *die* Sekunde [zékoun'de] ❷ SCOL zehnte Klasse [tsén'te klasse]
secours *die* Hilfe [hilfe]
secteur *der* Sektor [zèktor]
sécurité *die* Sicherheit [zisher'haït]
sein *die* Brust [broust']
séjour *der* Aufenthalt [aofen'thalt']
sel *das* Salz [zalts]
selle *der* Sattel [zatel]
selon ❶ [en accord avec] gemäß [guemèss] ❷ [en fonction de] je nach [ié narr]
semaine *die* Woche [vorre]
sentier *der* Pfad [pfat']
sentir ❶ [odeur] riechen [rishen'] ❷ [goût] schmecken [chmèken'] ❸ [au toucher] fühlen [fulen']
– se sentir bien sich gut fühlen [zish gout fulen']
septembre *der* September [zèptèm'ber']
séropositif HIV-positiv [ha'i'fao-pozitif]
serpent *die* Schlange [chlan'gue]
serré [vêtement] eng [èn'g]
serrure *das* Schloss [chloss]
serveur *der* Kellner [kèlner']
service ❶ [au restaurant] *die* Bedienung [bedinoun'g] ❷ [faveur] *der* Gefallen [guefalen'] ❸ [département] *die* Abteilung [aptaïloun'g]
serviette [cartable] *die* Aktentasche [akten'tache]
servir ◆ *vt* [client] bedienen [bedinen'] ◆ *vi* ❶ [être utile] dienen [dinen'] ❷ [au tennis] aufschlagen [aofchlaguen'] ❸ [aux cartes] geben [guében']
set SPORT *der* Satz [zats']
seul allein [alaïn']
– le seul, la seule *der|die|das* Einzige [aïn'tsigue]
seulement nur [nour]
shampo(o)ing *das* Shampoo [cham'pou]
si ◆ *conj* ❶ [au cas où] wenn [ven'] ❷ [hypothèse improbable] falls [falss] ❸ [dans une question indirecte] ob [op] ◆ *adv* ❶ [tellement] so [zo] ❷ [oui] doch [dorr]
siècle *das* Jahrhundert [iarhoun'dert']
siège *der* Sitz [zits]
sieste *der* Mittagsschlaf [mitakschlaf]
signaler ❶ [par un geste, une pancarte] anzeigen [an'tsaïguen'] ❷ [faire remarquer] aufmerksam machen [aofmèrkzam' marren']

signer unterschreiben [oun'ter'chraïben']

signifier bedeuten [bedoïten']

silence ❶ [absence de bruit] *die* Stille [chtile] ❷ [fait de ne pas parler] *das* Schweigen [chvaïguen']

simple ❶ einfach [aïnfarr] ❷ [chambre] Einzel- [aïntsel-]

sinon sonst [zon'st]

sinusite *die* Nebenhöhlenentzündung [nében'heulen'èn'tsun'doun'g]

sirop *der* Sirup [ziroup]

site [paysage] *die* Landschaft [lan'tchaft']

– site touristique *die* Sehenswürdigkeit [zéhen'svurdishkaït]

sixième ◆ *adj* sechste [zèkste] ◆ *nf* SCOL sechste Klasse [zèkste klasse]

ski ❶ [planche] *der* Ski [chi] ❷ [sport] *das* Skilaufen [chilaofen']

sœur *die* Schwester [chvèster]

soie *die* Seide [zaïde]

soif *der* Durst [dourst']

soir *der* Abend [aben't]

soirée ❶ [soir] *der* Abend [aben't] ❷ [réception] *die* Party [parti]

soldes ❶ [vente] *der* Schlussverkauf [chloussfèrkaof] ❷ [articles] *die* Schlussverkaufswaren [chloussfèrkaofsvaren']

soleil ❶ *die* Sonne [zone] ❷ [chaleur] *die* Hitze [hitse]

solution *die* Lösung [leuzoun'g]

sommeil *der* Schlaf [chlaf]

– avoir sommeil müde sein [mude zaïn]

sommet ❶ *die* Spitze [chpitse] ❷ [d'une montagne] *der* Gipfel [guipfel]

somnifère *das* Schlafmittel [chlafmitel]

sonner ❶ läuten [loïten'] ❷ [horloge] schlagen [chlaguen']

sonnette *die* Klingel [klin'guel]

sortie ❶ *der* Ausgang [aos'gan'g] ❷ [d'autoroute] *die* Ausfahrt [di' aos'fart]

sortir ausgehen [aosguéen']

souhaiter wünschen [vun'chen']

soûl betrunken [betroun'ken']

soupe *die* Suppe [zoupe]

source *die* Quelle [kvèle]

sourcil *die* Augenbraue [aogen'braoe]

sourire *das* Lächeln [lèsheln]

souris *die* Maus [maoss]

sous unter [oun'ter']

sous-vêtements *die* Unterwäsche [oun'ter'vèche]

soutien-gorge *der* BH [béha]

souvenir ❶ [dans la mémoire] *die* Erinnerung [èrineroun'g] ❷ [objet touristique] *das* Andenken [an'dén'ken']

souvent oft [oft]

sparadrap *das* Heftpflaster [hèftpflaster']

spécialiste *der* Facharzt [farrartst']

spécialité ❶ [domaine] *das* Fachgebiet [farrguebit'] ❷ [culinaire] *die* Spezialität [chpétsialitèt']

spectacle [au théâtre, au cinéma] *die* Vorstellung [forchtèloun'g]

sport *der* Sport [chport']

sportif [athlétique] sportlich [chportlish]

stade [de sport] *das* Stadion [chtadion']

stage *das* Praktikum [praktikoum']

stand *der* Stand [chtan't]

station ❶ [de métro, de bus] *die* Haltestelle [haltechtèle] ❷ [de radio] *der* Sender [zèn'der'] ❸ [de ski] *das* Skigebiet [chiguebit']

station-service *die* Tankstelle [tan'kchtèle]

statue *die* Statue [chtatoue]

store *das* Rollo [rolo]

studio ❶ [logement] *die* Einzimmerwohnung [aïn'tsimer'vonoun'g] ❷ [de cinéma, de photo] *das* Studio [chtoudio]

style *der* Stil [chtil]

stylo *der* Stift [chtift]

sucre ❶ [produit] *der* Zucker [tsouker'] ❷ [morceau] *das* Stück Zucker [chtuk tsouker']

sud Süd- [zut-]

Suède Schweden [chvéden']

suffire reichen [raïshen']

suisse schweizerisch [chvaïtserich]

Suisse ◆ *nf* Schweiz [chvaïts] ◆ *nm der* Schweizer [chvaïsher']

suite [série, succession] *die* Reihe [raïe]

suivre ❶ folgen [folguen'] ❷ [cours] besuchen [bezourren']

super ◆ *adj* spitze [chpitse] ◆ *nm* [carburant] *das* Super [zouper']

supermarché *der* Supermarkt [zouper'markt']

supplément *der* Zuschlag [tsouchlak]

supplémentaire zusätzlich [tsouzètslish]

supporter ❶ [endurer, tolérer] ertragen [èrtraguen'] ❷ [soutenir] unterstützen [oun'terchtutsen']

suppositoire *das* Zäpfchen [tsèpfshen']

sur ❶ [dessus, indique la distance] auf [aof] ❷ [au-dessus, au sujet de] über [uber']

sûr sicher [zisher']

surgelé ◆ *adj* tiefgefroren [tifguefroren'] ◆ *nm* [produit] *das* Tiefkühlprodukt [tifkulprodoukt]

surprise *die* Überraschung [uberachoun'g]

surveiller ❶ [observer] überwachen [uber'varren'] ❷ [prendre soin de] achten auf [arrten' aof]

survêtement *der* Trainingsanzug [trènin'g'an'tsouk]

sympa nett [nèt']

synagogue *die* Synagoge [zunagogue]

T

tabac ❶ [plante, produit] *der* Tabak [tabak] ❷ [magasin] *das* Tabakwarengeschäft [tabakvaren'guechèft]

table *der* Tisch [tich]

tache *der* Fleck [flèk]

taie d'oreiller *der* Kopfkissenbezug [kopfkissen'betsoug]

taille ❶ *die* Größe [greusse] ❷ [partie du corps] *die* Taille [talie]

talon ❶ [du pied, d'une chausette] *die* Ferse [fèrze] ❷ [d'une chaussure] *der* Absatz [apzatss]

tampon (hygiénique) *der* Tampon [tam'pon']

tante *die* Tante [tan'te]

taper ❶ [frapper] schlagen [chlaguen'] ❷ [code] eingeben [aïn'guében']

tapis *der* Teppich [tèpish]

tard spät [chpèt']
tarif *der* Preis [praïss]
tarte *der* Kuchen [kourren']
tasse *die* Tasse [tasse]
taureau *der* Stier [chtir]
taux de change *der* Wechselkurs [vèkselkourss]
taxe *die* Steuer [chtoïer']
taxi *das* Taxi [taksi]
télécharger herunterladen [héroun'ter'laden']
télécommande *die* Fernbedienung [fèrnbedinoun'g]
télégramme *das* Telegramm [télegram']
téléphérique *die* Seilbahn [zaïlban]
téléphone *das* Telefon [téléfon']
téléphoner telefonieren [téléfoniren']
télésiège *der* Sessellift [zèsselift]
télévision *das* Fernsehen [fèrnzéen']
tellement ❶ [tant] so viel [zo fil] ❷ [si] so [zo]
température *die* Temperatur [tèmperatour]
tempête *der* Sturm [chtourm]
temple ❶ [grec, égyptien, etc] *der* Tempel [tèmpel] ❷ [protestant] *die* evangelische Kirche [évan'guéliche kirshe]
temps ❶ [durée] *die* Zeit [tsaït'] ❷ [météo] *das* Wetter [vèter']
tendance [de la mode] *der* Trend [trèn't]
tenir halten [halten']
tennis [sport] *das* Tennis [tèniss]
tension ❶ *die* Spannung [chpanoun'g] ❷ MÉD *der* Blutdruck [bloutdrouk]
tente *das* Zelt [tsèlt]
tenter ❶ [essayer] versuchen [fèrsourren'] ❷ [attirer] reizen [raïtsen']
terminal *das* Terminal [teurminel]
terminale SCOL *die* dreizehnte klasse
terminus *die* Endstation [èn'tchtatsion']
terrain ❶ [emplacement] *das* Gelände [guelèn'de] ❷ [sol] *der* Boden [boden']
terrible schrecklich [chrèklish]
tétanos *der* Tetanus [tètanouss]
tête ❶ ANAT *der* Kopf [kopf] ❷ [visage] *das* Gesicht [guezisht']
tétine ❶ [de biberon] *der* Sauger [zaoguer'] ❷ [sucette] *der* Schnuller [chnouler']
thalassothérapie *die* Thalassotherapie [talassotérapi]
thé *der* Tee [té]
théâtre *das* Theater [téater']
théière *die* Teekanne [tékane]
thermomètre *das* Thermometer [tèrmométer']
thon *der* Thunfisch [toun'fich]
thym *der* Thymian [tumian']
ticket ❶ [de transport] *der* Fahrschein [farchaïn'] ❷ [d'entrée] *die* Eintrittskarte [aïntritskarte]
tiède lauwarm [laovarm]
tiers *das* Drittel [dritel]
timbre *die* Briefmarke [brifmarke]
timide schüchtern [chushtern]
tire-bouchon *der* Korkenzieher [korken'tsier']
tisane *der* Kräutertee [kroïterté]
tissu *der* Stoff [chtof]
toi ❶ [objet direct] dich [dish] ❷ [après prép +D] dir [dir] ❸ [après prép +A] dich [dish] ❹ [pour insister] du [dou]
toilettes *die* Toilette [toilète]

tomber fallen [falen']

torchon *das* Geschirrtuch [guechirtourr]

tordre (se) sich verstauchen [zish fèrchtaorren']

tort (avoir) unrecht haben [ounrèsht haben']

tortue *die* Schildkröte [chiltkreute]

tôt früh [fru]

toucher ❶ berühren [beruren'] ❷ [argent] erhalten [èrhalten'] ❸ [chèque] einlösen [aïnleuzen'] ❹ [cible] treffen [trèfen']

toujours ❶ [tout le temps] immer [imer'] ❷ [encore] immer noch [imer' norr]

tour ❶ [d'un château] *der* Turm [tourm] ❷ [immeuble] *das* Hochhaus [horrhaoss]

tourisme *der* Tourismus [tourismouss]

touriste *der* Tourist [tourist]

touristique ❶ [dépliant, activité] Touristen- [touristen'-] ❷ [ville, région] touristisch [touristich]

tourner ❶ abbiegen [apbiguen'] ❷ [bouton] drehen [dréen']

tournesol *die* Sonnenblume [zonen'bloume]

tous ❶ alle [ale] ❷ [répétition] jede [iéde]

tousser husten [housten']

tout ❶ ganze [gan'tse] ❷ [n'importe quel] jede [iéde] ❸ [la totalité] alles [aless]

– tout à fait [exactement] ganz genau [gan'ts guénao]

– tout de suite sofort [zofort']

toux *der* Husten [housten']

traditionnel [méthode, costume] traditionell [traditsionel]

traduire übersetzen [uberzètsen']

train *der* Zug [tsouk]

traiter behandeln [behan'deln]

traiteur *der* Feinkosthändler [faïnkost'hèn'tler']

trajet *die* Strecke [chtrèke]

tramway *die* Straßenbahn [chtrassen'ban']

tranche [morceau] *die* Scheibe [chaïbe]

tranquille ruhig [rouish]

transférer [argent] überweisen [uber'vaïzen']

transporter transportieren [tran'sportiren']

travail *die* Arbeit [arbaït']

travailler arbeiten [arbaïten']

traverser ❶ [rue, rivière] überqueren [uber'kvéren'] ❷ [piéton] über die Straße gehen [uber' di chtrasse guéen']

tremblement de terre *das* Erdbeben [értbében']

très sehr [zér]

tri *die* Auswahl [aoss'val]

triste [personne, sourire, histoire] traurig [traorish]

troisième ◆ *adj* dritte [drite] ◆ *nf* SCOL neunte Klasse [noïnte klasse]

tromper (se) sich irren [zish iren']

trop zu [tsou]

trottoir *der* Bürgersteig [burguerchtaïk]

trou *das* Loch [lorr]

trousse *das* Federmäppchen [féder'mèpshen']

trouver finden [fin'den']

truc ❶ [objet] *das* Ding [din'g] ❷ [astuce] *der* Trick [trik]

truite *die* Forelle [forèle]
tu du [dou]
tuba *der* Schnorchel [chnorshel]
tulipe *die* Tulpe [toulpe]
tunnel *der* Tunnel [tounel]
turc ◆ *adj* türkisch [turkich] ◆ *nm das* Türkisch(e) [turkich(e)]
Turc *nm der* Türke [turke]
Turquie *nf* Türkei [turkaï]
TVA MwSt [mérvértchtoïer']
type ❶ [sorte] *der* Typ [tup] ❷ [individu] *der* Kerl [kèrl]
typique typisch [tupich]

U

unité *die* Einheit [aïn'haït']
université *die* Universität [ounivèrzitèt']
urgence ❶ [d'une action] *die* Dringlichkeit [drin'glishkaït'] ❷ MÉD *der* Notfall [notfal]
urgent dringend [drin'guen't]
usine *die* Fabrik [fabrik]
utile nützlich [nutslish]
utiliser benutzen [benoutsen']
UV *die* UV-Strahlen [oufaochtralen']

V

vacances ❶ *der* Urlaub [ourlaop] ❷ *die* Ferien [férien']
vaccin *die* Impfung [im'pfoun'g]
vacciner impfen [im'pfen']
vache *die* Kuh [kouh]
vague *die* Welle [vèle]
vaisselle *das* Geschirr [guechir]
valable gültig [gultish]
valise *der* Koffer [kofer']
vallée *das* Tal [tal]
valoir ❶ [coûter] kosten [kosten'] ❷ [avoir comme qualité] taugen [taoguen']
varappe *das* Klettern [klètern]
varicelle *die* Windpocken [vin'tpoken']
veau ❶ *das* Kalb [kalp] ❷ CULIN *das* Kalbfleisch [kalpflaïsh]
végétarien ◆ *adj* vegetarisch [véguétarich] ◆ *nm der* Vegetarier [véguétarier']
veine *die* Ader [ader']
vélo *das* Fahrrad [far'rat']
vendre verkaufen [fèrkaofen']
vendredi *der* Freitag [fraïtak]
venir kommen [komen']
vent *der* Wind [vin't]
ventilateur *der* Ventilator [vèn'tilator]
ventre *der* Bauch [baorr]
verglas *das* Glatteis [glataïss]
vérifier nachprüfen [narrprufen']
verre *das* Glas [glass]
vers ❶ [direction] in Richtung [in' rishtoun'g] ❷ [époque] gegen [guéguen']
verser ❶ [liquide] gießen [guissen'] ❷ [argent] zahlen [tsalen']
vert grün [grun']
vertèbre *der* Wirbel [virbel]
vertige *der* Schwindel [chvin'del]
veste ❶ *das* Jackett [djèket'] ❷ [de femme] *der* Blazer [blézer']
vestiaire *die* Garderobe [garderobe]
vêtements *die* Kleidung [klaïdoun'g]
vétérinaire *der* Tierarzt [tirartst']
vexer kränken [krèn'ken']
viande *das* Fleisch [flaïch]

vidange *der* Ölwechsel [eulvèksel]

vide leer [lér']

vie *das* Leben [lében']

vieux alt [alt']

vigne [terrain] *der* Weinberg [vaïnbèrk]

vignette [autoroute] *die* Vignette [viniète]

village *das* Dorf [dorf]

ville *die* Stadt [chtat']

vin *der* Wein [vaïn]

vinaigre *der* Essig [èssish]

violon *die* Geige [gaïge]

virement *die* Überweisung [uber'vaïzoun'g]

visa *das* Visum [vizoum']

visite ❶ [d'un musée, d'une ville] *die* Besichtigung [bezishtigoun'g] ❷ [d'un ami] *der* Besuch [bezourr]

visiter besichtigen [bezishtiguen']

vite schnell [chnèl]

vitesse ❶ [rapidité] *die* Geschwindigkeit [guechvin'dishkaït'] ❷ [d'une voiture, d'un vélo] *der* Gang [gan'g]

vitre *das* Fenster [fèn'ster']

vœu *der* Wunsch [voun'ch]

voie ❶ [chemin] *der* Weg [vék] ❷ [sur une route] *die* Spur [chpour] ❸ [chemin de fer] *das* Gleis [glaïs]

voilà dort ist|sind [dort' ist'|zin't]

voile[1] *nm der* Schleier [chlaïer']

voile[2] *nf das* Segel [zéguel]

voir ❶ sehen [zéhen'] ❷ [rendre visite à] besuchen [bezourren']

voisin Nachbar- [narrbar-]

voiture *der* Wagen [vaguen']

voix *die* Stimme [chtime]

vol ❶ [trajet en avion] *der* Flug [flouk] ❷ [délit] *der* Diebstahl [dipchtal]

volaille *das* Geflügel [guefluguel]

volant [de voiture] *das* Lenkrad [lèn'krat]

voler ◆ *vt* [argent, objet] stehlen [chtélen'] ◆ *vi* [avion] fliegen [fliguen']

volet [de fenêtre] *der* Fensterladen [fèn'ster'laden']

voleur *der* Dieb [dip]

volontiers gerne [guèrne]

vomir sich übergeben [zish uberguében']

vouloir ❶ [exiger] wollen [volen'] ❷ [désirer] mögen [meuguen']

vous Sie [zi]

voyage *die* Reise [raïze]

voyager reisen [raïzen']

vrai ❶ [exact] wahr [var] ❷ [véritable] echt [èsht']

vraiment wirklich [virklish]

VTT [abr de vélo tout terrain] *das* Mountainbike [maoun'ten'baïk]

vue ❶ [panorama] *die* Aussicht [aoss'zisht'] ❷ [vision, spectacle] *der* Anblick [an'blik]

W

week-end *das* Wochenende [vorren'en'de]

Y

yaourt *der* Joghurt [iogourt']

Z

zone piétonne *die* Fußgängerzone [foussguèn'guertsone]

DICTIONNAIRE

allemand-français

A

ab [ap] *prép* à partir de
abbiegen [apbiguen'] *vi* tourner
Abend [aben't] *der* soirée
Abendessen [aben'tèssen'] *das* dîner
Abendkasse [aben'tkasse] *die* vente au guichet *(avant le spectacle)*
Abfahrt [apfart] *die* ❶ départ ❷ [autoroute] sortie
Abfall [apfal] *der* ordures
Abflug [apflouk] *der* départ
abgelaufen [apguelaofen'] *adj* périmé
Abhang [aphan'g] *der* pente
abkühlen [apkulen'] *vi* refroidir
ablegen [apléguen'] *vi* lever l'ancre
Abreise [apraïze] *die* départ
absagen [apzaguen'] *vt* annuler
abschalten [apchalten'] *vt* éteindre ; déconnecter
Abschleppdienst [apchlèpdinst] *der* service de dépannage
abschließen [apchlissen'] *vt* fermer à clé
Abstand [apchtan't] *der* espace
abstellen [apchtèlen'] *vt* ❶ éteindre ❷ [placer] poser
Abstieg [apchtik] *der* [à pied] descente
Abtei [aptaï] *die* abbaye
Abteil [aptaïl] *das* compartiment
abwärts [apvèrts] *adv* vers le bas
abwesend [apvézen't] *adj* absent
achtung ! [arrtoun'g] *die* attention !
ADAC [adéatsé] *der* Automobile-Club allemand
Adapter [adapter'] *der* adaptateur
Advent [atvèn't] *der* avent
Aids [éidz] *neutre* sida
Alarmanlage [alarman'lague] *die* alarme
alkoholfrei [alkoolfraï] *adj* sans alcool
alle [ale] *art* tout ; toute ; tous ; toutes
Alpen [alpen'] *pl* Alpes
alt [alt] *adj* ❶ vieux ❷ âgé de
Alt [alt], **Altbier** [altbir'] *das* *bière brune d'origine rhénane*
Alter [alter'] *das* âge
Altglas [altglas] *das* verre usagé
Altpapier [altpapir'] *das* papier recyclable
Altstadt [altchtat'] *die* vieille ville
am [am'] – **am Abend** le soir – **am Flughafen** à l'aéroport
Ampel [am'pel] *die* feu *(de circulation)*
an [an'] *prép* ❶ à ❷ environ
Andenken [an'dén'ken'] *das* [objet] souvenir
andere [an'dere] *adj* autre
Anfänger [an'fèn'guer'] *der* débutant
anfassen [an'fassen'] *vt* toucher
Angebot [an'guebot'] *das* offre
Angel [an'guel] *die* canne à pêche
anhalten [an'halten'] *vi* s'arrêter
Anhänger [an'hèn'guer'] *der* remorque
ankreuzen [an'kroïtsen'] *vt* cocher
Ankunft [an'koun'ft] *die* arrivée
Anlegestelle [an'léguechtèle] *die* embarcadère
Anleitung [an'laïtoun'g] *die* mode d'emploi
Anlieger [an'liguer'] *der* riverain
Anmeldung [an'mèldoun'g] *die* ❶ inscription ❷ accueil
Anprobe [an'probe] *die* essayage

Anruf [an'rouf] *der* appel
Anrufbeantworter [an'roufbean'tvorter'] *der* répondeur
anrufen [anroufen'] *vt* appeler
Ansage [an'zague] *die* annonce
Anschluss [an'chlouss] *der* [train] correspondance
anschnallen [an'chnalen'] **– sich anschnallen** *v pron* attacher sa ceinture
Anschrift [an'chrift'] *die* adresse
Ansichtskarte [an'zishtskarte] *die* carte postale
ansteckend [an'chtéken't] *adj* contagieux
Antwort [an'tvort'] *die* réponse
Anwohner [an'voner'] *der* riverain
Anzahl [an'tsal] *die* nombre
Anzeige [an'tsaïgue] *die* [auprès de la police] plainte
Anzug [an'tsouk] *der* costume
anzünden [an'tsun'dén'] *vt* allumer
Apfel [apfel'] *der* pomme
Apfelsine [apfelzine] *die* orange
Apotheke [apotéke] *die* pharmacie
Apparat [aparat'] *der* appareil
April [april] *der* avril
Arbeit [arbaït'] *die* travail
arm [arm] *adj* pauvre
Arm [arm] *der* bras
Art [art] *die* ❶ [Weise] manière ❷ espèce
Arzt [artst'] *der* médecin
Ärztin [èrtstin'] *die* médecin
Asche [ache] *die* cendre
Aschenbecher [achen'bèsher'] *der* cendrier
Attest [atèst] *das* certificat médical
auch [aorr] *adv* aussi
auf [aof] *prép* sur
aufdrehen [aofdréen'] *vt* [robinet] ouvrir
Aufenthalt [aofen'thalt'] *der* séjour ; [train] arrêt
Aufenthaltsraum [aofenthaltsraom] *der* salle de séjour
Auffahrt [aof'fart] *die* [à l'autoroute] bretelle d'accès
Aufführung [aof'furoun'g] *die* [spectacle] représentation
Aufgabe [aofgabe] *die* ❶ devoir ❷ [de paquet, de bagages] envoi
aufgrund [aufgroun't] *prép* en raison de
aufhängen [aofhèn'guen'] *vt* [linge] étendre
aufklappen [aofklapen'] *vt* ouvrir
auflassen [aoflassen'] *vt* laisser ouvert
Auflauf [aoflaof] *der* gratin
auflösen [aofleuzen'] *vt* [comprimé] dissoudre
Aufnahme [aofname] *die* [à l'hôpital] admissions
Aufruf [aofrouf] *der* appel
aufschließen [aofchlissen'] *vt* ouvrir
Aufschnitt [aofchnit'] *der* charcuterie (en tranches)
aufstehen [aofchtéen'] *vi* se lever
auftauen [aoftaoen'] *vt* décongeler
aufwärmen [aofvèrmen'] *vt* réchauffer
aufwärts [aofvèrts] *adv* vers le haut
Aufzug [aoftsouk] *der* ascenseur
Auge [aogue] *das* œil
August [aogoust'] *der* août
aus [aos] ◆ *adv* ❶ éteint ❷ fini ◆ *prép* ❶ de ❷ [indication de la matière] en

Ausfahrt [aosfart] *die* **sortie**

ausfallen [aosfalen'] *vi* **être annulé**

Ausflug [aosflouk] *der* **excursion**

ausfüllen [aoss'fulen'] *vt* [formulaire] **remplir**

Ausgang [aoss'gan'g] *der* **sortie**

ausgebucht [aosguebourrt] *adj* **complet**

ausgeschildert [aosguechildert] *adj* **balisé**

Auskunft [aoss'koun'ft'] *die* ❶ **renseignement** ❷ **guichet d'information**

Auslese [aosléze] *die* [vin] **cru**

Ausreise [aosraïze] *die* **sortie du territoire**

ausschalten [aos'chalten'] *vt* **éteindre**

außer [aosser'] ◆ *prép* **excepté** ◆ *conj* **sauf si**

äußerlich [èusser'lish] *adj* [Wirkung, Eindruck] **extérieur**

Aussicht [aos'zisht'] *die* **vue**

Aussichtsturm [aos'sishtstourm] *der* **point de vue** ***(tour)***

ausspülen [aos'chpulen'] *vt* **rincer**

aussteigen [aos'chtaïguen'] *vi* [d'un véhicule] **descendre**

Ausstellung [aos'chtèloun'g] *die* **exposition**

Ausverkauf [aosfèrkaof] *der* **soldes**

ausverkauft [aosfèrkaoft] *adj* ❶ **épuisé** ❷ [concert] **complet**

Auswahl [aosval] *die* **choix**

Ausweis [aosvaïs] *der* **carte (d'identité)**

Autobahn [aotoban'] *die* **autoroute**

Autobahngebühr [aotoban'guebur] *die* **péage**

Autobahnkreuz [aotoban'kroïts] *das* **échangeur**

Autofähre [aotofère] *die* **car-ferry**

Autofahrer [aotofarer'] *der* **automobiliste**

Automat [aotomat'] *der* **distributeur (automatique)**

Autovermietung [aotofèrmitoun'g] *die* **location de voitures**

B

Baby [bébi] *das* **bébé**

Babysitz [bébizits] *der* **siège-bébé**

Baby-Wickelraum [bébivikelraom'] *der* ***salle pour changer les bébés***

Bach [barr] *der* **ruisseau**

Bäckerei [bèkeraï] *die* **boulangerie**

Backwaren [bakvaren'] *pl* ***pain, pâtisserie et viennoiserie***

Bad [bat'] *das* **salle de bains**

Badeanzug [badean'tsouk] *der* **maillot de bain** ***(pour femme)***

Badehose [badehoze] *die* **maillot de bain** ***(pour homme)***

Bademütze [bademutse] *die* **bonnet de bain**

baden [badn'] *vi* ❶ **prendre un bain** ❷ **se baigner**

Badeort [badeort'] *der* **station balnéaire**

Badetuch [badetourr] *das* **drap de bain**

Badewanne [badevane] *die* **baignoire**

Badezimmer [badetsimer'] *das* **salle de bains**

Bahn [ban'] *die* ❶ **train** ❷ **tramway**

Bahnhof [ban'hof] *der* **gare**

Bahnhofsmission [ban'hofsmission'] *die* ***service d'accueil caritatif dans les gares***

Bahnsteig [ban'chtaïk] *der* **quai**

Bahnübergang [ban'uber'gan'g] *der* **passage à niveau**

bald [balt'] *adv* **bientôt**

Ball [bal] *der* ❶ **balle** ❷ **bal**

Bankleitzahl [ban'klaït'tsal] *die* **code banque**

Banknote [ban'knote] *die* **billet de banque**

Bankverbindung [ban'kfèrbin'doun'g] *die* **références bancaires**

bar [bar'] *adv* **en espèces**

Bär [bèr'] *der* **ours**

barfuß [barfouss] *adv* **pieds nus**

Bargeld [barguèlt'] *das* **espèces**

Bauarbeiten [baoarbaïten'] *pl* **travaux**

Bauchschmerzen [baorrchmèrtsen'] *pl* **douleurs abdominales**

Bauernbrot [baoernbrot'] *das* **pain de campagne**

Bauernhof [baoernhof] *der* **ferme**

Baum [baom'] *der* **arbre**

Baumwolle [baom'vole] *die* **coton**

Baustelle [baochtèle] *die* **chantier**

Beanstandung [bean'stan'doun'g] *die* **réclamation**

beantworten [bean'tvorten'] *vt* **répondre à**

beaufsichtigen [beaofzishtiguen'] *vt* **surveiller**

Becken [bèken'] *das* ❶ **lavabo** ❷ **bassin**

Beckenrand [bèken'ran't] *der* **bord du bassin**

bedanken [bedan'ken] **– sich bedanken** *v pron* **remercier**

Bedarfshaltestelle [bedarfshaltechtèle] *die* **arrêt facultatif**

bedauern [bedaoern] *vt* **regretter**

bedeutend [bedoïten't] *adj* **important**

Bedeutung [bedoïtoun'g] *die* **signification**

bedienen [bedinen'] *vt* **servir**

Bedienung [bedinoun'g] *die* ❶ **service** ❷ **serveur**

Bedienungsanleitung [bedinungsan'laïtoun'g] *die* **mode d'emploi**

Beet [bét] *das* **parterre**

befestigen [befèstiguen'] *vt* **attacher**

befinden [befinden] **– sich befinden** *v pron* **se trouver**

befolgen [befolguen'] *vt* **suivre**

befördern [befeurdern] *vt* [en voiture, en train] **transporter**

Beginn [beguin'] *der* **début**

begleiten [beglaïten'] *vt* **accompagner**

Begleitperson [beglaïtpèrzon'] *die* **accompagnateur**

Begründung [begrun'doun'g] *die* **justification**

begrüßen [begrussen'] *vt* **saluer**

behalten [behalten'] *vt* **garder**

Behälter [behèlter'] *der* **réservoir**

Behandlung [behan'dloun'g] *die* **traitement**

beheizt [behaïtst'] *adj* **chauffé**

behindert [behin'dert] *adj* **handicapé**

Behörde [beheurde] *die* **administration**

bei [baï] *prép* ❶ **à** ❷ **chez** ❸ **près de** ❹ **pendant**

beide [baïde] *pron* **les deux**

Beifahrer [baïfarer'] *der* **passager**

Beilage [baïlague] *die* **garniture**

Beipackzettel [baïpaktsètel] *der* notice

beißen [baïssen'] *vi* ❶ mordre ❷ piquer

bekannt [bekan't'] *adj* connu

bekommen [bekomen'] *vt* ❶ recevoir ❷ obtenir

Beleg [belék] *der* justificatif

belegt [belékt] *adj* occupé

Beleuchtung [beloïshtoun'g] *die* éclairage

benutzen [benoutsen'] *vt* utiliser

Benutzer [benoutser'] *der* utilisateur

Benzin [bèn'tsin'] *das* essence

bequem [bekvém] *adj* confortable

berechnen [berèshnen'] *vt* calculer ; facturer

berechtigt [berèshtikt] *adj* habilité

Bereich [beraïsh] *der* région

bereit [beraït] *adj* prêt

bereithalten [beraïthalten'] *vt* garder à portée de main

Bereitschaftsdienst [beraïtchaftsdinst] *der* service de permanence

Berg [bèrk] *der* montagne

bergab [bèrkap] *adv* en descendant la côte

bergauf [bèrkaof] *adv* en montant la côte

Bergführer [bèrkfurer'] *der* guide de haute montagne

Berghütte [bèrkhute] *die* refuge

Bergsteigen [bèrkchtaïguen'] *das* alpinisme

Bergwacht [bèrkvarrt] *die* service de sauvetage en montagne

Bergwanderung [bèrkvan'deroun'g] *die* randonnée en montagne

Berliner [bèrliner'] *der* ❶ [habitant] berlinois ❷ [patisserie] *beignet fourré*

Berliner Mauer [bèrliner' maoer] *die* mur de Berlin

Beruf [berouf] *der* profession

Beruhigungsmittel [berouigoun'gsmitel] *das* tranquillisant

berühmt [berum't] *adj* célèbre

beschädigen [bechèdiguen'] *vt* endommager

Bescheinigung [bechaïnigoun'g] *die* attestation

beschlagnahmen [bechlaknamen'] *vt* confisquer

Beschwerde [bechvèrde] *die* réclamation

besetzt [bezètst'] *adj* occupé

Besichtigung [bezishtigoun'g] *die* visite

Besitzer [bezitser'] *der* propriétaire

besondere [bezon'dere] *adj* particulier

besser [bèsser'] *comp* meilleur

Besserung [bèsseroun'g] – **gute Besserung!** *interj* bon rétablissement !

Bestätigung [bechtètigoun'g] *die* confirmation

beste [bèsste] *adj* meilleur

Besteck [bechtèk] *das* couverts

bestellen [bechtèlen'] *vt* ❶ commander ❷ réserver

Bestellung [bechtèloun'g] *die* ❶ commande ❷ réservation

Besuch [bezourr] *der* visite

Besucher [bezourrer'] *der* visiteur

Betrag [betrak] *der* montant

betreten [betréten'] *vt* entrer dans

Betreuer [betroïer'] *der* ❶ accompagnateur ❷ animateur

Betrieb [betrip] *der* entreprise
Betrüger [betruguer'] *der* escroc
betrunken [betroun'ken'] *adj* ivre
Bett [bèt'] *das* lit
Bettdecke [bèt'dèke] *die* couverture
Bettwäsche [bèt'vèche] *die* linge de lit
Beutel [boïtel] *der* ❶ sac ❷ sachet
bevor [befo'] *conj* avant que
bewacht [bevarrt] *adj* gardé
Bewegung [bevégoun'g] *die* mouvement
bewölkt [beveulkt] *adj* [ciel] couvert
bezahlen [betsalen'] *vt* payer
BH [béha] *der* soutien-gorge
Bhf. *abr de* Bahnhof [ban'hof] gare
Biene [bine] *die* abeille
Bienenstich [binen'chtish] *der* ❶ piqûre d'abeille ❷ *gâteau fourré à la vanille*
Bier [bir'] *das* bière
Biergarten [birgarten'] *der terrasse où l'on sert de la bière*
Bild [bilt] *das* ❶ tableau ❷ photo
Bildhauer [bilthaoer'] *der* sculpteur
Bildschirm [biltchirm] *der* écran
billig [bilish] *adj* bon marché
Binde [bin'de] *die* ❶ serviette hygiénique ❷ bandage
Biokost [biokost] *die* produits biologiques
Birne [birne] *die* ❶ poire ❷ ampoule (électrique)
bis [biss'] *prép* jusqu'à
bitte [bite] *adv* s'il te plaît ; s'il vous plaît
Blatt [blat'] *das* feuille
blau [blao] *adj* bleu
Blaubeere [blaobére] *die* myrtille
bleiben [blaïben'] *vi* rester
bleifrei [blaïfraï] *adj* sans plomb
Bleistift [blaïchtift] *der* crayon
Blume [bloume] *die* fleur
Blumenkohl [bloumen'kol] *der* chou-fleur
Bluse [blouze] *die* chemisier
Blut [blout'] *das* sang
Blutdruck [blout'drouk] *der* tension artérielle
bluten [blouten'] *vi* saigner
Blutwurst [bloutvourst] *die* boudin
Bockbier [bokbir'] *das* bière de mars
Bocksbeutel [boksboïtel] *der vin blanc de Franconie*
Bockwurst [bokvurst] *die* saucisse de Strasbourg
Boden [boden'] *der* ❶ sol ❷ fond
Bodensee [boden'zé] *der* lac de Constance
Bohne [bone] *die* haricot
Boje [boie] *die* balise
Boot [bot'] *das* bateau
Bootsverleih [bot'sfèrlaï] *der* location de bateaux
Bordkarte [bortkarte] *die* carte d'accès à bord
Botschaft [botchaft] *die* ambassade
Bowle [bole] *die punch à base de fruits, vin blanc et mousseux*
Brandwunde [bran'tvoun'de] *die* brûlure
Braten [braten'] *der* rôti
Brathähnchen [brathén'shen'] *das* poulet rôti
Bratkartoffeln [bratkartofeln] *pl* pommes de terre sautées

Bratwurst [bratvourst] *die* saucisse grillée

brauchen [braorren'] *vt* avoir besoin de

braun [braon'] *adj* brun ; marron

BRD [béèrdé] *die* RFA

breit [braït'] *adj* large

Bremse [brèm'ze] *die* frein

brennen [brènen'] *vi* ❶ brûler ❷ être allumé

Brief [brif] *der* lettre

Briefkasten [brifkasten'] *der* boîte aux lettres

Briefmarke [brifmarke] *die* timbre

Brille [brile] *die* lunettes

bringen [brin'guen'] *vt* apporter

Brombeere [brom'bére] *die* mûre

Brot [brot'] *das* pain

Brötchen [breutshen'] *das* petit pain

Brücke [bruke] *die* pont

Bruder [broudèr'] *der* frère

Brunnen [brounen'] *der* fontaine

Buch [bourr] *das* livre

buchen [bourren'] *vt* réserver

Bücherei [bucheraï] *die* bibliothèque

Buchstabe [bourrchtabe] *der* lettre de l'alphabet

Bucht [bourrt] *die* baie

Buchung [bourroun'g] *die* réservation

bügeln [bugueln] *vt* repasser

Bühne [bune] *die* scène

Bundeskanzler [boun'deskan'tsler'] *der* chancelier fédéral

Bundesland [boun'deslan't] *das* land

Bundesrepublik [boun'desrépoublik] *die* République fédérale

Bundesstraße [boun'des'chtrasse] *die* route nationale

bunt [boun't] *adv* en couleurs

Burg [bourg] *die* château fort

Bürger [burguer'] *der* citoyen

Bürgermeister [burguer'maïster'] *der* maire

Bürste [burste] *die* brosse

Bus [bouss] *der* bus

Busbahnhof [bousban'hof] *der* gare routière

Busfahrer [bousfarer'] *der* conducteur de bus

Bushaltestelle [bous'haltechtèle] *die* arrêt de bus

Butter [bouter'] *die* beurre

Buttermilch [bouter'milsh] *die* lait fermenté

C

ca. *abr de* circa [tsirka] env

Campingwagen [kèm'pin'gvaguen'] *der* caravane

CD-Spieler [tsédéchpiler] *der* lecteur de CD

Chip [tchip] *der* jeton

Chipkarte [tchipkarte] *die* carte à puce

Chor [kor] *der* chorale

Computer [kom'piouter'] *der* ordinateur

Currywurst [karivourst] *die* *saucisse grillée avec ketchup et saupoudrée de curry*

D

da [da] *adv* là

Dach [darr] *das* toit

dahin [dahin'] *adv* là-bas

Dame [dame] *die* dame

Damenbinde [damen'bin'de] *die* serviette hygiénique
Dämmerung [dèmeroun'g] *die* ❶ aube ❷ crépuscule
Dampf [dam'pf] *der* vapeur
Dampfer [dam'pfer'] *der* bateau à vapeur
Dampfnudel [dam'pfnoudel] *die sorte de brioche que l'on fait cuire à la vapeur*
danach [danarr] *adv* après
danke [dan'ke] *interj* merci
dann [dan'] *adv* ensuite
darf [darf] *vt* peut ; peux
Darmgrippe [darmgripe] *die* grippe intestinale
Darsteller [darchtèler'] *der* interprète
darüber [daruber'] *adv* au-dessus
darunter [daroun'ter'] *adv* au-dessous
das [dass] *art* le ; la ; l'
dasein [dazain'] *vi* être là
dasselbe [das'zèlbe] *art* le même ; la même
Datum [datoum'] *das* date
Dauer [daoer'] *die* durée
dauern [daoern'] *vi* durer
Daumen [daomen'] *der* pouce
davor [dafor] *adv* ❶ devant ❷ avant
dazu [datsou] *adv* en plus
Deck [dèk] *das* pont
Decke [dèke] *die* ❶ couverture ❷ plafond
Deckel [dèkel] *der* couvercle
deftig [dèftish] *adj* consistant
Deich [daïsh] *der* digue
denken [dèn'ken'] *vt* penser
Denkmal [dèn'kmal] *das* monument
denn [dèn'] *conj* car
der [dèr'] *art* le ; la ; l'
deutsch [doïtch] *adj* allemand
Deutschland [doïtchlan't] *neutre* Allemagne
Dezember [détsèm'ber'] *der* décembre
Dialekt [dialèkt] *der* dialecte
Diät [dièt] *die* régime
Dichter [dishter'] *der* poète
dick [dik] *adj* ❶ épais ❷ enflé
Dickmilch [dikmilsh] *die* lait caillé
die [di] *art* ❶ la ❷ les
Dieb [dip] *der* voleur
Diebstahl [dipchtal] *der* vol
Dienstag [din'stak] *der* mardi
diese [dize] ◆ *art* ce ; cet ◆ *pron* celui-ci
dieselbe [dizèlbe] *art* le même
diesmal [dismal] *adv* cette fois-ci
Dill [dil] *der* aneth
Ding [din'g] *das* chose
Dirigent [diriguèn't] *der* chef d'orchestre
DLRG [déèlèrgué] *die société de sauvetage allemande*
Dom [dom'] *der* cathédrale
Donnerstag [donerstak] *der* jeudi
doof [dof] *adj* bête
Doppelbett [dopelbèt'] *das* lit double
doppelt [dopelt] *adj* double
Doppelzimmer [dopeltsimer'] *das* chambre double
Dorf [dorf] *das* village
dort [dort'] *adv* là-bas
Dose [doze] *die* boîte
Dosenmilch [dozen'milsh] *die* lait concentré
Drachenfliegen [drarrenfliguen'] *das* vol libre

Drahtseilbahn [dratsaïban'] *die* téléphérique
draußen [draossen'] *adv* dehors
dreckig [drèkish] *adj* sale
drehen [dréen'] *vt* tourner
Dressing [drèssin'g] *das* assaisonnement
dringend [drin'guen't] *adj* urgent
drinnen [drinen'] *adv* à l'intérieur
dritte [drite] *adj* troisième
Drittel [dritel] *das* tiers
Drogerie [drogueri] *die* droguerie
Druckbuchstabe [droukbourrchtabe] *der* caractère d'imprimerie
drücken [druken'] *vi* appuyer
du [dou] *pron* ❶ tu ❷ toi
Düne [dune] *die* dune
dunkel [doun'kel] *adj* ❶ sombre ❷ [bière] brun
durch [doursh] *prép* ❶ par ❷ à travers
Durchfall [dourshfal] *der* diarrhée
Durchgang [dourshgan'g] *der* passage
durchgebraten [dourshguebraten'] *adj* bien cuit
durchgehend [dourshguéen't] *adj* direct
Durchsage [dourshzague] *die* annonce
durchstreichen [dourshchtraïshen'] *vt* rayer
Durchwahl [dourshval] *die* ligne directe
dürfen [durfen'] *vi* avoir le droit
Durst [dourst'] *der* soif
Dusche [douche] *die* douche
Dutzend [doutsen't] *das* douzaine
duzen [doutsen'] *vt* tutoyer
DZ [détsèt] *abr de* Doppelzimmer *das* chambre double

E

Ebbe [èbe] *die* marée basse
Ebene [ébene] *die* plaine
echt [èsht'] *adj* véritable
Ecke [èke] *die* coin
Edelstein [edelchtaïn] *der* pierre précieuse
EDV [edéfao] *die* informatique
Ei [aï] *das* œuf
Eigentümer [aïguen'tumer'] *der* propriétaire
ein [aïn'] *art* un ; une
einatmen [aïnatmen'] *vi* inspirer
Einbahnstraße [aïnbanchtrasse] *die* rue à sens unique
Einbettzimmer [aïnbèt'tsimer'] *das* chambre à un lit
Einbrecher [aïnbrèsher'] *der* cambrioleur
Einbruch [aïnbrourr] *der* cambriolage
einchecken [aïntchèken'] *vi* se présenter à l'enregistrement
eincremen [aïnkrèmen'] *vt* enduire de crème
eine [aïne] *num* un
eineinhalb [aïnainhalp] *num* un et demi
einfach [aïnfarr] *adj* simple
Einfahrt [aïnfart] *die* ❶ entrée ❷ entrée en gare
Eingang [aïngan'g] *der* entrée
einheimisch [aïnhaïmich] *adj* local
einige [aïnigue] *art* quelques

allemand-français

allemand-français

Einkaufsbummel [aïnkaofsboumel] *der* **shopping**

Einladung [aïn'ladoun'g] *die* **invitation**

einmal [aïnmal] *adv* **une fois**

einnehmen [aïn'némen'] *vt* [médicament] **prendre**

Einreise [aïnraïze] *die* **entrée**

Einreisevisum [aïnraïzevizoum'] *das* **visa d'entrée**

einsam [aïnzam] *adj* ❶ **seul** ❷ **isolé**

einschließlich [aïnchlisslish] *prép* **inclus**

Einschreiben [aïn'chraïben'] *das* **recommandé**

Einspänner [aïnchpèner'] *der* ***café noir coiffé de chantilly***

einsteigen [aïn'chtaïguen'] *vi* [dans un véhicule] **monter**

Einstieg [aïnchtik] *der* **montée**
– **Einstieg nur vorne** la montée se fait par l'avant

Einsturzgefahr [aïnchtourtsguefar] *die* **risque d'éboulement**

Eintopf [aïntopf] *der* ***sorte de pot-au-feu***

eintreten [aïntréten'] *vi* **entrer**

Eintritt [aïntrit'] *der* **entrée**

Eintrittskarte [aïntritskarte] *die* **billet d'entrée**

einwerfen [aïnvèrfen'] *vt* ❶ **poster** ❷ [dans un distributeur] **introduire**

Einwohner [aïnvoner'] *der* **habitant**

Einwurf [aïnvourf] *der* [dans un distributeur] **introduction**

Einzelbett [aïntselbèt'] *das* **lit à une place**

Einzelfahrschein [aïntselfarshaïn] *der* **billet simple**

Einzelzimmer [aïntseltsimer'] *das* **chambre individuelle**

einzig [aïntsish] *adj* **seul**

Eis [aïss] *das* ❶ **glace** ❷ **glaçon**

Eisen [aïzen'] *das* **fer**

Eisenbahn [aïzen'ban'] *die* ❶ **train** ❷ **chemin de fer**

eisgekühlt [aïsguekult] *adj* **glacé**

Eiswürfel [aïsvurfel] *der* **glaçon**

Eiter [aïter'] *der* **pus**

Eiweiß [aïvaïss] *das* **blanc d'œuf**

Elektrogerät [élèktroguerèt'] *das* **appareil électroménager**

Eltern [èltern] *pl* **parents**

Empfang [èm'pfan'g] *der* **réception**

Empfänger [èm'pfèn'guer'] *der* **destinataire**

Empfehlung [èm'pféloun'g] *die* **recommandation**

Ende [èn'de] *das* **fin**

enden [èn'den'] *vi* **se terminer**

Endstation [èn'tchtatsion'] *die* **terminus**

eng [èn'g] *adj* **étroit**

Enkel [èn'kel] *der* **petit-fils**

entdecken [èn'tdèken'] *vt* **découvrir**

Ente [èn'te] *die* **canard**

entfernen [èn'tfèrnen'] *vt* **enlever**

entfernt [èn'tfèrnt] *adj* **éloigné**

Entfernung [èn'tfèrnoun'g] *die* **distance**

enthalten [èn'thalten'] *vt* **contenir**

entlang [èn'tlan'g] *prép* **le long de**

entrahmt [èn'tram't] *adj* **écrémé**

Entschädigung [èn'tchèdigoun'g] *die* **indemnité**

Entscheidung [èn'tchaïdoun'g] *die* **décision**

Entschuldigung [èn'tchouldigoun'g] *die* [Rechtfertigung] **excuse**
entwerten [èn'tvèrten'] *vt* **composter**
entwickeln [èn'tvikeln] *vt* [photo] **développer**
Entzündung [èn'tsun'doun'g] *die* **inflammation**
Enzian [èn'tsian'] *der* **gentiane**
er [èr'] *pron* ❶ **il** ❷ **lui**
Erbse [èrpse] *die* **pois**
Erdbeere [érdbére] *die* **fraise**
Erdgeschoss [értguechoss] *das* **rez-de-chaussée**
Erdnuss [érdnouss] *die* **cacahuète**
Ereignis [èraïgniss] *das* **événement**
Erfrischung [èrfrichoun'g] *die* **rafraîchissement**
erfüllen [èrfulen'] *vt* [condition] **remplir**
erhalten [èrhalten'] *vt* **recevoir**
erhöhen [èrheuen'] *vt* **augmenter**
Erholung [èrholoun'g] *die* **repos**
Erkältung [èrkèltoun'g] *die* **rhume**
erkennen [èrkènen'] *vt* **reconnaître**
Erklärung [èrklèroun'g] *die* **explication**
erlauben [èrlaoben'] *vt* **permettre**
Ermäßigung [èrmèssigoun'g] *die* **réduction**
ermöglichen [èrmeuglishen'] *vt* **permettre**
Ernährung [èrnèroun'g] *die* **alimentation**
Ernte [èrnte] *die* **récolte**
Eröffnung [èreufnoun'g] *die* **ouverture**
erreichen [èr'r'aïshen'] *vt* ❶ **atteindre** ❷ **joindre**
Ersatzreifen [èrzatsraïfen'] *der* **roue de secours**
ersetzen [èrzètzen'] *vt* ❶ **remplacer** ❷ **dédommager**
erst [érst] *adv* ❶ **d'abord** ❷ **seulement**
erste [érste] *adj* **premier**
Erwachsene [èrvaksene] *der* **adulte**
erzählen [èrtsèlen'] *vt* **raconter**
Erzeugnis [èrtsoïknis] *das* **produit**
es [èss] *pron* ❶ **il** ❷ **le** ❸ **ça**
essen [èssen'] *vt* **manger**
Essen [èssen] *das* **repas**
Essig [èssish] *der* **vinaigre**
Esslöffel [èssleufel] *der* **cuillère à soupe**
Esszimmer [èsstsimer'] *das* **salle à manger**
etwa [ètva] *adv* **environ**
etwas [ètvass] *pron* ❶ **quelque chose** ❷ **un peu**
EU [éou] *abr de* Europäische Union *die* **UE**
EZ [étsèt] *abr de* Einzelzimmer *das* **chambre individuelle**

F

Fach [farr] *das* **compartiment**
Fachmann [farrman'] *der* **spécialiste**
Fachwerkhaus [faarrvèrkhaoss] *das* **maison à colombages**
Fahrausweis [faraosvaïss] *der* **titre de transport**
Fahrbahnschäden [farban'chèden'] *pl* **chaussée endommagée**
Fahrbahnverschmutzung [farban'fèrchmoutsoun'g] *die* **chaussée salie**
Fähre [fère] *die* **bac**

fahren [faren'] *vi* ❶ aller ❷ conduire
Fahrer [farer'] *der* conducteur
Fahrgast [fargast] *der* passager
Fahrgeld [farguèlt] *das* frais de transport
Fahrkarte [farkarte] *die* billet
Fahrplan [farplan'] *der* horaire
fahrplanmäßig [farplan'mèssish] *adj* à l'heure
Fahrpreis [farpraïss] *der* prix du transport
Fahrrad [far'rat'] *das* vélo
Fahrradverleih [far'ratfèrlaï] *der* location de vélos
Fahrradweg [far'ratvék] *der* piste cyclable
Fahrschein [farchaïn] *der* ticket
Fahrspur [farchpour] *die* file
Fahrstreifen [farchtraïfen'] *der* voie
Fahrstuhl [farchtoul] *der* ascenseur
Fahrt [fart'] *die* ❶ trajet ❷ voyage
Fahrtantritt [fartan'trit] *der* départ
Fahrzeug [fartsoïk] *das* véhicule
Fahrzeugpapiere [fartsoïkpapire] *pl* papiers du véhicule
Fahrzeugschein [fartsoïkchaïn] *der* carte grise
Fall [fal] *der* cas
fallen [falen'] *vi* tomber
falsch [falch] *adj* ❶ faux ❷ mauvais
Familienname [familien'name] *der* nom de famille
Familienstand [familien'chtan't] *der* situation familiale
Farbe [farbe] *die* couleur
Farbstoff [farpchtof] *der* colorant
Fasching [fachin'g] *der* carnaval
Fass [fass] *das* tonneau
Fastnacht [fastnarrt] *die* carnaval
Februar [fébrouar] *der* février
Federweiße [féder'vaïsse] *der* *vin dont la fermentation n'est pas achevée*
fehlen [félen'] *vi* manquer
Fehler [féler'] *der* erreur
Feier [faïer'] *die* fête
Feiertag [faïer'tak] *der* jour férié
Feind [faïnt] *der* ennemi
Feinschmecker [faïnchmèker'] *der* gourmet
Feld [fèlt] *das* ❶ champ ❷ case ❸ terrain
Feldsalat [fèltzalat'] *der* mâche
Felsen [fèlzen'] *der* rocher
Fenster [fèn'ster'] *das* fenêtre
Ferien [férien'] *pl* vacances
Feriengast [férien'gast] *der* vacancier
fernsehen [fèrnzéen'] *vi* regarder la télévision
Fernsehen [fèrnzéen'] *das* télévision
Fernseher [fèrnzéer'] *der* télé(vision)
fertig [fèrtish] *adj* prêt
Fertiggericht [fèrtishguerisht'] *das* plat cuisiné
fest [fèst] *adj* ❶ serré ❷ solide
Fest [fèst] *das* fête
Festspiele [fèstchpile] *pl* festival
fettarm [fètarm] *adj* allégé
feucht [foïsht'] *adj* humide
Feuer [foïer'] *das* feu
Feuerlöscher [foïer'leucher'] *der* extincteur
Feuerwerk [foïervèrk] *das* feu d'artifice
Fieber [fiber'] *das* fièvre
Figur [figour] *die* silhouette
finden [fin'den'] *vt* trouver

Finger [fin'guer'] *der* **doigt**

Fingernagel [fin'guer'naguel] *der* **ongle**

Fisch [fich] *der* **poisson**

Fischer [ficher'] *der* **pêcheur**

FKK-Strand [èfkakachtran't] *der* **plage pour nudistes**

flach [flarr] *adj* ❶ **plat** ❷ [eau] **peu profond**

Flasche [flache] *die* **bouteille**

Fleisch [flaïch] *das* **viande**

Fleischer [flaïcher'] *der* **boucher**

Fleischsalat [flaïchzalat'] *der* ***salade à base de saucisse, de cornichons et de mayonnaise***

Fliege [flique] *die* ❶ **mouche** ❷ **nœud papillon**

fliegen [fliguen'] *vi* ❶ **voler** ❷ **prendre l'avion**

fließen [flissen'] *vi* **couler**

Flohmarkt [flomarkt'] *der* **marché aux puces**

Flosse [flosse] *die* [pour nager] **palme**

Flug [flouk] *der* **vol**

Fluggast [floukgast] *der* **passager**

Fluggepäck [floukguepèk] *das* **bagages**

Flughafen [floukhafen'] *der* **aéroport**

Flugplatz [floukplats] *der* **aérodrome**

Flugschein [floukchaïn] *der* **billet d'avion**

Flugverbindung [floukfèrbin'doun'g] *die* **liaison aérienne**

Flugzeug [flouktsoïk] *das* **avion**

Flur [flour] *der* **couloir**

Fluss [flouss] *der* **fleuve**

Flut [flout] *die* **marée haute**

folgen [folguen'] *vi* **suivre**

Forelle [forèle] *die* **truite**

Formular [formoular] *das* **formulaire**

Fortsetzung [fortzètsoun'g] *die* **suite**

Frage [frague] *die* **question**

fragen [fraguen'] *vt* **demander**

Frau [frao] *die* ❶ **femme** ❷ **Madame**

Fräulein [froïlaïn] *das* **Mademoiselle**

frei [fraï] *adj* **libre**

Freibad [fraïbat'] *das* **piscine découverte**

Freikarte [fraïkarte] *die* **entrée gratuite**

Freilichtbühne [fraïlishtbune] *die* **théâtre en plein air**

Freitag [fraïtak] *der* **vendredi**

Freizeichen [fraïtsaïshen'] *das* **tonalité**

Freizeit [fraïtsaït] *die* **loisirs**

Freizeitbad [fraïtsaïtbat'] *das* **parc aquatique**

Fremdenführer [frèm'den'furer'] *der* **guide touristique**

Fremdenverkehrsamt [frèm'den'fèrkérsam't] *das* **office de tourisme**

Fremdenzimmer [frèm'den'tsimer'] *das* **chambre d'hôte**

Freund [froïnt] *der* **ami**

Freundschaft [froïntchaft] *die* **amitié**

Frieden [friden'] *der* **paix**

Friedhof [frithof] *der* **cimetière**

Frikadelle [frikadèle] *die* ***boulette de viande hâchée***

frisch [frich] *adj* **frais**

Frischkäse [frichkèze] *der* **fromage frais**

Friseur [frizeur'] *der* **coiffeur**

Frucht [frurrt] *die* **fruit**

Fruchtsaft [frurrtzaft] *der* **jus de fruit**

früh [fru] *adv* **tôt**

früher [fruer'] ◆ *adj* ancien ◆ *adv* autrefois
Frühjahr [fruiar] *das* printemps
Frühling [frulin'g] *der* printemps
Frühstück [fruchtuk] *das* petit déjeuner
Führer [furer'] *der* guide
Führerschein [furer'chaïn] *der* permis de conduire
Führung [furoun'g] *die* visite guidée
Füllung [fuloun'g] *die* [cuisine] farce
Fundbüro [foun'tburo] *das* bureau des objets trouvés
für [fur'] *prép* pour
Fuß [fouss] *der* pied
Fußgänger [foussgèn'guer'] *der* piéton
füttern [futern] *vt* donner à manger à *(un animal)*

G

Gefahr [guefar] *die* danger
Gefälle [guefèle] *das* dénivelé
Gefängnis [guefèn'gnis] *das* prison
Geflügel [gueflugueI] *das* volaille
gefroren [guefroren'] *adj* gelé
Gefühl [gueful] *das* sentiment
gefüllt [guefult] *adj* farci
gegen [guéguen'] *prép* ❶ contre ❷ [temporel] vers
Gegend [guéguén't] *die* région
Gegenstand [guéguen'chtan't] *der* objet
gegenüber [guéguen'uber'] *prép* en face de
Gegenwart [guéguen'vart] *die* présent
Gegner [guég'ner'] *der* adversaire
gegrillt [guegrilt] *adj* grillé
gehen [guéen'] *vi* ❶ aller ❷ partir ❸ fonctionner
Geige [gaïgue] *die* violon
gekocht [guekorrt] *adj* cuit
gekühlt [guekult] *adj* rafraîchi
Gelände [guelèn'de] *das* terrain
gelb [guèlp] *adj* jaune
Geld [guèlt'] *das* argent
Geldeinwurf [guèltaïnvourf] *der* introduction de la monnaie
Geldrückgabe [guèltrukgabe] *die* retour de monnaie
Geldschein [guèltchaïn] *der* billet de banque
Gelenk [guelèn'k] *das* articulation
gelten [guèlten'] *vt* être valable
Gemälde [guemèlde] *das* tableau
Gemeinde [guemaïnde] *die* commune
gemeinsam [guemaïnzam] *adj* commun
gemischt [guemicht] *adj* mixte
Gemüse [guemuze] *das* légumes
genau [guénao] *adj* précis
Genehmigung [guenémigoun'g] *die* autorisation
geöffnet [gueeufnet'] *adj* ouvert
Gepäck [guepèk] *das* bagages
Gepäckabfertigung [guepèkapfèrtigoun'g], **Gepäckannahme** [guepèkaname], **Gepäckaufgabe** [guepèkaofgabe] *die* enregistrement des bagages
Gepäckaufbewahrung [guepèkaofbevaroun'g] *die* consigne
Gepäckausgabe [guepèkaosgabe] *die* remise des bagages
Gepäckwagen [guepèkvaguen'] *der* voiture à bagages
geradeaus [gueradeaos] *adv* tout droit

Gerät [guerèt] *das* **appareil**
geräuchert [gueroïshert] *adj* **fumé**
Geräusch [gueroïch] *das* **bruit**
Gericht [guerisht'] *das* ❶ **tribunal** ❷ [nourriture] **plat**
gerieben [gueriben'] *adj* **râpé**
gern [guèrn] *adv* **avec plaisir**
geröstet [guereustet] *adj* **grillé**
Geruch [guerourr] *der* **odeur**
gesalzen [guezaltsen'] *adj* **salé**
Geschäft [guechèft] *das* **magasin**
Geschäftsschluss [guechèfts'chlouss] *der* **fermeture des magasins**
Geschäftszeiten [guechèftstsaïten'] *pl* **heures d'ouverture**
Geschenk [guechèn'k] *das* **cadeau**
Geschichte [guechishte] *die* **histoire**
Geschirr [guechirr] *das* **vaisselle**
Geschlecht [guechlèsht] *das* [biologique] **sexe**
geschlossen [guechlossen'] *adj* **fermé**
Geschmack [guechmak] *der* **goût**
geschmort [guechmort] *adj* **braisé**
Geschnetzelte [guechnètselte] *das* *viande coupée en fines lanières servie avec une sauce*
geschnitten [guechniten'] *adj* **en tranches**
Geschwindigkeit [guechvin'dishkaït'] *die* **vitesse**
geschwollen [guechvolen'] *adj* **enflé**
Gesellschaft [guezèlchaft'] *die* **société**
Gesetz [guezèts] *das* **loi**
gesetzlich [guezètslish] *adj* **légal**
Gesicht [guezisht'] *das* **visage**
gesperrt [guechpèrt] *adj* [route] **barré**
gestattet [guechtatet] *adj* **autorisé**
gestern [guèstern] *adv* **hier**
Gesundheit [guezoun'thaït'] *die* **santé**
gesundheitsschädlich [guezoun'thaïts'chèdlish] *adj* **nocif**
Getränk [guetrèn'k] *das* **boisson**
Getreide [guetraïde] *das* **céréales**
Gewicht [guevisht] *das* **poids**
gewinnen [guevinen'] *vi* **gagner**
Gewitter [gueviter'] *das* **orage**
Gewürz [guevurts] *das* **épice**
Gewürzgurke [guevurtsgourke] *die* **cornichon**
Gezeiten [guetsaïten'] *pl* **marée**
Gift [guift] *das* **poison**
giftig [guiftish] *adj* **toxique**
Gipfel [guipfel] *der* [montagne] **sommet**
Glas [glass] *das* **verre**
glatt [glat'] *adj* ❶ **lisse** ❷ **glissant**
Glatteis [glataïss] *das* **verglas**
glauben [glaoben'] *vt* **croire**
gleich [glaïsh] ◆ *adj* **même** ◆ *adv* [sofort] **immédiatement**
Gleis [glaïss] *das* **voie**
Gleitschirm [glaïtchirm] *der* **parapente**
Gletscher [glètcher'] *der* **glacier**
Glocke [gloke] *die* **cloche**
Glück [gluk] *das* **chance**
glücklich [gluklish] *adj* **heureux**
Glühbirne [glubirne] *die* **ampoule (électrique)**
Glühwein [gluhvaïn] *der* **vin chaud**
Gold [golt] *das* **or**
Gott [got] *der* [Gottheit] **dieu**
Gottesdienst [gotesdin'st] *der* **office**
Grab [grap] *das* **tombe**
graben [graben'] *vt* **creuser**
Graben [graben'] *der* **fossé**

Grad [grat'] *der* degré
Gras [grass] *das* herbe
Gräte [grète] *die* arête
grau [grao] *adj* gris
Grenze [grèntse] *die* ❶ frontière ❷ limite
Grenzübergang [grèn'tsubergan'g] *der* point de passage
Griebenschmalz [griben'chmalts] *das* *sorte de saindoux*
Grieß [griss] *der* semoule
grillen [grilen'] *vt* griller ; faire un barbecue
Grillspieß [grilspiss] *der* brochette
Grillteller [griltéler'] *der* assiette de grillades
groß [gross] *adj* grand
Größe [greusse] *die* ❶ superficie ❷ taille ❸ pointure
Großraumwagen [grossraomvaguen'] *der* [dans un train] voiture salle
grün [grun'] *adj* vert
Grünanlage [grunan'lague] *die* espace vert
Grund [groun't'] *der* ❶ cause ❷ [de l'eau] fond
Grundstück [groun'tchtuk] *das* terrain
Grünkohl [grun'kol] *der* chou vert
Gruppe [groupe] *die* groupe
grüßen [grussen'] *vt* saluer
gültig [gultish] *adj* valable
Gummi [goumi] *das* caoutchouc
günstig [gun'stish] *adj* avantageux
Gurke [gourke] *die* concombre
Gurt [gourt] *der* ceinture (de sécurité)
Gürtel [gurtel] *der* ceinture
Gutschein [gout'chaïn] *der* bon

H

Haar [har] *das* ❶ cheveu ❷ poil
haben [haben'] *vt* avoir
Hackbraten [hakbraten'] *der* *viande hachée présentée sous forme de rôti et cuite au four*
Hackfleisch [hakflaïch] *das* viande hachée
Hafen [hafen'] *der* port
Hafenrundfahrt [hafen'roun'tfart] *die* tour du port
Haferflocken [haferfloken'] *pl* flocons d'avoine
Haftung [haftoun'g] *die* responsabilité
Hagel [haguel] *der* grêle
Hähnchen [hèn'shen'] *das* poulet
Haken [haken'] *der* coche
halb [halp] ◆ *adj* demi ◆ *adv* à moitié
Halbe [halbe] *die OU der* [bière] demi
halbfett [halpfèt] *adj* [margarine, fromage] allégé
Halbpension [halp'pen'zion'] *die* demi-pension
Hälfte [hèlfte] *die* moitié
Halle [hale] *die* ❶ hall ❷ gymnase
Hallenbad [halen'bat] *das* piscine couverte
Hals [hals] *der* ❶ cou ❷ gorge
Haltbarkeitsdatum [haltbarkaïtsdatoum] *das* date de péremption
halten [halten'] *vt* ❶ tenir ❷ [véhicule] s'arrêter
Haltestelle [haltechtèle] *die* arrêt
Hammelfleisch [hamelflaïch] *das* viande de mouton
Hand [han't] *die* main

Handarbeit [han'tarbaït'] *die* fabrication artisanale

Handbremse [han'tbrèmze] *die* frein à main

handeln [han'deln] *vi* ❶ agir ❷ marchander

Handgelenk [han'tguelèn'k] *das* poignet

handgemacht [han'tguemarrt] *adj* fait main

Handgepäck [han'tguepèk] *das* bagage à main

Händler [hèn'dler'] *der* commerçant

Handtasche [han't-tache] *die* sac à main

Handtuch [han't-tourr] *das* serviette

Handy [hèn'di] *das* (téléphone) portable

Hansestädte [hanzechtéte] *die* villes hanséatiques

Häppchen [hèpshen'] *das* [aliment] canapé

Hase [haze] *der* lièvre

Haselnuss [hazelnouss] *die* noisette

Hauptbahnhof [haoptban'hof] *der* gare centrale

Hauptgericht [haoptguerisht'] *das* plat principal

Haus [haoss] *das* maison

hausgemacht [haosguemarrt'] *adj* fait maison

Haushaltswaren [haoshaltsvaren'] *pl* articles de ménage

Haustier [haostir'] *das* animal domestique

Haut [haot] *die* peau

Hbf. *abr de* Hauptbahnhof gare centrale

Hefe [héfe] *die* levure

Heide [haïde] *die* lande

Heidelbeere [haïdelbére] *die* myrtille

heilen [haïlen'] *vt* guérir ; cicatriser

heilig [haïlish] *adj* saint

Heiligabend [haïlishaben't] *der* veille de Noël

Heim [haïm] *das* ❶ chez soi ❷ [institution] foyer

Heimatmuseum [haïmatmouzéoum] *das* musée régional

Heirat [haïrat'] *die* mariage

heiß [haïss] *adj* très chaud

Heizkörper [haïtskeurper'] *der* radiateur

Heizung [haïtsoun'g] *die* chauffage

helfen [hèlfen'] *vi* aider

hell [hèl] *adj* clair

Helm [hèlm] *der* casque

Hemd [hèm't] *das* chemise

Hendl [hèn'dl] *das* poulet rôti

herb [hèrp] *adj* âpre

Herbst [hèrpst'] *der* automne

Herd [hért] *der* [appareil] cuisinière

Herde [hérde] *die* troupeau

Hering [hérin'g] *der* ❶ hareng ❷ [de tente] piquet

Herkunft [hèrkoun'ft] *die* origine

Herr [hèr] *der* monsieur

herumdrehen [héroum'dréen'] *vt* retourner

Herz [hérts] *das* cœur

herzhaft [hértshaft] *adj* [nourriture] consistant

Heu [hoï] *das* foin

Heurige [hoïrigue] *der* ❶ vin nouveau ❷ *auberge où le producteur sert son vin nouveau*

Heuschnupfen [hoïchnoupfen'] *der* rhume des foins

allemand-français

heute [hoïte] *adv* aujourd'hui
hier [hir'] *adv* ❶ ici ❷ là
Hilfe [hilfe] *die* aide
Himbeere [him'bére] *die* framboise
Himmel [himel] *der* ciel
Hindernis [hin'derniss] *das* obstacle
Hinfahrt [hin'fart'] *die* aller
Hinflug [hin'flouk] *der* vol aller
hinten [hin'ten'] *adv* ❶ à la fin ❷ derrière
hinter [hin'ter'] *prép* derrière
hinterher [hin'ter'her'] *adv* ❶ derrière ❷ après
hinterlassen [hin'ter'lassen'] *vt* laisser
Hintertür [hin'ter'tur'] *die* porte de derrière
Hin- und Rückfahrt [hin'ountrukfar't] *die* aller-retour
Hinweg [hin'vék] *der* aller
Hinweis [hin'vaïss] *der* renseignement
Hirn [hirn] *das* cervelle
Hirsch [hirch] *der* cerf
Hitze [hitse] *die* chaleur
H-Milch [hamilsh] *die* lait UHT
hoch [horr] *adj* élevé ; haut
hochklappen [horrklapen'] *vt* relever
Hochsaison [horrzèzon] *die* pleine saison
Hochschule [horrchoule] *die* grande école
Hochspannung [horrchpanoun'g] *die* haute tension
Höchstgeschwindigkeit [heukstguechvin'dishkaït'] *die* vitesse maximale
Höchstparkdauer [heukstparkdaoer'] *die* durée de stationnement maximale
Hochwasser [horrvasser'] *das* crue
Hochzeit [horrtsaït'] *die* mariage
Höhe [heue] *die* ❶ hauteur ❷ [somme] montant
Höhle [heule] *die* grotte
holen [holen'] *vt* ❶ aller chercher ❷ [police, médecin] faire venir
Holz [holts] *das* bois
Honig [honish] *der* miel
Honigmelone [honishmélone] *die* melon sucrin
hören [heuren'] *vt* ❶ entendre ❷ écouter
Hörer [heurer'] *der* [téléphone] écouteur
Hörnchen [heurnshen'] *das* [pâtisserie] croissant
Hose [hoze] *die* pantalon
Hubschrauber [houpchraober'] *der* hélicoptère
Hügel [huguel] *der* colline
Huhn [houn] *das* poulet
Hühnchen [hun'shen'] *das* poulet
Hummer [houmer'] *der* homard
Hund [houn't] *der* chien
Hunger [houn'guer'] *der* faim
hungrig [houn'grish] *adj* affamé
hupen [houpen'] *vi* klaxonner
Husten [housten'] *der* toux
Hütte [hute] *die* ❶ cabane ❷ chalet
Hüttenkäse [huten'kèze] *der* fromage en faisselle

I

IC [i'tsé] *der* train corail
ICE [itséé] *der* TGV
ich [ish] *pron* ❶ je ❷ moi

im [im'] *prép* dans
Imbiss [im'biss] *der* ❶ en-cas ❷ snack
immer [imer'] *adv* toujours
Impfstoff [im'pfchtof] *der* vaccin
in [in'] *prép* dans
inbegriffen [in'begrifen'] *adj* compris
Inhaber [in'haber'] *der* propriétaire
Inhalt [in'halt] *der* contenu
inkl. [in'klouziv'] incl.
Inlandsflug [in'lan'tsflouk] *der* vol intérieur
innen [inen'] *adv* à l'intérieur
Innenstadt [inen'chtat'] *die* centre-ville
innerlich [iner'lish] *adj* interne
Insektenstich [in'zèkten'chtish] *der* piqûre d'insecte
Insel [in'zel] *die* île
insgesamt [in'sguezam't] *adv* en tout
Inszenierung [in'stséniroun'g] *die* mise en scène
Interesse [in'terèsse] *das* intérêt
Irrtum [irtoum'] *der* erreur

J

ja [ia] *interj* oui
Jacke [iake] *die* ❶ veste ❷ blouson
Jagd [iakt] *die* chasse
Jägerschnitzel [ièguer'chnitsel] *das* *escalope servie avec une sauce chasseur*
Jahr [iar'] *das* année
Jahreszeit [iarestsaït'] *die* saison
Jahrgang [iargan'g] *der* [millésime] année
Jahrhundert [iarhoun'dert] *das* siècle
jährlich [ièrlish] *adj* annuel
Jahrmarkt [iarmarkt] *der* fête foraine
Jalousie [jalouzi] *die* store vénitien
Januar [ianouar] *der* janvier
Jausenstation [jaozen'chtatsion'] *die* *refuge où l'on peut se restaurer de manière frugale*
jede [iéde] ◆ *art* chaque ◆ *pron* chacun
jederzeit [iédertsaït] *adv* à tout moment
jemand [iéman't] *pron* quelqu'un
jetzt [iètst'] *adv* maintenant
jucken [iouken'] *vi* démanger
jüdisch [iudich] *adj* juif
Jugendherberge [iouguen'thèrbèrgue] *die* auberge de jeunesse
Jugendliche [iouguen'tlishe] *der* jeune
Jugendstil [iouguen'tchtil] *der* Art nouveau
Juli [iouli] *der* juillet
jung [ioun'g] *adj* jeune
Junge [ioun'gue] *der* garçon
Junggeselle [ioun'g'guezèle] *der* célibataire
Juni [iouni] *der* juin

K

Kabeljau [kabeliao] *der* cabillaud
Kabinenbahn [kabinen'ban'] *die* télécabine
Kabinett [kabinèt] *der* *vin de première catégorie*
Kaffee [kafé] *der* café
Kaffeehaus [kaféhaoss] *das* *sorte de café*
Käfig [kèfish] *der* cage
Kai [kaï] *der* quai
Kaiser [kaïzer'] *der* empereur

Kaiserschmarren [kaïzer'chmarren'] *der crêpe épaisse que l'on déchire en lanières et que l'on sert avec du sucre et des raisins secs*
Kalb [kalp] *das* **veau**
kalt [kalt'] *adj* **froid**
Kälte [kèlte] *die* **froid**
Kamin [kamin'] *der* **cheminée**
Kampf [kam'pf] *der* ❶ **compétition** ❷ **combat**
Kanal [kanal] *der* **canal**
kandiert [kan'dirt] *adj* **confit**
Kaninchen [kanin'shen'] *das* **lapin**
Kanister [kanister'] *der* **bidon**
Kännchen [kèn'shen'] *das petite cafetière ou théière contenant l'équivalent de deux tasses*
Kapsel [kapsel] *die* **gélule**
Kapuziner [kaputsiner'] *der* **café noisette**
Karneval [kareval] *der* **carneval**
Karte [karte] *die* ❶ **carte** ❷ **billet**
Kartenvorverkauf [karten'forfèrkaof] *der* **location de billets à l'avance**
Kartoffel [kartofel] *die* **pomme de terre**
Karussell [karoussèl] *das* **manège**
Käse [kèze] *der* **fromage**
Käsekuchen [kèzekourren'] *der gâteau au fromage blanc*
Kasse [kasse] *die* **caisse**
Kassenbon [kassen'bon], **Kassenzettel** [kassen'tsètel] *der* **ticket de caisse**
Kasten [kasten'] *der* **caisse**
Kater [kater'] *der* ❶ **matou** ❷ **gueule de bois**
Katze [katse] *die* **chat**
kaufen [kaofen'] *vt* **acheter**
Kaufhaus [kaofhaoss] *das* **grand magasin**
Kaugummi [kaogoumi] *der OU das* **chewing-gum**
Kefir [kéfir] *der lait fermenté au goût aigre*
Kegelbahn [kéguelban'] *die* **bowling**
kein [kaïn] *art* ❶ **aucun** ❷ **ne... pas de**
keine [kaïne] *pron* ❶ **personne** ❷ **aucun**
keinesfalls [kaïnesfals] *adv* **en aucun cas**
Keks [kéks] *der* **petit gâteau**
Keller [kèler'] *der* **cave**
Kellerei [kèleraï] *die* **cave viticole**
Kellner [kèlner'] *der* **serveur**
kennen [kènen'] *vt* **connaître**
Kenntnisse [kèn'tnisse] *pl* **connaissances**
Kennzeichen [kèn'tsaïshen']
- amtliches Kennzeichen *das* **numéro minéralogique**
Kern [kèrn] *der* **noyau**
Kerze [kèrze] *die* **bougie**
Kette [kète] *die* **chaîne**
Keule [koïle] *die* ❶ **gigot** ❷ [volaille] **cuisse**
Kfz-Werkstatt [kaèftsètvèr'kchtat] *die* **garage**
Kind [kin't] *das* **enfant**
Kinn [kin'] *das* **menton**
Kino [kino] *das* **cinéma**
Kirche [kirshe] *die* **église**
Kirsche [kirche] *die* **cerise**
Kissen [kissen'] *das* **oreiller**
Klage [klague] *die* **plainte**
Klappbett [klapbèt] *das* **lit pliant**

Klappsitz [klapzits] *der* strapontin
klar [klar] *adj* clair
Klare [klare] *der* schnaps
klasse [klasse] *adj* génial
Klasse [klasse] *die* classe
klatschen [klatchen'] *vi* applaudir
Klavier [klavir'] *das* piano
kleben [klében'] *vt* coller
Kleid [klaït'] *das* robe
Kleiderschrank [klaïder'chran'k] *der* armoire-penderie
Kleidung [klaïdoun'g] *die* tenue
klein [klaïn] *adj* petit
Kleingeld [klaïnguèlt'] *das* monnaie
Kleinstadt [klaïnchtat'] *die* petite ville
klettern [klètern] *vi* grimper
Klimaanlage [klima'an'lague] *die* climatisation
Klingel [klin'guel] *die* sonnette
klingeln [klin'gueln] *vi* sonner
Klippe [klipe] *die* écueil
klopfen [klopfen'] *vi* frapper
Kloß [kloss] *der* boulette
Kloster [kloster'] *das* monastère
knabbern [knabern] *vt* grignoter
Knäckebrot [knèkebrot] *das* Wasa
Kneipe [knaïpe] *die* bistrot
Knie [kni] *das* genou
knitterfrei [kniter'fraï] *adj* infroissable
Knoblauch [knoplaorr] *der* ail
Knochen [knorren'] *der* os
Knochenbruch [knorren'brourr] *der* fracture
Knödel [kneudel] *der* ***boulette de pommes de terre ou de pâte***
Knopf [knopf] *der* bouton
Knorpel [knorpel] *der* cartilage
Knoten [knoten'] *der* nœud
knusprig [knousprish] *adj* croustillant
kochen [korren'] *vi* ❶ faire la cuisine ❷ bouillir
koffeinfrei [koféinfraï] *adj* décaféiné
Koffer [kofer'] *der* valise
Kofferkuli [koferkouli] *der* charriot
Kofferraum [kofer'raom] *der* coffre
Kohl [kol] *der* chou
Kohle [kole] *die* charbon
Kohlensäure [kolen'zoïre]
– Mineralwasser mit|ohne Kohlensäure *die* eau minérale gazeuse|non gazeuse
Kohlrabi [kolrabi] *der* chou rave
Kohlroulade [kolroulade] *die* chou farci
Koje [koie] *die* couchette
Kölsch [keulch] *das* ***bière blanche de Cologne***
Kombi-Ticket [kombitiket] *das* ***ticket utilisable dans plusieurs moyens de transport***
kommen [komen'] *vi* venir
Kompass [kom'pass] *der* boussole
Kondensmilch [kon'dèn'smilsh] *die* lait concentré
Konditorei [kon'ditoraï] *die* pâtisserie
Kongresshalle [kon'grèss'hale] *die* palais des congrès
König [keunish] *der* roi
Königin [keuniguin'] *die* reine
können [keunen'] *v aux* ❶ savoir ❷ pouvoir
Konservierungsstoff [kon'zèrviroun'gs'chtof] *der* conservateur
Kontaktlinse [kontaktlin'ze] *die* lentille de contact

allemand-français

Konto [kon'to] *das* compte (en banque)
Kontrollabschnitt [kon'trolapchnit] *der* partie détachable *(d'un ticket)*
Kopf [kopf] *der* tête
Kopfkissen [kopfkissen'] *das* oreiller
Kopfsalat [kopfzalat] *der* laitue
Kopfschmerzen [kopfchmèrtsen'] *pl* maux de tête
Korb [korp] *der* panier
Korken [korken'] *der* bouchon
Korn[1] [korn] *das* céréales
Korn[2] [korn] *der* eau-de-vie
Körper [keurper'] *der* corps
körperbehindert [keurper'behin'dert] *adj* handicapé physique
Körpergewicht [keurper'guevisht] *das* poids
körperlich [keurper'lish] *adj* physique
Körperpflege [keurper'pflégue] *die* hygiène corporelle
Kost [kost] *die* nourriture
kostbar [kostbar] *adj* précieux
kosten [kosten'] *vt* ❶ coûter ❷ goûter
kostenlos [kosten'loss] *adj* gratuit
kostenpflichtig [kosten'pflishtish] *adj* payant
Kostprobe [kostprobe] *die* dégustation
Krabbe [krabe] *die* ❶ crabe ❷ crevette
Kraft [kraft] *die* force
Kraftfahrzeugschein [kraftfartsoïkchaïn] *der* carte grise
Kraftstoff [kraftchtof] *der* carburant
Kragen [kraguen'] *der* col
Krampf [kram'pf] *der* crampe
krank [kran'k] *adj* malade
Krankenhaus [kran'ken'haoss] *das* hôpital
Krankenschwester [kran'ken'chvèster'] *die* infirmière
Krankheit [kran'khaït] *die* maladie
Krapfen [krapfen'] *der* beignet
Kräuterbutter [kroïter'bouter'] *die* beurre persillé
Kräuterlikör [kroïter'likeur'] *der* liqueur à base d'herbes
Kräutertee [kroïterté] *der* tisane
Krautsalat [kraotzalat] *der* salade de choux
Krebs [kréps] *der* ❶ crabe ❷ cancer
Kreis [kraïss] *der* cercle
Kreisverkehr [kraïsfèrkér] *der* rond-point
Kren [krén'] *der* raifort
Kresse [krèsse] *die* cresson
Kreuz [kroïts] *das* ❶ croix ❷ échangeur
Kreuzung [kroïtsoun'g] *die* croisement
Kriechspur [krishchpour] *die* voie réservée aux véhicules lents
Krieg [krik] *der* guerre
Krimi [krimi] *der* polar
Krone [krone] *die* couronne
Krug [krouk] *der* chope
Kruste [krouste] *die* croûte
Küche [kushe] *die* cuisine
Kuchen [kourren'] *der* gâteau
Kugel [kouguel] *die* boule
Kugelschreiber [kouguelchraïber'] *der* stylo-bille
Kuh [ku] *die* vache
kühl [kul] *adj* frais

Kühlschrank [kulchran'k] *der* **réfrigérateur**
Kühltruhe [kultroue] *die* **congélateur**
Kuli [kouli] *der* **Bic®**
Kümmel [kumel] *der* **cumin**
Kunde [koun'de] *der* **client**
Kundendienst [koun'den'din'st] *der* **service après-vente**
Kündigung [kun'digoun'g] *die* **résiliation du bail**
Kunst [koun'st] *die* **art**
Kunstfaser [koun'stfazer'] *die* **fibre synthétique**
Kunsthandwerk [koun'sthan'dvèrk] *das* **artisanat d'art**
Künstler [kun'stler'] *der* **artiste**
künstlich [kun'stlish] *adj* **artificiel**
Kunststoff [koun'stchtof] *der* **plastique**
Kunstwerk [kounstvèrk] *das* **chef-d'œuvre**
Kupfer [koupfer'] *das* **cuivre**
Kürbis [kurbiss] *der* **potiron**
Kurgast [kourgast] *der* **curiste**
Kurpark [kourpark] *der* **parc (d'une station thermale)**
Kurtaxe [kourtakse] *die* **taxe de séjour**
Kurve [kourve] *die* **virage**
Kurverwaltung [kourfèrvaltoun'g] *die* ***services administratifs d'une station thermale***
kurz [kourts] *adj* **court**
kürzen [kurtsen'] *vt* **raccourcir**
küssen [kussen'] *vt* **embrasser**
Küste [kuste] *die* **côte**
Küstenwache [kustenvarre] *die* **garde-côte**
Kutsche [koutche] *die* **calèche**

L

lächeln [lèsheln] *vi* **sourire**
lachen [larren'] *vi* **rire**
Lachs [laks] *der* **saumon**
Laden [laden'] *der* **magasin**
Ladendiebstahl [laden'dipchtal] *der* **vol à l'étalage**
Ladenschlusszeiten [laden'chlousstsaïten'] *pl* **heures de fermeture des magasins**
Lage [lague] *die* **situation**
Lagerfeuer [laguer'foïer'] *das* **feu de camp**
Laken [laken'] *das* **drap**
Lakritz [lakrits] *die* **réglisse**
Lamm [lam] *das* **agneau**
Lampe [lam'pe] *die* **lampe**
Land [lan't] *das* **pays**
Landbrot [lan'tbrot] *das* **pain de campagne**
landen [lan'den'] *vi* **atterrir**
Landkarte [lan'tkarte] *die* **carte (géographique)**
Landschaftsschutzgebiet [lan'tchafts'choutsguebit'] *das* **site protégé**
Landstraße [lan'tchtrasse] *die* **route départementale**
Landung [lan'doun'g] *die* **atterrissage**
Landwein [lan'tvaïn] *der* **vin de pays**
Landwirtschaft [lan'tvirtchaft] *die* **agriculture**
lang [lan'g] *adj* **long**
lange [lan'gue] *adv* **longtemps**
Länge [lèn'gue] *die* **longueur**
Langeweile [lan'guevaïle] *die* **ennui**
langsam [lan'gzam'] *adj* **lent**

lassen [lassen'] *vt* laisser

Lastwagen [lastvaguen'] *der* poids lourd

Lauch [laorr] *der* poireau

laufen [laofen'] *vi* ❶ aller ❷ courir ❸ fonctionner ❹ couler ❺ [film] passer

Laugenbrezel [laoguen'brétsel] *die* bretzel

laut [laot'] *adj* bruyant

läuten [loïten'] *vi* sonner

Lautsprecher [laotchprèsher'] *der* haut-parleur

Lautstärke [laotchtèrke] *die* volume

lauwarm [laovarm] *adj* tiède

Lawinengefahr [lavinen'guefar'] *die* risque d'avalanche

Lebensgefahr [lében'sguefar] *die* danger de mort

Lebensmittel [lében'smitel] *das* denrée alimentaire

Leber [léber'] *die* foie

Leberknödel [léber'kneudel] *der* *boulette à base de foie, d'oignon et de mie de pain*

Leberwurst [léber'vourst] *die* *saucisse à base de foie*

Lebkuchen [lépkourren'] *der* pain d'épice

lecker [lèker'] *adj* délicieux

Leder [léder'] *das* cuir

ledig [lédish] *adj* célibataire

leer [lér'] *adj* vide

Leergut [lérgout'] *das* verre consigné

Leerung [léroun'g] *die* levée *(du courrier)*

legen [léguen'] *vt* mettre

Lehrer [lérer'] *der* professeur

Lehrling [lérlin'g] *der* apprenti

leicht [laïsht'] *adj* ❶ léger ❷ facile

Leichtathletik [laïshtatlétik] *die* athlétisme

leider [laïder'] *adv* malheureusement

leihen [laïen'] *vt* ❶ prêter ❷ emprunter

Leihgebühr [laïguebur] *die* frais de location

Leihwagen [laïvaguen'] *der* voiture de location

Leine [laïne] *die* laisse

Leinen [laïnen'] *das* lin

leise [laïze] *adj* silencieux

leiten [laïten'] *vt* diriger

Leitung [laïtoun'g] *die* ❶ [téléphone] ligne ❷ canalisation

Leitungswasser [laïtoun'gsvasser'] *das* eau du robinet

Lenker [lènker'] *der* ❶ volant ❷ guidon

Lenkrad [lèn'krat] *das* volant

lesen [lézen'] *vt* lire

letzte [lètste] *adj* dernier

Leuchtturm [loïsht'tourm] *der* phare

Leute [loïte] *pl* gens

Licht [lisht'] *das* lumière

Lichtschutzfaktor [lisht'chutsfaktor] *der* indice de protection

Lid [lit'] *das* paupière

lieb [lip] *adj* ❶ gentil ❷ [dans formule] cher

Liebe [libe] *die* amour

lieben [liben'] *vt* aimer

Lied [lit] *das* chanson

liefern [lifern] *vt* livrer

Liege [ligue] *die* chaise longue

liegen [liguen'] *vi* se trouver

Liegesitz [liguezits] *der* **siège couchette**
Liegestuhl [liguechtoul] *der* **chaise longue**
Liegewagen [liguevaguen'] *der* **voiture-couchette**
Lift [lift] *der* ❶ **ascenseur** ❷ **remontée mécanique**
Linie [linie] *die* **ligne**
Linienflug [linien'flouk] *der* **vol régulier**
links [lin'ks] *adv* **à gauche**
Linse [lin'ze] *die* **lentille**
Lippe [lipe] *die* **lèvre**
Loch [lorr] *das* **trou**
Löffel [leufel] *der* **cuillère**
Lokal [lokal] *das* **café-restaurant**
Los [loss] *das* **billet de loterie**
löschen [leuchen'] *vt* [feu] **éteindre**
lösen [leuzen'] *vt* ❶ [ticket] **prendre** ❷ [problème] **résoudre**
losfahren [losfaren'] *vi* **partir**
losgehen [losguéen'] *vi* ❶ **partir** ❷ **commencer**
löslich [leuslish] *adj* **soluble**
Lösung [leuzoun'g] *die* **solution**
Lücke [luke] *die* **espace**
Luft [louft] *die* **air**
lüften [luften'] *vt* **aérer**
Luftfahrtgesellschaft [louftfartguezèlchaft] *die* **compagnie aérienne**
Luftmatratze [louftmatratse] *die* **matelas gonflable**
Lunge [loun'gue] *die* **poumon**
Lust [loust'] *die* **envie**
lustig [loustish] *adj* **drôle**
lutschen [loutchen'] *vt* **sucer**

M

machen [marren'] *vt* **faire**
Mädchen [mètshen'] *das* **(jeune) fille**
Mädchenname [mètshen'name] *der* **nom de jeune fille**
Magen [maguen'] *der* **estomac**
Magengeschwür [maguenguechvur'] *das* **ulcère de l'estomac**
mager [maguer'] *adj* **maigre**
Magermilch [maguer'milsh] *die* **lait écrémé**
Mahlzeit [maltsaït'] *die* **repas**
Mai [maï] *der* **mai**
Maiskolben [maïskolben'] *der* **épi de maïs**
Majoran [maioran'] *der* **marjolaine**
Makrele [makréle] *die* **maquereau**
Makrone [makrone] *die* **macaron**
Mal [mal] *das* **fois**
malen [malen'] *vt* **peindre**
Maler [maler'] *der* **peintre**
malerisch [malerich] *adj* **pittoresque**
Malzbier [maltsbir'] *das* **bière de malt**
man [man'] *pron* **on**
manche [man'she] *art* **certains**
Mandel [man'del] *die* **amande**
Mann [man'] *der* ❶ **homme** ❷ **mari**
männlich [mèn'lish] *adj* **masculin**
Mannschaft [man'chaft] *die* **équipe**
Mantel [man'tel] *der* **manteau**
Märchen [mèrshen'] *das* **conte (de fée)**
Marille [marile] *die* **abricot**
Marillenknödel [marilen'kneudel] *der* ***boulette de pommes de terre écrasées contenant un abricot***
Markierung [markiroun'g] *die* **balisage**

Markklößchen [mark'kleus'shen'] *das* ***petite boulette à base de moelle, d'œufs, d'épices et de chapelure***
Markt [markt'] *der* **marché**
Marmelade [marmelade] *die* **confiture**
Marmor [marmor] *der* **marbre**
Marone [marone] *die* **châtaigne**
März [mèrts] *der* **mars**
Marzipan [martsipan'] *das* **pâte d'amandes**
Masern [mazern] *pl* **rougeole**
Maß¹ [mass] *das* **taille**
Maß² [mass] *die* **chope (d'un litre)**
Mast [mast] *der* **mât**
Matjes [matiess] *der* **hareng (salé)**
Matratze [matratse] *die* **matelas**
matt [mat] *adj* **mat**
Mauer [maoer'] *die* **mur**
Maus [maoss] *die* **souris**
Mautgebühr [maotguebur], **Mautstelle** [maotchtèle] *die* **péage**
Meer [mér'] *das* **mer**
Meeresfrüchte [méresfrushte] *die* **fruits de mer**
Meerrettich [mér'rètish] *der* **raifort**
Mehl [mél] *das* [aus Getreide] **farine**
mehr [mér'] ◆ *art* **plus de** ◆ *adv* **plus**
mehrere [mérere] *adj & pron* **plusieurs**
Mehrfahrten-Ausweis [mér'far'ten'aosvaïss] *der* ***billet de bus ou de métro valable pour plusieurs trajets***
Mehrwertsteuer [mérvértchtoïer'] *die* **taxe sur la valeur ajoutée**
Meinung [maïnoun'g] *die* **opinion**
meiste [maïste] – **die meisten** *pron* **la plupart**
Meister [maïster'] *der* **champion**
Meisterwerk [maïstervèrk] *das* **chef-d'œuvre**
melden [mèlden'] *vt* **déclarer**
Mensch [mèn'ch] *der* **personne**
Merkmal [mèrkmal] *das* **caractéristique**
Messer [mèsser'] *das* **couteau**
Metzgerei [mètzgueraï] *die* **boucherie**
Miete [mite] *die* **loyer**
mieten [miten'] *vt* **louer**
Mieter [miter'] *der* **locataire**
Mietwagen [mitvaguen'] *der* **voiture de location**
Mikrowellenherd [mikrovèlen'hért] *der* **four à micro-ondes**
Milch [milsh] *die* **lait**
mild [milt] *adj* **doux**
Minderjährige [min'derièrigue] *der* **mineur**
Mindesthaltbarkeit [min'desthaltbarkaït] *die* **date limite de consommation**
minus [minouss] *conj* **moins**
Minze [min'tse] *die* **menthe**
Mischbrot [michbrot] *das* **pain bis**
missachten [missarrten'] *vt* [instruction] **ne pas observer**
Missbrauch [missbraorr] *der* **abus**
Missverständnis [missfèrchtèn'dniss] *das* **malentendu**
mit [mit] *prép* **avec**
Mitbewohner [mit'bevoner'] *der* **colocataire**
miteinander [mitaïnan'der'] *adv* **ensemble**
Mitglied [mit'glit'] *das* **membre**
mitnehmen [mit'némen'] *vt* ❶ **emmener** ❷ **emporter**

Mitreisende [mit'raïzen'de] *der* **compagnon de voyage**
Mittag [mitak] *der* **midi**
Mittagessen [mitakèssen'] *das* **déjeuner**
mittags [mitaks] *adv* **à midi**
Mitte [mite] *die* **milieu**
Mittel [mitel] *das* **remède**
Mittelalter [mitelalter'] *das* **Moyen Âge**
Mittelmeer [mitelmér'] *das* **mer Méditerranée**
Mittelpunkt [mitelpoun'kt] *der* **centre**
Mittelstreifen [mitelchtraïfen'] *der* **terre-plein central**
Mitternacht [miternarrt'] *die* **minuit**
Mittwoch [mit'vorr] *der* **mercredi**
Möbel [meubel] *das* **meuble**
Modeschmuck [modechmouk] *der* **bijoux fantaisie**
mögen [meuguen'] *vt* **aimer**
Möglichkeit [meuglishkaït] *die* **possibilité**
möglichst [meuglishst] *adv* **possible**
Mohn [mon] *der* **pavot**
Möhre [meure] *die* **carotte**
Monat [monat'] *der* **mois**
Mönch [meun'sh] *der* **moine**
Mond [mon't] *der* **lune**
Montag [mon'tak] *der* **lundi**
Moor [mor] *das* **marais**
morgen [mor'guen'] *adv* **demain**
Morgen [mor'guen'] *der* **matin**
Motor [motoèr'] *der* **moteur**
Mückenstich [muken'chtish] *der* **piqûre de moustique**
müde [mude] *adj* [schläfrig] **fatigué**
Mühle [mule] *die* **moulin**
Müll [mul] *der* **ordures**
Mund [moun't] *der* **bouche**
Mündung [mun'doun'g] *die* **embouchure**
Münster [mun'ster'] *das* **cathédrale**
Münze [mun'tse] *die* **pièce de monnaie**
Münzeinwurf [mun'tsaïnvourf] *der* **payer ici**
Münzrückgabe [mun'tsrukgabe] *die* **retour de la monnaie**
Mus [mouss] *das* **compote**
Muschel [mouchel] *die* **moule**
Muskelkater [mouskelkater'] *der* **courbatures**
müssen [mussen'] *v aux* **devoir**
Mutter [mouter'] *die* **mère**
Muttersprache [mouter'chrparre] *die* **langue maternelle**
Mütze [mutse] *die* **bonnet ; casquette**
MwSt. *abr de* Mehrwertsteuer **TVA**

N

Nabel [nabel] *der* **nombril**
nach [narr] *prép* ❶ **après** ❷ **à**
Nachbar [narrbar'] *der* **voisin**
Nachmittag [narrmitak] *der* **après-midi**
Nachname [narrname] *der* **nom de famille**
Nachricht [narr'risht'] *die* **message**
Nachsaison [narrzezon] *die* **arrière-saison**
Nachspeise [narrchpaïze] *die* **dessert**
nächste [nèkste] *adj* **prochain**
Nacht [narrt'] *die* **nuit**
Nachtisch [narrtich] *der* **dessert**

nachts [narrts] *adv* la nuit
nachzahlen [narrtsalen'] *vt* payer ultérieurement
Nacken [naken'] *der* nuque
nackt [nakt] *adj* nu
Nacktbadestrand [naktbadechtran't] *der* plage de nudistes
Nadel [nadel] *die* aiguille
Nagel [naguel] *der* ❶ clou ❷ ongle
Nähe [nèe] *die* proximité
nähen [nèhen'] *vt* [plaie] recoudre
Nahrung [naroun'g] *die* nourriture
Nahrungsmittel [naroun'gsmitel] *das* aliment
Naht [nat'] *die* [d'un vêtement] couture
Nahverkehr [nafèrkér] *der* trafic de banlieue
Name [name] *der* nom
Narbe [narbe] *die* cicatrice
Nase [naze] *die* nez
Nasenbluten [nazen'blouten'] *das* saignement de nez
nass [nass] *adj* mouillé
Nässe [nèsse] *die* humidité
natürlich [naturlish] ◆ *adv* bien entendu ◆ *adj* naturel
Naturschutz [natourchouts] *der* protection de la nature
Nebel [nébel] *der* brouillard
neben [nében'] *prép* à côté de
Nebenstraße [nében'chtrasse] *die* rue latérale
Nebenwirkung [nében'virkoun'g] *die* effet secondaire
neblig [néblish] *adj* brumeux
Negerkuss [néguer'kouss] *der* [cuisine] tête de nègre
nehmen [némen'] *vt* prendre
nein [naïn] *adv* non
nett [nèt'] *adj* gentil
netto [nèto] *adv* net
Netz [nèts] *das* filet
Netzkarte [nètskarte] *die* carte d'abonnement
neu [noï] *adj* nouveau ; nouvel
Neujahr [noïiar] *das* nouvel an
nicht [nisht'] *adv* ne… pas
Nichtraucher [nishtraorrer'] *der* non-fumeur
nichts [nishts] *pron* rien
Nichtschwimmerbecken [nishtchvimer'bèken'] *das* petit bassin
Nichtzutreffendes bitte streichen [nich'tsoutrèfen'déss bite straïchen'] barrer les mentions inutiles
nie [ni] *adv* jamais
niedrig [nidrish] *adj* bas
niemand [niman't] *pron* personne
Niere [nire] *die* ❶ rein ❷ rognon
niesen [nizen'] *vi* éternuer
Niete [nite] *die* billet perdant
Nikolaus [nikolaoss] *der* saint Nicolas
noch [norr] *adv* encore
Nordsee [nortzé] *die* Mer du Nord
Normalbenzin [normalbèn'tsin'] *das* essence ordinaire
Notarzt [notartst] *der* médecin d'urgence
Notausgang [notaosgan'g] *der* sortie de secours
Notbremse [not'brèm'ze] *die* signal d'alarme
Notdienstapotheke [notdin'stapotéke] *die* pharmacie de garde
Notfall [notfal] *der* cas d'urgence

Nothaltebucht [nothaltebourrt] *die* refuge
nötig [neutish] *adj* nécessaire
Notruf [notrouf] *der* numéro d'appel d'urgence
Nougat [nougat'] *der* praliné
Nr. *abr de* Nummer numéro
Nudeln [noudeln] *pl* pâtes
Nummer [noumer'] *die* numéro
Nummernschild [noumernchilt] *das* plaque minéralogique
nur [nour'] *adv* seulement
Nuss [nouss] *die* noix
nützlich [nutslish] *adj* utile

O

ob [op] *conj* si
oben [oben'] *adv* en haut
Ober [ober'] *der* garçon *(de café)*
obere [obere] *adj* du dessus
Oberkörper [ober'keurper'] *der* torse
Oberschenkel [ober'chen'kel] *der* cuisse
Oberteil [ober'taïl] *das* [vêtement] haut
Obst [opst] *das* fruits
Ochsenschwanzsuppe [oksen'chvan'tszoupe] *die* potage à la queue de bœuf
oder [oder'] *conj* ou
Ofen [ofen'] *der* ❶ four ❷ [chauffage] poêle
offen [ofen'] *adj* ouvert
öffentlich [eufen'tlish] *adj* public
öffnen [eufnen'] *vt* ouvrir
Öffnungszeiten [eufnoun'gstsaïten'] *pl* heures d'ouverture
oft [oft] *adv* souvent
ohne [one] *conj* sans
ohnmächtig [on'mèshtish] *adj* évanoui
Ohr [or'] *das* oreille
Ohrring [or'rin'g] *der* boucle d'oreille
Ökoladen [eukoladen'] *der* *magasin de produits écologiques*
Oktober [oktober'] *der* octobre
Oktoberfest [oktoberfèst] *das* *fête de la bière à Munich*
Öl [eul] *das* huile
Oper [oper'] *die* opéra
Opfer [opfer'] *das* victime
Ordner [ordner'] *der* membre du service d'ordre
Ordnung [ordnoun'g] *die* ordre
Orgel [orguel] *die* orgue
Ort [ort'] *der* lieu
Ortschaft [ortchaft] *die* localité
Osten [osten'] *der* Est
Ostern [ostern] *neutre* Pâques
Ostsee [ostzé] *die* mer Baltique

P

paar [par'] **– ein paar** *art* quelques
Paar [par'] *das* couple
Päckchen [pèkshen'] *das* paquet
Packung [pakoun'g] *die* boîte
Packungsbeilage [pakoun'gsbaïlague] *die* [médecine] notice
Paddel [padel] *das* pagaie
paniert [panirt] *adj* pané
Pannendienst [panen'dinst] *der* service de dépannage
Papier [papir'] *das* papier
Pappe [pape] *die* carton
Paradeiser [paradaïzer'] *der* tomate

Parkanlage [parkan'lague] *die* **jardins**
Parkdauer [parkdaoer'] *die* **durée de stationnement**
Parkdeck [parkdèk] *das* [parking à plusieurs étages] **niveau supérieur**
parken [parken'] ◆ *vt* **garer** ◆ *vi* **se garer**
Parkett [parkèt] *das* [de salle de spectacle] **parterre**
Parkgebühr [parkguebur] *die* **frais de stationnement**
Parkhaus [parkhaoss] *das* **parking (à plusieurs niveaux)**
Parkhöchstdauer [parkheukstdaoer'] *die* **durée maximale de stationnement**
Parkplatz [parkplats] *der* **parking**
Parkscheibe [parkchaïbe] *die* **disque de stationnement**
Parkschein [paarkchaïn] *der* **ticket de stationnement**
Parkuhr [parkour] *die* **parcmètre**
Parkverbot [parkfèrbot] *das* **interdiction de stationner**
Party [parti] *die* **soirée**
Pass [pass] *der* ❶ **passeport** ❷ [à la montagne] **col**
Passbild [passbilt] *das* **photo d'identité**
passend [passen't] *adj* **approprié**
Passfoto [passfoto] *das* **photo d'identité**
Passkontrolle [passkon'trole] *die* **contrôle des passeports**
Pastete [pastéte] *die* ❶ **vol-au-vent** ❷ **terrine**
Pauschale [paochale] *die* **forfait**
Pech [pèsh] *das* **malchance**
Pellkartoffel [pèlkartofel] *die* **pomme de terre en robe des champs**
Pension [pen'sion'] *die* **pension**
Peperoni [pépéroni] *die* **piment**
Personal [pèrzonal] *das* **personnel**
Personalausweis [pèrzonalaosvaïss] *der* **carte d'identité**
persönlich [pèrzeun'lish] *adj* **personnel**
Petersilie [péter'zilie] *die* **persil**
Pfad [pfat'] *der* **chemin**
Pfand [pfan't] *das* [bouteilles] **consigne**
Pfandrückgabe [pfan'trukgabe] *die* ***guichet des bouteilles consignées***
Pfanne [pfane] *die* [cuisine] **poêle**
Pfannengericht [pfanen'guerisht] *das* ***poêlée***
Pfannkuchen [pfan'kourren'] *der* **crêpe *(épaisse)***
Pfeffer [pfèfer'] *der* **poivre**
Pfefferkuchen [pfèfer'kourren'] *der* **pain d'épice**
Pfefferminztee [pfèfer'min'tsté] *der* **thé à la menthe**
Pferd [pfért] *das* **cheval**
Pfifferling [pfifer'lin'g] *der* **girolle**
Pfingsten [pfin'gsten'] *das* **Pentecôte**
Pfirsich [pfirzish] *der* **pêche**
Pflanze [pflan'tse] *die* **plante**
Pflaster [pflaster'] *das* **sparadrap**
Pflaume [pflaome] *die* **prune**
Pflicht [pflisht] *die* **devoir**
pflücken [pfluken'] *vt* **cueillir**
Pförtner [pfeurtner'] *der* **portier**
Pfund [pfoun't] *das* **livre**
Pickel [pikel] *der* [sur la peau] **bouton**
Pille [pile] *die* **pilule**

Pils [pils] *das* ***bière blonde au goût relativement amer***
Pilz [pilts] *der* ❶ **champignon** ❷ **mycose**
Pinzette [pin'tsète] *die* **pince à épiler**
Plakat [plakat'] *das* **affiche**
planmäßig [plan'mèssig] *adj* **prévu**
Planschbecken [plan'chbèken'] *das* **pataugeoire**
platt [plat] *adj* [pneu] **à plat**
Platz [plats] *der* **place**
Platzkarte [platskarte] *die* **réservation**
PLZ *abr de* Postleitzahl **code postal**
Polizei [politsaï] *die* **police**
Porree [poré] *der* **poireau**
Porto [porto] *das* **affranchissement**
Postamt [postam't] *das* **bureau de poste**
Postkarte [postkarte] *die* **carte postale**
Postleitzahl [postlaït'tsal] *die* **code postal**
Prädikat [prèdikat] *das* **label**
Praline [praline] *die* **bonbon au chocolat**
Prater [prater'] *der* ***célèbre parc de Vienne***
Praxis [praksiss] *die* [de médecin, avocat] **cabinet**
Preis [praïss] *der* **prix**
Preiselbeere [praïzelbére] *die* **airelle**
preiswert [praïsvèrt] *adj* **bon marché**
Prellung [prèloun'g] *die* **contusion**
prima [prima] *adj* **super**
Prise [prize] *die* **pincée**
Privatunterkunft [privatoun'ter'kounft] *die* **hébergement chez un particulier**
pro [pro] *prép* **par**
Probe [probe] *die* [théâtre] **répétition**
probieren [probiren'] *vt* **goûter**
Produkt [produkt] *das* **produit**
Promille [promile] *das* **gramme d'alcool**
prominent [prominèn't] *adj* **célèbre**
Proviant [provian't] *der* **provisions**
Prozent [protsèn't] *das* **pourcentage**
Prüfung [prufoun'g] *die* **examen**
PS [pééss] *abr de* Pferdestärke *das* **CV** ***(chevaux fiscaux)***
Pudding [poudin'g] *der* ***flan non passé au four***
Puder [pouder'] *der* ❶ [maquillage] **poudre** ❷ **talc**
Puderzucker [pouder'tsouker'] *der* **sucre glace**
Pulli [pouli] *der* **pull**
Pullover [poulovèr'] *der* **pull-over**
Puls [pouls] *der* **pouls**
Pulver [poulfer'] *das* **poudre**
Pumpe [poum'pe] *die* **pompe**
Punkt [poun'kt] *der* **point**
pünktlich [pun'ktlish] *adj* **ponctuel**
Pute [poute] *die* **dinde**
Putenschnitzel [pouten'chnitsel] *das* **escalope de dinde**
putzen [poutsen'] *vt* **nettoyer**

Q

Qualle [kvale] *die* **méduse**
Qualm [kvalm] *der* **fumée**
Quark [kvark] *der* **fromage blanc**
Quarktasche [kvarktache] *die* ***sorte de beignet fourré au fromage blanc sucré***
Quartier [kvartir'] *das* **hébergement**
Quelle [kvèle] *die* **source**

Quitte [kvite] *die* **coing**

Quittung [kvitoun'g] *die* **reçu**

R

Rabatt [rabat'] *der* **rabais**

Rad [rat] *das* ❶ **roue** ❷ **vélo**

Radfahrer [ratfarer'] *der* **cycliste**

Radi [radi] *der* **radis blanc**

Radieschen [radisschen'] *das* **radis (rose)**

Radtour [rat'tour] *die* **excursion à bicyclette**

Rahm [ram'] *der* **crème**

Rand [ran't] *der* **bord**

Randstreifen [ran'tchtraïfen'] *der* **accotement**

Rappen [rapen'] *der* **centime *(suisse)***

Rasen [razèn'] *der* **pelouse**

Rasierer [razirer'] *der* **rasoir**

Rasierklinge [razirklin'gue] *die* **lame de rasoir**

Rasierschaum [razirchaom] *der* **mousse à raser**

Rast [rast] *die* **halte**

rasten [rasten'] *vi* **s'arrêter**

Rasthof [rasthof] *der* **restoroute**

Rastplatz [rastplats] *der* **aire de repos**

Raststätte [raststète] *die* **restoroute**

Rathaus [rathaoss] *das* **mairie**

Rätsel [rètsel] *das* **énigme**

Ratskeller [ratskèler'] *der* ***restaurant aménagé dans le sous-sol d'un hôtel de ville en Allemagne***

rauchen [raorren'] *vt* **fumer**

Raucher [raorrer'] *der* **fumeur**

Räucherlachs [roïsher'laks] *der* **saumon fumé**

Raum [raom'] *der* **pièce**

räumen [roïmen'] *vt* **déblayer**

Räumungsverkauf [roïmoun'gsfèrkaof] *der* **liquidation**

rechnen [rèshnen'] *vt* **calculer**

Rechnung [rèshnoun'g] *die* [au restaurant] **addition**

Recht [rèsht] *das* **droit**

rechtlich [rèshtlish] *adj* **légal**

rechts [rèshts] *adv* **à droite**

rechtzeitig [rèsht'tsaïtish] *adv* **à l'heure**

reden [réden'] *vi* **parler**

reduziert [rédoutsirt] *adj* **soldé**

Reederei [réderaï] *die* **compagnie maritime**

Reeperbahn [réper'ban'] *die* ***rue « chaude » de Hambourg***

Reformhaus [réformhaoss] *das* **magasin de produits diététiques**

Regal [régal] *das* **étagère**

Regel [réguel] *die* **règle**

Regen [réguen'] *der* **pluie**

Regenschauer [réguen'chaoer'] *der* **averse**

Regenschirm [réguen'chirm] *der* **parapluie**

Regierung [réguiroun'g] *die* **gouvernement**

regnen [régnen'] *v impers* **pleuvoir**

regnerisch [régnerich] *adj* **pluvieux**

Reh [ré] *das* **chevreuil**

Reibekuchen [raïbekourren'] *der* **galette de pommes de terre**

reiben [raïben'] ◆ *vt* **râper** ◆ *vi* **frotter**

Reiberdatschi [raïber'datchi] *der* **galette de pommes de terre**

reich [raïsh] *adj* **riche**

Reichstag [raïshstak] *der* *siège du Bundestag à Berlin*
reif [raïf] *adj* mûr
Reifen [raïfen'] *der* pneu
Reifendruck [raïfen'drouk] *der* pression des pneus
Reihe [raïe] *die* rang
rein [raïn] *adj* ❶ pur ❷ propre
reinigen [raïniguen'] *vt* nettoyer
Reinigung [raïnigoun'g] *die* pressing
Reis [raïss] *der* riz
Reise [raïze] *die* voyage
Reisebegleiter [raïzebeglaïter'] *der* accompagnateur
Reisebüro [raïzeburo] *das* agence de voyages
Reiseführer [raïzefurer'] *der* guide
Reisegepäck [raïzeguepèk] *das* bagages
Reisegesellschaft [raïzeguezèlchaft] *die* groupe de touristes
Reiseleiter [raïzelaïter'] *der* guide
reisen [raïzen'] *vi* voyager
Reisende [raïzen'de] *der* voyageur
Reisepass [raïzepass] *der* passeport
Reiseveranstalter [raïzefèran'chtalter'] *der* tour-opérateur
Reiseversicherung [raïzefèrzisheroun'g] *die* assurance voyage
Reiseziel [raïzetsil] *das* destination *(touristique)*
Reitstall [raïtchtal] *der* écurie
Rennen [rènen'] *das* course
Restgeld [rèstguèlt] – **kein Restgeld** ne rend pas la monnaie
Rettich [rètish] *der* radis
Rettungsboot [rètoun'gsbot] *das* canot de sauvetage
Rettungsdienst [rètoun'gsdin'st] *der* service de secours
Rettungsring [rètoun'gsrin'g] *der* bouée de sauvetage
Rettungswagen [rètoun'gsvaguen'] *der* ambulance
Rezept [rétsèpt] *das* ❶ recette ❷ ordonnance
rezeptfrei [rétsèptfraï] *adj* sans ordonnance
rezeptpflichtig [rétsèptpflishtish] *adj* délivré sur ordonnance
R-Gespräch [èrguechprèsh] *das* appel en PCV
Richtgeschwindigkeit [rishtguechvin'dishkaït] *die* vitesse conseillée
richtig [rishtish] *adj* juste
Richtung [rishtoun'g] *die* direction
riechen [rishen'] *vt* sentir
Riegel [riguel] *der* barre
Riesenrad [rizen'rat] *das* grande roue
Rind [rin't] *das* bœuf
Rinderbraten [rin'derbraten'] *der* rôti de bœuf
Ringstraße [rin'gchtrasse] *die* boulevard circulaire
Rippchen [ripshen'] *das* côtelette *(de porc)*
Rippe [ripe] *die* [os] côte
Risiko [riziko] *das* risque
Rock [rok] *der* jupe
Rodelbahn [rodelban'] *die* piste de luge
Roggen [roguen'] *der* seigle
roh [ro] *adj* cru
Rohkost [rokost] *die* crudités

Rohrzucker [rortsouker'] *der* sucre de canne
Rollbraten [rolbraten'] *der* roulé
Rollschuh [rolchou] *der* patin à roulettes
Rollsplit [rolchplit] *der* gravillons
Rollstuhl [rolchtoul] *der* fauteuil roulant
Rolltreppe [roltrèpe] *die* Escalator®
röntgen [reun'tguen'] *vt* radiographier
Rosenkohl [rozen'kol] *der* chou de Bruxelles
Rosine [rozine] *die* raisin sec
Rostbratwurst [rostbratvourst] *die* saucisse grillée
rösten [reusten'] *vt* faire griller
rot [rot] *adj* rouge
Rot [rot] *das* ❶ rouge ❷ feu rouge
Röteln [reuteln] *pl* rubéole
Rotkohl [rotkol] *der* chou rouge
Rotkraut [rotkraot] *das* chou rouge
Roulade [roulade] *die* paupiette
Rücken [ruken'] *der* dos
Rückfahrkarte [rukfarkarte] *die* billet retour
Rückfahrt [rukfart] *die* retour
Rückflug [rukflouk] *der* vol retour
Rückgabeknopf [rukgabeknopf] *der* bouton de restitution de la monnaie
Rückreise [rukraïze] *die* retour
Rucksack [roukzak] *der* sac à dos
Rückseite [rukzaïte] *die* [d'une feuille] verso
Rücksicht [rukzisht] *die* égard
Rücksitz [rukzits] *der* siège arrière
rückwärts [rukvèrts] *adv* en arrière
Rückweg [rukvék] *der* chemin du retour
Rückzahlung [ruktsaloun'g] *die* remboursement
Ruder [rouder'] *das* [d'une embarcation] rame
Ruderboot [rouderbot'] *das* barque
Ruf [rouf] *der* appel
Ruhe [rue] *die* silence
Ruhetag [ruetak] *der* jour de repos
ruhig [rouish] *adj* calme
Rührei [ruraï] *das* œuf brouillé
rühren [ruren'] *vt* [avec une cuillère] tourner
rund [roun't] ◆ *adj* rond ◆ *adv* environ
Runde [roun'de] *die* tour
Rundfahrt [roun'tfart'] *die* tour *(avec un véhicule)*
Rundflug [roun'tflouk] *der* tour (en avion)
Rundfunk [roun'tfoun'k] *der* radio
Rundgang [roun'dgan'g] *der* [promenade] tour
Rundreise [roun'traïze] *die* circuit
rutschig [routchish] *adj* glissant

S

Saal [zal] *der* salle
Sache [sarre] *die* chose
Sachschaden [sarrchaden'] *der* dégât matériel
Sackgasse [zakgasse] *die* impasse
Saft [zaft'] *der* jus
sagen [zaguen'] *vt* dire
Sahne [zane] *die* ❶ crème ❷ crème chantilly
Salat [zalat'] *der* salade

Salatbar [zalatbar] *die comptoir où sont présentés différents types de crudités*
Salbe [zalbe] *die* pommade
Salz [zalts] *das* sel
Salzkartoffeln [zaltskartofeln] *die* pomme de terre vapeur
Sammelfahrschein [zamelfarchaïn] *der* billet collectif
Sammlung [zamloun'g] *die* collection
Samstag [zam'stak] *der* samedi
Sandkasten [zan'tkasten'] *der* bac à sable
Sandstrand [zan'tchtran't] *der* plage de sable
Sänger [zèn'guer'] *der* chanteur
Sardelle [zardèle] *die* anchois
satt sein [zat saïn'] *adv* avoir assez mangé
sauber [zaober'] *adj* ❶ propre ❷ pur
sauer [zaoer'] *adj* aigre
Sauerbraten [zaoer'braten'] *der rôti de bœuf mariné dans du vinaigre avec des épices*
Sauerkirsche [zaoer'kirche] *die* griotte
Sauerkraut [zaoer'kraot] *das* choucroute
Sauerrahm [zaoer'ram] *der* crème fraîche
Sauerteig [zaoer'taïk] *der* levain
Säugling [zoïglin'g] *der* nourrisson
S-Bahn [èssban'] *die* RER
Schaden [chaden'] *der* dommage
Schadenersatz [chadenèrzats] *der* dédommagement
Schaf [chaf] *das* mouton
Schaffner [chafner'] *der* contrôleur
Schafskäse [chafskèze] *der* fromage de brebis
Schal [chal] *der* écharpe
Schalter [chalter'] *der* ❶ interrupteur ❷ guichet
Schalterschluss [chalter'chlouss] *der* fermeture des guichets
scharf [charf] *adj* ❶ coupant ❷ [aliment] fort ❸ [virage] serré
Schaschlik [chachlik] *das* brochette
Schatten [chaten'] *der* ombre
Schatz [chats] *der* trésor
Schau [chao] *die* exposition
schauen [chaoen'] *vi* regarder
Schauer [chaoer'] *der* averse
Schaufenster [chaofèn'ster'] *das* vitrine
Schaufensterbummel [chaofèn'ster'boumel] *der* lèche-vitrines
Schaukel [chaokel] *die* balançoire
Schaum [chaom] *der* mousse
Schaumwein [chaomvaïn] *der* mousseux
Schauspieler [chaochpiler'] *der* acteur
Schauspielhaus [chaochpilhaoss] *das* théâtre
Scheck [chèk] *der* chèque
Scheibe [chaïbe] *die* ❶ tranche ❷ vitre
Scheibenwischer [chaïben'visher'] *der* essuie-glace
Schein [chaïn] *der* billet
scheinen [chaïnen'] *vi* ❶ briller ❷ sembler
Scheinwerfer [chaïn'vèrfer'] *der* phare
Schenkel [chèn'kel] *der* cuisse
schenken [chèn'ken'] *vt* offrir
Schere [chére] *die* ciseaux
schicken [chiken'] *vt* envoyer
Schiedsrichter [chitsrishter'] *der* arbitre

allemand-français

Schienbein [chin'baïn] *das* tibia
schießen [chissen'] *vi* tirer
Schiff [chif] *das* ❶ bateau ❷ nef
Schifffahrt [chif'fart] *die* navigation
Schiffskarte [chifskarte] *die* billet *(sur un bateau)*
Schiffsverbindung [chifsfèrbin'doun'g] *die* liaison par bateau
Schild [chilt] *das* ❶ panneau ❷ étiquette
Schinken [chin'ken'] *der* jambon
Schinkenspeck [chin'ken'chpèk] *der* lard *(de jambon)*
Schirm [chirm] *der* parapluie
schlafen [chlafen'] *vi* dormir
Schlaflosigkeit [chlaflozishkaït] *die* insomnie
Schlafsaal [chlafszal] *der* dortoir
Schlafsack [chlafzak] *der* sac de couchage
Schlafwagen [chlafvaguen'] *der* wagon-lit
Schlag [chlak] *der* coup
Schlagobers [chlagobers] *das* crème chantilly
Schlagsahne [chlakzane] *die* crème chantilly
Schlamm [chlam] *der* boue
Schlange [chlan'gue] *die* ❶ serpent ❷ [de personnes] queue
schlank [chlan'k] *adj* mince
Schlauchboot [chlaorrbot] *das* bateau pneumatique
schlecht [chlèsht'] *adj* mauvais
Schleimhaut [chlaïmhaot] *die* muqueuse
schlendern [chlèndern] *vi* flâner
Schlepplift [chlèplift] *der* tire-fesses
Schleudergefahr [chloïder'guefar] *die* risque de dérapage
Schleuse [chloïze] *die* écluse
schließen [chlissen'] *vt* fermer
Schließfach [chlissfarr] *das* casier
Schlitten [chliten'] *der* luge
Schlittschuh [chlitchou] *der* patin à glace
Schloss [chloss] *das* ❶ serrure ❷ château
Schlucht [chlourrt] *die* gorge
schlucken [chlouken'] *vt* avaler
Schluss [chlouss] *der* fin
Schlüssel [chlussel] *der* clé
Schlussverkauf [chloussfèrkaof] *der* soldes
Schmalz [chmalts] *das* graisse
Schmerz [chmèrts] *der* douleur
Schmerzmittel [chmèrtsmitel] *das* analgésique
schmieren [chmiren'] *vt* tartiner
Schmierkäse [chmirkèze] *der* fromage à tartiner
schminken [chmin'ken'] *vt* maquiller
Schmorbraten [chmorbraten'] *der* bœuf braisé
Schmuck [chmouk] *der* bijou
schmutzig [chmoutsish] *adj* sale
Schnecke [chnèke] *die* escargot
Schnee [chné] *der* neige
Schneeglätte [chnéglète] *die* chaussée glissante
Schneekette [chnékète] *die* chaîne (de voiture)
Schneepflug [chnépfsouk] *der* chasse-neige
schneiden [chnaïden'] *vt* couper
schneien [chnaïnen] *vi* neiger

schnell [chnèl] *adj* **rapide**
Schnellstraße [chnèlchtrasse] *die* **voie express**
Schnitte [chnite] *die* **sandwich**
Schnittkäse [chnitkèze] *der* **fromage en tranches**
Schnittlauch [chnitlaorr] *der* **ciboulette**
Schnitzel [chnitsel] *das* **escalope**
Schnupfen [chnoupfen'] *der* **rhume**
Scholle [chole] *die* **sole**
Schorle [chorle] *die* ***jus de pomme ou vin coupé avec de l'eau minérale***
Schrank [chran'k] *der* **armoire**
Schranke [chran'ke] *die* **barrière**
Schraube [chraobe] *die* **vis**
schreiben [chraïben'] *vt* **écrire**
Schreibwarengeschäft [chraïpvaren'guechèft] *das* **papeterie**
schreien [chraïen'] *vt* **crier**
Schritt [chrit] *der* **pas**
Schritttempo [chrit'tèm'po] – **im Schritttempo au pas**
Schublade [chouplade] *die* **tiroir**
Schüfeli [chufeli] *das* ***viande de porc fumée***
Schuh [chou] *der* **chaussure**
Schuld [choult] *die* **responsabilité**
Schule [choule] *die* **école**
Schüler [chuler'] *der* **élève**
Schülerin [chulerin'] *die* **élève**
Schulferien [choulférin'] *pl* **vacances scolaires**
Schulter [choulter'] *die* **épaule**
Schuss [chouss] *der* ❶ [arme à feu] **coup** ❷ [balle] **tir**
Schüssel [chussel] *die* ❶ **saladier** ❷ **plat**
Schutt [chout] *der* **gravats**
schütteln [chuteln] *vt* **secouer**
Schutz [chouts] *der* **protection**
Schutzbrief [choutsbrif] *der* **contrat d'assistance**
Schützenfest [chutsen'fèst] *das* ***fête de la bière incluant un concours de tir***
Schwamm [chvam'] *der* **éponge**
schwanger [chvan'guer'] *adj* **enceinte**
Schwangerschaft [chvan'guerchaft] *die* **grossesse**
schwarz [chvarts] *adj* **noir**
Schwarzbrot [chvartsbrot] *das* **pain noir**
schwarzfahren [chvartsfaren'] *vi* **voyager sans billet**
Schwebebahn [chvébeban'] *die* **train suspendu**
Schwein [chvaïn'] *das* **porc**
Schweinebraten [chvaïnebraten'] *der* **rôti de porc**
Schweinshaxe [chvaïns'hakse] *die* ***jarret de porc rôti***
Schwerbehinderte [chvèrbehin'derte] *der* **invalide**
Schwester [chvèster'] *die* ❶ **sœur** ❷ **infirmière**
schwierig [chvirish] *adj* **difficile**
Schwimmbad [chvim'bat'] *das* **piscine**
schwimmen [chvimen'] *vt* **nager**
Schwimmerbecken [chvimer'bèken'] *das* **grand bassin**
Schwimmhalle [chvim'hale] *die* **piscine couverte**
Schwimmweste [chvim'vèste] *die* **gilet de sauvetage**
schwül [chvul] *adj* [temps] **lourd**
See¹ [zé] *der* **lac**
See² [zé] *die* **mer**
Seebad [zébat] *das* **station balnéaire**

segeln [zégueln] *vi* **faire de la voile ; naviguer**
sehen [zéen'] *vt* **voir**
sehr [zér'] *adv* ❶ **très** ❷ **beaucoup**
Seide [zaïde] *die* **soie**
Seife [zaïfe] *die* **savon**
Seilbahn [zaïlban'] *die* **téléphérique**
sein[1] [zaïn] *vi* **être**
sein[2] [zaïn'] *art* **son ; sa ; ses**
seit [zaït'] *prép* **depuis**
Seite [zaïte] *die* ❶ **côté** ❷ **page**
Seitenstreifen [zaïten'chtraïfen'] *der* **accotement**
Sekt [zèkt] *der* **vin mousseux**
Selbstbedienung [zèlpst'bedinoun'g] *die* **self-service**
selbst gemacht [zèlpst' guemarrt'] *adj* **fait maison**
Selters [zèlters] *die OU das* **eau minérale gazeuse**
Semmel [zèmel] *die* **petit pain**
Semmelknödel [zèmelkneudel] *der* ***boulette à base de pain blanc***
Senf [zèn'f] *der* **moutarde**
senkrecht [zèn'krèsht] *adj* **vertical**
September [zèptèm'ber'] *der* **septembre**
Sessel [zèssel] *der* **fauteuil**
Sessellift [zèsselift] *der* **télésiège**
setzen [zètsen'] *vt* **mettre**
sfr. *abr de* Schweizer Franken **FS *(franc suisse)***
sicher [zisher'] *adj* **sûr**
Sicherheitsgurt [zisher'haïtsgourt] *der* **ceinture de sécurité**
Sicherung [zisheroun'g] *die* **fusible**
Sicht [zisht] *die* **vue**
sichtbar [zisht'bar] *adj* **visible**
sie [si] *pron* ❶ **elle** ❷ **la**
Sie [si] *pron* **vous**
Siedlung [sitloun'g] *die* **lotissement**
Sieger [siguer'] *der* **vainqueur**
Silber [zilber'] *das* **argent**
Silvester [zilvèster'] *das* **Saint-Sylvestre**
singen [zin'guen'] *vt* **chanter**
Sitte [zite] *die* **coutume**
Sitz [zits] *der* **siège**
sitzen [zitsen'] *vi* **être assis**
Sitzplatz [zitsplats] *der* **place assise**
Skiausrüstung [chiaosrustoun'g] *die* **équipement de ski**
Skikurs [chikourss] *der* **cours de ski**
Skilehrer [chilérer'] *der* **moniteur de ski**
Skilift [chilift] *der* **remonte-pente**
Skistock [chichtok] *der* **bâton de ski**
sofort [zofort'] *adv* **tout de suite**
Sohn [zon] *der* **fils**
solange [zolan'gue] *conj* **tant que**
sollen [zolen'] *vi* **devoir**
Sommerfahrplan [zomer'farplan'] *der* **horaires d'été**
Sonderangebot [zon'der'an'guebot] *das* **promotion**
sondern [zon'dern] *conj* **mais**
Sonderpreis [zon'der'praïss] *der* **prix spécial**
Sonnabend [zoonaben't] *der* **samedi**
Sonne [zone] *die* **soleil**
Sonnenschirm [zonen'chirm] *der* **parasol**
sonnig [zonish] *adj* **ensoleillé**
Sonntag [zon'tak] *der* **dimanche**
sonn- und feiertags *adv* **le dimanche et les jours fériés**

Spanferkel [chpan'fèrkel] *das* **cochon de lait**
Spargel [chparguel] *der* **asperge**
Sparkasse [chparkasse] *die* **caisse d'épargne**
Spaßbad [chpassbat] *das* **parc aquatique**
spät [chpèt'] *adv* **tard**
später [chpèter'] *adv* **plus tard**
spätestens [chpètesten's] *adv* **au plus tard**
Spätlese [chpètleze] *die* ***vin de qualité issu d'une récolte tardive***
Spätvorstellung [chpètforchtèloun'g] *die* **séance de minuit**
Spätzli [chpètsli] *pl* ***petites pâtes aux œufs frais***
Spaziergang [chpatsirgan'g] *der* **promenade**
Speck [chpèk] *der* ❶ **lard** ❷ **graisse**
Speisekarte [chpaïzekarte] *die* [menu] **carte**
Speisesaal [chpaïzezal] *der* [dans un hôtel] **salle à manger**
Speisewagen [chpaïzevaguen'] *der* **wagon-restaurant**
Spezi® [chpéti] *das* **mélange de Coca-Cola® et de Fanta®**
Spiegelei [chpiguelaï] *das* **œuf au plat**
Spiel [chpil] *das* ❶ **jeu** ❷ **match**
spielen [chpilen'] *vt* **jouer**
Spieler [chpiler'] *der* **joueur**
Spielfilm [chpilfilm] *der* **film**
Spielplatz [chpilplats] *der* **terrain de jeux**
Spieß [chpiss] *der* [pour rôtir] **broche**
Spießchen [chpissshen'] *das* **brochette**
Spinat [chpinat'] *der* **épinard**
Spirituskocher [chpiritouskorrer'] *der* **réchaud à alcool**
Spitze [chpitse] *die* ❶ **pointe** ❷ **sommet**
Sporthalle [chporthale] *die* **gymnase**
Sporthotel [chporthotèl] *das* ***hôtel équipé d'installations pour les sports d'hiver***
Sportler [chportler'] *der* **sportif**
Sportplatz [chortplats] *der* **terrain de sport**
Sprache [chprarre] *die* **langue**
sprechen [chprèshen'] *vi* **parler**
Sprechstunde [chprèshchtoun'de] *die* [chez le médecin] **consultation**
springen [chprin'guen'] *vi* **sauter**
Sprudel [sproudel] *der* **eau gazeuse**
Sprühregen [chpruréguen'] *der* **bruine**
Sprungbrett [chproun'gbrèt] *das* **tremplin**
Spüle [chpule] *die* **évier**
Spülmaschine [chpulmachine] *die* **lave-vaisselle**
Spülmittel [chpulmitel] *das* **produit vaisselle**
Spülung [chpuloun'g] *die* **chasse d'eau**
Spur [chpour] *die* ❶ **trace** ❷ **voie**
Spurrillen [chpour'rilen'] *pl* **ornières**
Staat [chtat'] *der* [pays] **état**
Staatsangehörigkeit [chtats'an'gueheurishkaït'] *die* **nationalité**
Stachel [chtarrel] *der* ❶ **dard** ❷ **épine**
Stachelbeere [chtarrelbére] *die* **groseille à maquereau**
Stadt [chtat'] *die* **ville**
Stadtautobahn [chtat'aotoban'] *die* **autoroute urbaine**
Stadtbummel [chtat'boumel] *der* **balade en ville**

Stadtführung [chtat'furoun'g] *die* visite de la ville
städtisch [stèdtich] *adj* municipal
Stadtmitte [chtat'mite] *die* centre-ville
Stadtrundfahrt [chtat'roundfart] *die* tour de la ville
Stammtisch [chtamtich] *der* table des habitués
Standlicht [chtan'tlisht] *das* feux de position
Standspur [chtan'tchpour] *die* bande d'arrêt d'urgence
Stangenbrot [chtan'guen'brot] *das* baguette
stark [chtark] *adj* fort
Start [chtart] *der* ❶ décollage ❷ [course] départ
statt [chtat] *conj & prép* au lieu de
stattfinden [chtat'fin'den'] *vi* avoir lieu
Stau [chtao] *der* embouteillage
Staubsauger [chtaopzaoguer'] *der* aspirateur
Staudamm [chtaodam'] *der* barrage
Staugefahr [chtaoguefar] *die* risque de bouchon
Stausee [chtaozé] *der* lac de barrage
Std. *abr de* Stunde heure
Steakhaus [stékhaoss] *das* grill
Stechmücke [chtéshmuke] *die* moustique
Steckdose [chtèkdoze] *die* prise électrique
stecken [chtèken'] *vt* mettre
Stecker [chtèker'] *der* prise (mâle)
Steg [chték] *der* passerelle
Stehcafé [chtékafé] *das* snack-bar
stehen [chtéen'] *vi* être
Stehplatz [chtéplats] *der* place debout
Steigung [chtaïgoun'g] *die* pente
steil [chtaïl] *adj* ❶ [rue] raide ❷ à pic
Steilküste [chtaïlkuste] *die* falaise
Stein [chtaïn] *der* ❶ pierre ❷ [d'un fruit] noyau
Steinbutt [chtaïnbout] *der* turbot
Steinpilz [chtaïnpilts] *der* cèpe
Steinschlag [chtaïnchlak] *der* chute de pierres
stellen [chtèlenl] *vt* mettre
Stempel [chtèèm'pel] *der* tampon
Stereoanlage [chtéréoan'lague] *die* chaîne hi-fi
Stern [chtèrn] *der* étoile
Steuer[1] [chtoïer'] *die* impôt
Steuer[2] [chtoïer'] *das* [d'une voiture] volant
Stiefel [chtifel] *der* botte
Stiel [chtil] *der* [d'un balai, d'une poêle] manche
Stier [chtir'] *der* taureau
Stift [chtift] *der* stylo
Stimmung [chtimoun'g] *die* ❶ humeur ❷ ambiance
Stirn [chtirn] *die* front
Stock [chtok] *der* ❶ bâton ❷ étage
Stockwerk [chtokvèrk] *das* étage
Stoff [chtof] *der* tissu
Stöpsel [chteupsel] *der* bouchon
stören [chteuren'] *vt* déranger
Störung [chteuroun'g] *die* dérangement
Str. *abr de* Straße [chtrasse] rue
Strafe [chtrafe] *die* ❶ punition ❷ amende
Strafzettel [chtraftsètel] *der* contravention
Strand [chtran't] *der* plage

Strandkorb [chtran'tkorp] *der* *fauteuil en osier servant d'abri de plage*
Straße [chtrasse] *die* ❶ route ❷ rue
Straßenbahn [chtrassen'ban'] *die* tramway
Straßenglätte [chtrassen'glète] *die* verglas
Straßenschäden [chtrassen'chèdén'] *pl* route en mauvais état
Strecke [chtrèke] *die* ❶ trajet ❷ distance
streicheln [chtraïsheln] *vt* caresser
streichen [chtraïshen'] *vt* ❶ peindre ❷ rayer
Streichkäse [chtraïshkèze] *der* fromage à tartiner
Streifenkarte [chtraïfen'karte] *die* *carte de bus ou de métro dont on poinçonne une ou plusieurs bandes*
streiken [chtraïken'] *vi* faire grève
streng [chtrèn'g] *adj* strict
streuen [chtroïen'] *vt* répandre
Streuselkuchen [chtroïzelkourren'] *der* *gâteau saupoudré d'un mélange de beurre, de sucre et de farine réduit en miettes*
Strickwaren [chtrikvaren'] *pl* articles de tricot
Strohhalm [chtrohalm] *der* [pour boire] paille
Strom [chtrom'] *der* ❶ [électrique] courant ❷ fleuve
Stück [chtuk] *das* ❶ part ❷ [théâtre] pièce
Student [chtouden't] *der* étudiant
Stufe [chtoufe] *die* [escalier] marche
Stuhl [chtoul] *der* chaise
Stunde [chtoun'de] *die* heure
Sturm [chtourm] *der* tempête
Sturzhelm [chtourtshèlm] *der* casque
Stuten [chtouten'] *der* *brioche aux raisins secs et aux amandes*
STVO *die* code de la route
suchen [zourren'] *vt* chercher
Sülze [zultse] *die* fromage de tête
Sumpf [zoumpf] *der* marécage
Suppe [zoupe] *die* soupe
süß [zuss] *adj* ❶ sucré ❷ mignon
süßsauer [zuss'zaoer'] *adj* aigre-doux
Süßspeise [zuss'chpaïze] *die* entremets
Süßstoff [zuss'chtof] *der* édulcorant
Süßwaren [zuss'varen'] *pl* confiseries

T

Tablett [tablèt] *das* plateau
Tablette [tablète] *die* comprimé
Tafelwasser [tafelvasser'] *das* ❶ eau plate ❷ eau minérale gazeuse
Tafelwein [tafelvaïn'] *der* vin de table
Tag [tak] *der* jour
Tage [tague] *pl* [menstruation] règles
Tag der Deutschen Einheit [tak dèr' doïtchen' aïn'haït'] *der* *fête nationale allemande*
Tagesfahrkarte [taguesfarkarte] *die* carte de transport pour la journée
Tagesfahrt [taguesfart] *die* excursion d'une journée
Tagesgericht [taguesguerisht'] *das* plat du jour
Tageskarte [tagueskarte] *die* ❶ menu du jour ❷ carte de transport pour la journée
Tagesrückfahrkarte [taguesrukfarkarte] *die* billet aller-retour *(valable une journée)*

allemand-français

Tageszeitung [taguestsaïtoun'g] *die* quotidien
täglich [tèglish] *adj* quotidien
Tal [tal] *das* vallée
Talsperre [talchpère] *die* barrage de vallée
Tank [tan'k] *der* réservoir
tanken [tan'ken'] *vi* prendre de l'essence
Tankstelle [tan'kchtèle] *die* station-service
Tankwart [taan'kvart] *der* pompiste
Tanne [tane] *die* sapin
tanzen [tan'tsen'] *vt* danser
Tasche [tache] *die* ❶ sac ❷ poche
Taschendieb [tachen'dip] *der* pickpocket
Taste [taaste] *die* touche
Taube [taobe] *die* pigeon
tauchen [taorren'] *vi* plonger (sous l'eau)
taufen [taofen'] *vt* baptiser
tauschen [taorren'] *vt* échanger
Taxistand [taksichtan't] *der* station de taxis
Tee [té] *der* ❶ thé ❷ infusion
Teebeutel [téboïtel] *der* sachet de thé
Teich [taïsh] *der* étang
Teig [taïk] *der* pâte
Teigwaren [taïkvaren'] *pl* pâtes alimentaires
Teil [taïl] *der* partie
teilnehmen [taïlnémen'] *vi* participer
Teller [tèler'] *der* assiette
Tellerfleisch [tèler'flaïsh] *das viande de bœuf cuite, servie avec du raifort et des pommes de terre à l'eau*
Tempolimit [tèm'polimit'] *das* limitation de vitesse
Tennisplatz [tènisplats] *der* court de tennis
Tennisschläger [tènis'chlèguer'] *der* raquette de tennis
Teppich [tèpish] *der* ❶ tapis ❷ moquette
Termin [tèrmin'] *der* rendez-vous
teuer [toïer'] *adj* cher
Teufel [toïfel] *der* diable
Theaterkarte [téater'karte] *die* billet de théâtre
Theaterstück [téater'chtuk] *das* pièce de théâtre
Theke [téke] *die* comptoir
Thermalbad [tèrmalbat] *das* bain thermal
T(h)unfisch [toun'fich] *der* thon
tief [tif] *adj* ❶ profond ❷ bas
Tiefe [tife] *die* profondeur
Tiefgarage [tifgarage] *die* parking souterrain
tiefgefroren [tifguefroren'] *adj* surgelé
tiefgekühlt [tifguekult] *adj* congelé
Tiefkühltruhe [tifkultroue] *die* congélateur
Tier [tir] *das* animal
Tinte [tin'te] *die* encre
Tintenfisch [tin'ten'fich] *der* seiche
Tipp [tip] *der* tuyau
Tisch [tich] *der* table
Tochter [torrter'] *die* fille
tödlich [teutlish] *adj* mortel
toll [tol] *adj* génial
Tollwut [tolvout] *die* rage
Ton [ton'] *der* ❶ ton ❷ [de la télévision] son ❸ argile ; terre
Tonne [tone] *die* ❶ tonneau ❷ tonne
Topfen [topfen'] *der* fromage blanc

Tor [tor] *das* ❶ **porte** ❷ [sport] **but**
Torte [torte] *die* **gâteau**
tot [tot'] *adj* **mort**
töten [teuten'] *vt* **tuer**
Tracht [trarrt] *die* **costume traditionnel**
Trachtenfest [trarrten'fèst] *das* **fête folklorique** *(en costumes)*
Trafik [trafik] *die* **débit de tabac**
tragen [traguen'] *vt* **porter**
Tragetasche [traguetache] *die* **sac à provisions**
Transportmittel [tran'sport'mitel] *das* **moyen de transport**
Traube [traobe] *die* **raisin**
Traum [traom] *der* **rêve**
traurig [traorish] *adj* **triste**
treffen [trèfen'] *vt* ❶ **rencontrer** ❷ [but] **atteindre**
Treffpunkt [trèfpoun'kt] *der* **lieu de rendez-vous**
Treibstoff [traïpchtof] *der* **carburant**
trennen [trènen'] *vt* **séparer**
Treppe [trèpe] *die* **escalier**
Tresen [trézen'] *der* **comptoir**
Tretboot [trétbot'] *das* **Pédalo®**
treten [tréten'] *vt* [frein, embrayage] **appuyer sur**
Trimm-dich-Pfad *der* **parcours de santé**
trinkbar [trin'kbar] *adj* **potable**
trinken [trin'ken'] *vt* **boire**
Trinkgeld [trin'kguèlt'] *das* **pourboire**
Trinkhalle [trin'khale] *die* **buvette**
Trinkhalm [trin'khalm] *der* [pour boire] **paille**
Trinkwasser [trin'kvasser'] *das* **eau potable**
trocken [troken'] *adj* **sec**
trocknen [troknen'] *vt* **sécher**
Trödelmarkt [treudelmarkt] *der* **brocante**
Tropfen [tropfen'] *der* **goutte**
Tropfsteinhöhle [tropfchtaïnheule] *die* **grotte de stalagtites**
trotz [trotst] *prét* **malgré**
trüb [trup] *adj* **trouble**
Trüffel [trufel] *der* **truffe**
Truthahn [trouthan'] *der* **dinde**
Tuch [tourr] *das* ❶ **foulard** ❷ **chiffon**
tun [toun'] *vt* **faire**
Tür [tur'] *die* **porte**
Turm [tourm] *der* [bâtiment] **tour**
Turnhalle [tournhale] *die* **gymnase**
Turnier [tournir'] *das* **tournoi**
Turnschuh [tournchu] *der* **chaussure de sport**
Tüte [tute] *die* **sac**

U

U-Bahn [ouban'] *die* **métro**
Übelkeit [ubelkaït] *die* **nausée**
üben [uben'] *vi* [sport] **s'entraîner**
über [uber'] ◆ *adv* **plus de** ◆ *prép* ❶ **au-dessus de** ❷ **via** ❸ **de**
überall [uberal] *adv* **partout**
überbacken [uber'baken'] *vt* **gratiner**
überbucht [uber'bourrt] *adj* **surbooké**
Überfahrt [uber'fart] *die* **traversée**
überfüllt [uber'fult] *adj* **bondé**
Übergewicht [uber'guevisht] *das* **surcharge**
überholen [uber'holen'] *vt* **doubler**

Überholverbot [uber'holfèrbot'] *das* interdiction de dépasser

übermorgen [uber'morguen'] *adv* après-demain

Übernachtung [uber'narrtoun'g] *die* nuitée

Überschwemmung [uber'chvèmoun'g] *die* inondation

Übersetzung [uber'zètsoun'g] *die* traduction

Übersichtskarte [uber'zishtskarte] *die* carte d'ensemble

überwachen [uber'varren'] *vt* surveiller

überweisen [uber'vaïzen'] *vt* [argent] virer

Ufer [oufer'] *das* rive

Uhr [our] *die* ❶ montre ❷ pendule

Uhrzeit [ourtsaït'] *die* heure

UKW [oukavé] *die* FM

um [um] *prép* ❶ autour de ❷ à

umbuchen [oum'bourren'] *vt* modifier une réservation

umdrehen [oum'dréen'] *vt* ❶ tourner ❷ faire demi-tour

Umgebung [oum'guéboun'g] *die* environs

Umgehungsstraße [oum'guéoun'gchtrasse] *die* déviation ; rocade

umgekehrt [oum'guekért] *adj* inverse

umkehren [oum'kéren'] *vi* faire demi-tour

Umkleideraum [oum'klaïderaom] *der* vestiaire

Umleitung [oum'laïtoun'g] *die* déviation

Umschlag [oum'chlak] *der* [lettre] enveloppe

umsonst [oum'zon'st] *adj* en vain

Umsteigebahnhof [oum'chtaïgueban'hof] *der* gare de correspondance

umsteigen [oum'chtaïguen'] *vi* [correspondance] changer

Umtausch [oum'taoch] *der* échange

Umweg [oum'vék] *der* détour

Umweltbewusstsein [oum'vèltbevustsaïn'] *das* respect de l'environnement

Unbefugte [oun'befukte] – **für Unbefugte Zutritt verboten!** entrée interdite aux personnes non autorisées

unbekannt [oun'bekan't] *adj* inconnu

unberechtigt [oun'berèshtikt] *adj* non autorisé

und [ount] *conj* et

unerlaubt [ounerlaopt] *adj* sans autorisation

Unfall [oun'fal] *der* accident

Unfallstation [oun'falchtatsion'] *die* urgences

ungefähr [oun'guefèr] *adv* environ

ungültig [oun'gultish] *adj* non valable

Unkostenbeitrag [oun'kosten'baïtrak] *der* participation aux frais

unregelmäßig [oun'reguelmèssish] *adj* irrégulier

unser [oun'zer'] *art* notre ; nos

unten [oun'ten'] *adv* en bas

unter [oun'ter] *prép* sous

Unterbrechung [oun'ter'brèshoun'g] *die* interruption

Unterbringung [oun'ter'brin'goun'g] *die* hébergement

Unterführung [oun'terfuroun'g] *die* passage souterrain

Unterhaltung [oun'ter'haltoun'g] *die* ❶ conversation ❷ divertissement
Unterkunft [oun'ter'koun'ft] *die* hébergement
unternehmen [oun'ternémen'] *vt* entreprendre
Unterricht [oun'ter'risht'] *der* cours
unterschiedlich [oun'terchitlish] *adj* différent
unterschreiben [oun'ter'chraïben'] *vt* signer
Unterschrift [oun'ter'chrift] *die* signature
unterstreichen [oun'ter'chtraïshen'] *vt* souligner
Untersuchung [oun'ter'zourroun'g] *die* [médical] examen
Unterwäsche [oun'ter'vèche] *die* sous-vêtements
unterwegs [oun'tervéks] *adv* en route
unverbindlich [oun'fèrbin'dlish] *adj* sans engagement
unverbleit [oun'fèrblaït] *adj* sans plomb
Unwetter [oun'vèter'] *das* orage
Uraufführung [ouraofuroun'g] *die* première
Urlaub [ourlaop] *der* vacances
Urlauber [ourlaober'] *der* vacancier
Ursache [ourzarre] *die* cause
usw. [oun'tsovaïter'] *abr de* und so weiter etc.

V

Vater [fater'] *der* père
Ventil [vèn'til] *das* soupape
Verabredung [fèraprédoun'g] *die* rendez-vous
Veranstaltung [fèran'chtaltoun'g] *die* manifestation
Verantwortung [fèran'tvortoun'g] *die* responsabilité
Verband [fèrbaan't] *der* pansement
verbieten [fèrbiten'] *vt* interdire
verboten [fèrboten'] *adj* interdit
Verbrauch [fèrbraorr] *der* consommation
Verbrennung [fèrbrènoun'g] *die* brûlure
verbringen [fèrbrin'guen'] *vt* passer
verdorben [fèrdorben'] *adj* [aliment] abîmé
Verein [fèraïn] *der* association
vereist [fèraïst'] *adj* verglacé
Verfallsdatum [fèrfalsdatoum] *das* date de péremption
vergangen [fèrgan'guen'] *adj* passé
vergessen [fèrguèssen'] *vt* oublier
Vergnügen [fèrgnuguen'] *das* plaisir
Vergnügungspark [fèrgnugoun'gspark] *der* parc d'attractions
vergoldet [fèrgoldet'] *adj* plaqué or
verheiratet [fèrhaïratet'] *adj* marié
verkaufen [fèrkaofen'] *vt* vendre
Verkäufer [fèrkoïfer'] *der* vendeur
Verkäuferin [fèrkoïferin'] *die* vendeuse
verkehrsberuhigt [fèrkèrsberuikt] *adj* à circulation réduite
Verkehrsführung beachten [fèrkèrsfuroun'g bearrten'] respecter le sens de la circulation
Verkehrsverein [fèrkèrsfèraïn] *der* syndicat d'initiative
verlängern [fèrlèn'guern] *vt* prolonger
verlassen [fèrlassen'] *vt* quitter

Verleih [fèrlaïh] *der* location
verleihen [fèrlaïhen'] *vt* louer
verlieren [fèrliren'] *vt* perdre
Verlosung [fèrloszoun'g] *die* loterie
Verlust [fèrloust'] *der* perte
vermieten [fèrmiten'] *vt* louer
Vermieter [fèrmiter'] *der* loueur
Verpackung [fèrpakoun'g] *die* emballage
verpassen [fèrpassen'] *vt* manquer
Verpflegung [fèrpflégoun'g] *die* nourriture
versammeln [fèrzameln] *vt* rassembler
verschenken [fèrchèn'ken'] *vt* faire cadeau de
verschieben [fèrchiben'] *vt* déplacer ; reporter
verschieden [fèrchiden'] *adj* différent
verschlechtern [fèrchlèshtern] *vt* détériorer
verschließen [fèrchlissen'] *vt* fermer
Verschluss [fèrchlouss] *der* ❶ fermoir ❷ capsule
verschneit [fèrchnaït] *adj* enneigé
verschreiben [fèrchraïben'] *vt* prescrire
verschreibungspflichtig [fèrchraïboun'gspflishtish] *adj* délivré sur ordonnance
versichert [fèrzishert] *adj* assuré
Versicherung [fèrzisheroun'g] *die* assurance
versilbert [fèrzilbert] *adj* plaqué argent
Verspätung [fèrchpètoun'g] *die* retard
verstehen [fèrchtéen'] *vt* comprendre
verteilen [fèrtaïlen'] *vt* distribuer
Vertrag [fèrtrak] *der* contrat
vertreten [fèrtréten'] *vt* remplacer
Vertretung [fèrtrétoun'g] *die* remplaçant
Verwaltung [fèrvaltoun'g] *die* administration
verwenden [fèrvèn'den'] *vt* utiliser
Verzeihung [fèrtsaïoun'g] *die* pardon
verzichten [fèrtsishten'] *vi* renoncer
Verzögerung [fèrtseugueroun'g] *die* retard
verzollen [fèrtsolen'] *vt* déclarer à la douane
viel [fil] ◆ *adj* nombreux ◆ *art* beaucoup de ◆ *adv* beaucoup
vielleicht [filaïsht] *adv* ❶ peut-être ❷ environ
vierspurig [firchpourish] *adj* à quatre voies
Viertel [firtel] *das* ❶ quart ❷ quartier
Viertelstunde [firtelchtoun'de] *die* quart d'heure
Visum [vizoum'] *das* visa
Vogel [foguel] *der* oiseau
Volksfest [folksfèst] *das* fête foraine
Volkstanz [folkstan'ts] *der* danse folklorique
voll [fol] *adj* plein
volljährig [folièrish] *adj* majeur
Vollkaskoversicherung [folkaskofèrzisheroun'g] *die* assurance tous risques
Vollkornbrot [folkornbrot'] *das* pain complet
Vollmilch [folmilsh] *die* lait entier
Vollpension [folpen'zion'] *die* pension complète

Vollwertkost [volvèrtkost] *die* **aliments complets**
von [fon'] *prép* **de**
vor [for'] *prép* ❶ **devant** ❷ **avant**
voraus [foraos'] – **im voraus** *adv* **d'avance**
Voraussetzung [foraos'zètsoun'g] *die* **condition**
vorbei [forbaï saïn] *adj* **être terminé**
Vorbereitung [forberaïtoun'g] *die* **préparation**
Vorbestellung [forbechtèloun'g] *die* **réservation**
vordere [fordere] *adj* **de devant**
Vorfahrt [forfart'] *die* **priorité**
Vorführung [forfuroun'g] *die* **présentation**
vorgesehen [forguezéen'] *adj* **prévu**
Vorhang [forhan'g] *der* **rideau**
Vorhängeschloss [forhèn'guechloss] *das* **cadenas**
vorher [forher'] *adv* **avant**
Vorhersage [forhérzague] *die* [météo] **prévisions**
vorläufig [forloïfish] *adj* **provisoire**
Vormittag [formitak] *der* **matinée**
vorn [forn] *adv* **devant**
Vorname [forname] *der* **prénom**
Vorort [forort] *der* **banlieue**
Vorrat [for'rat] *der* **réserves**
Vorsaison [forzèzon] *die* **saison creuse**
Vorschlag [forchlak] *der* **proposition**
Vorschrift [forchrift] *die* **instruction**
Vorsicht [forzisht'] *die* **prudence**
vorsichtig [forzishtish] *adj* **prudent**
Vorspeise [forchpaïze] *die* **hors-d'œuvre**
Vorstellung [forchtèloun'g] *die* **représentation**
Vorteil [fortaïl] *der* **avantage**
Vortrag [fortrak] *der* **conférence**
Vor- und Zuname *der* **nom et prénom**
Vorverkauf [forfèrkaof] *der* **location**
Vorwahl [forval] *die* [téléphone] **indicatif**

W

waagerecht [vaguerèsht] *adj* **horizontal**
wach [varr] *adj* **réveillé**
Wacholder [varrolder'] *der* **genièvre**
wachsen [vaksen'] *vi* **pousser**
Wachtel [varrtel] *die* **caille**
Wächter [vèshter'] *der* **gardien**
Waffe [vafe] *die* **arme**
Waffel [vafel] *die* **gaufre**
Wagen [vaguen'] *der* **voiture**
Wahl [val] *die* ❶ **choix** ❷ **élection**
wählen [vèlen'] *vt* ❶ **choisir** ❷ [numéro de téléphone] **composer**
während [vèren't] *prép* **pendant**
Wald [valt] *der* **forêt**
Waldlehrpfad [valtlérpfat] *der* **sentier botanique**
Waldweg [valtvék] *der* **chemin forestier**
Walnuss [valnouss] *die* **noix**
Walzer [valtser'] *der* **valse**
Wand [van't] *die* **mur**
Wanderkarte [van'der'karte] *die* **carte de (grande) randonnée**
wandern [van'dern] *vi* **faire de la randonnée**

Wanderweg [van'der'vék] *der* sentier de (grande) randonnée
wann [van'] *adv* quand
Ware [vare] *die* marchandise
Warenhaus [varen'haoss] *das* grand magasin
warm [varm] *adj* chaud
warnen [vaarnen'] *vt* avertir
warten [varten'] *vi* attendre
warum [varoum'] *adv* pourquoi
was [vass] *pron* ❶ [interrogation] que ❷ combien ❸ quoi ❹ quelque chose
Wäsche [vèche] *die* ❶ linge ❷ lavage
waschen [vachen'] *vt* laver
Waschmittel [vachmitel] *das* lessive
Wasser [vasser'] *das* eau
wasserdicht [vasser'disht] *adj* étanche
Wasserfall [vasser'fal] *der* cascade
Wasserhahn [vasser'han'] *der* robinet
wasserlöslich [vasser'leuzlish] *adj* soluble dans leau
Wassermelone [vasser'mélone] *die* pastèque
Watte [vate] *die* ouate
Wechselgeld [vèkselguèlt] *das* monnaie
wechseln [vèkseln] *vt* ❶ changer ❷ faire la monnaie
Wechselstube [vèkselchtoube] *die* bureau de change
wecken [vèken'] *vt* réveiller
Wecker [vèker'] *der* réveil
weg [vèk'] *adv* [fort] parti
Weg [vég'] *der* chemin
wegen [véguen'] *prép* à cause de
Wegweiser [vékvaïser'] *der* panneau indicateur
wegwerfen [vèkvèrfen'] *vt* jeter
weiblich [vaïplish] *adj* féminin
weich [vaïsh] *adj* ❶ mou ❷ doux
weich gekocht [vaïsh guekorrt] *adj* ❶ à la coque ❷ cuit
Weichkäse [vaïchkèse] *der* fromage à pâte molle
Weihnachten [vaïnarrten'] *neutre* Noël
Weihnachtsabend [vaïnarrtsaben't] *der* réveillon de Noël
Weihnachtsmann [vaïnarrtsman'] *der* père Noël
Weihnachtsmarkt [vaïnarrtsmarkt] *der* marché de Noël
Weihnachtstag [vaïnarrtstak] *der* jour de Noël
weil [vaïl] *conj* parce que
Wein [vaïn] *der* ❶ vin ❷ vigne
Weinberg [vaïnbèrk] *der* vignoble
weinen [vaïnen'] *vi* pleurer
Weinlese [vaïnléze] *die* vendanges
Weinprobe [vaïnprobe] *die* dégustation de vins
Weinstube [vaïnchtoube] *die* bar à vin
Weintraube [vaïn'traobe] *die* raisin
weiß [vaïss] *adj* blanc
Weißbier [vaïssbir'] *das bière blanche faite de froment*
Weiße [vaïsse] *die* bière blanche
Weißkohl [vaïsskol] *der* chou blanc
Weißwurst [vaïssvourst] *die saucisse blanche à base de viande de veau hâchée*
weit [vaït'] ◆ *adj* ❶ long ❷ large ◆ *adv* ❶ beaucoup ❷ loin
weiter [vaïter'] *adv* plus loin
weiterfahren [vaïter'faren'] *vi* continuer

Weizen [vaïtsen'] *der* **blé**

Weizenbier [vaïtsen'bir'] *das* ***bière blonde faite à partir de froment***

welche [vèlshe] ◆ *art* **quel ; quels** ◆ *pron* [interrogation] **lequel ; lesquels**

Wellenbad [vèlen'bat] *das* **bassin à vagues**

Welt [vèlt] *die* **monde**

wem [vém'] *pron* **à qui**

wen [vén'] *pron* **qui**

Wendemöglichkeit [vèn'demeuglishkaït] – **keine Wendemöglichkeit impossible de faire demi-tour**

wenden [vèn'den'] *vt* **tourner**

wenig [vénish] *art* **peu de**

weniger [véniguer'] *adv* **moins**

wenigstens [véniksten's] *adv* **au moins**

wenn [vén'] *conj* ❶ **quand** ❷ **si**

wer [vér'] *pron* [interrogation] **qui**

Werbung [vèrboun'g] *die* **publicité**

werden [vèrden'] *v impers* **devenir**

werfen [vèrfen'] *vt* **lancer**

Werk [vèrk] *das* ❶ **œuvre** ❷ **usine**

Werkstatt [vèrkchtat'] *die* **atelier**

Werktag [vèrktak] *der* **jour ouvrable**

Wert [vért'] *der* **valeur**

Wertsachen [vèrtsarren'] – **bitte achten Sie auf Ihre Wertsachen! attention à vos objets de valeur !**

wertvoll [vèrtfol] *adj* **de valeur**

weshalb [vès'halp] *adv* **pourquoi**

Wespe [vèspe] *die* **guêpe**

Westen [vèsten'] *der* **Ouest**

Wettbewerb [vètbevèrp] *der* **concours**

Wette [vète] *die* **pari**

Wetter [vèter'] *das* **temps**

Wettkampf [vètkam'pf] *der* **compétition**

wichtig [vishtish] *adj* **important**

Wickelraum [vikelraom'] *der* **nurserie**

widerrechtlich [vider'rèshtlish] *adj* **illégal**

wie [vi] ◆ *adv* [interrogation] **comment** ◆ *conj* **comme**

wieder [vider'] *adv* **de nouveau**

Wiederhören [vider'heuren'] – **auf Wiederhören!** *interj* **au revoir !** ***(au téléphone)***

wiederkommen [vider'komen'] *vi* **revenir**

Wiedersehen [vider'zéen'] – **auf Wiedersehen!** *interj* **au revoir !**

Wiedervereinigung [vider'fèraïnigoun'g] *die* **réunification**

wiegen [viguen'] *vi* **peser**

Wiese [vise] *die* **prairie**

wie viel [vi fil] *pron* **combien**

wild [vilt'] *adj* **sauvage**

Wild [vilt'] *das* **gibier**

Wildleder [vilt'léder] *das* **daim**

Wildschwein [viltchvaïn'] *das* **sanglier**

Wildwasser [viltvasser'] *das* **torrent**

willkommen [vilkomen'] *adj* **bienvenu**

Wimper [vim'per'] *die* **cil**

Wind [vin't] *der* **vent**

Windbeutel [vin'tboïtel] *der* **chou (à la crème)**

Windel [vin'del] *die* **couche**

windig [viin'dish] *adj* **venteux**

Windpocken [vin'tpoken'] *pl* **varicelle**

Winter [vin'ter'] *der* **hiver**

Winterfahrplan [vin'ter'farlan'] *der* **horaires d'hiver**

Winterreifen [vin'ter'raïfen] *der* pneu neige
Wintersport [vin'ter'chport'] *der* sport d'hiver
wir [vir] *pron* nous
Wirkung [virkoun'g] *die* effet
Wirsing [virzin'g] *der* chou frisé
Wirt [virt] *der* patron
Wirtschaft [virtchaft'] *die* ❶ économie ❷ restaurant
Wirtshaus [virts'haoss] *das* auberge
wischen [vichen'] *vt* essuyer
wissen [vissen'] *vt* savoir
Wissenschaft [vissen'chaft] *die* science
Witz [vits] *der* blague
wo [vo] *pron* où
Woche [vorre] *die* semaine
Wochenende [vorren'èn'de] *das* week-end
Wochenkarte [vorren'karte] *die* carte hebdomadaire
wöchentlich [veushen'tlish] *adj* hebdomadaire
woher [voer'] *pron* d'où
wohin [voin'] *pron* où
wohnen [vonen'] *vi* habiter
wohnhaft in [von'haft in'] domicilié à...
Wohnmobil [von'mobil] *das* camping-car
Wohnort [vonort] *der* lieu de résidence
Wohnsitz [von'zits] *der* domicile
Wohnung [vonoun'g] *die* appartement
Wohnwagen [von'vaguen'] *der* caravane
Wolke [volke] *die* nuage
Wolle [vole] *die* laine
wollen [volen'] *vi* vouloir
Wort [vort'] *das* mot
Wunde [voun'de] *die* plaie
Wunsch [voun'ch] *der* souhait
wünschen [vun'chen'] *vt* souhaiter
Würfel [vurfel] *der* dé
Würfelzucker [vurfeltsouker'] *der* sucre en morceaux
Wurm [vourm] *der* ver
Wurst [vourst] *die* ❶ saucisse ❷ charcuterie
Würstchen [vurstshen'] *das* saucisse
Wurstwaren [vourstvaren'] *pl* charcuterie
Wurzel [vourtsel] *die* racine
würzig [vurtsish] *adj* [plat] relevé
Würzmischung [vurtsmichoun'g] *die* mélange d'épices

Z

Zahl [tsal] *die* chiffre
zahlen [tsalen'] *vt* payer
zählen [tsèlen'] *vt* compter
Zahlung [tsaloun'g] *die* paiement
Zahn [tsan'] *der* dent
Zäpfchen [zèpfshen'] *das* suppositoire
zart [tsart'] *adj* tendre
Zaun [tsaon'] *der* clôture
Zebrastreifen [tsébrachtraïfen] *der* passage protégé
Zehnerkarte [tséner'karte] *die* carte de dix *(entrées, trajets)*
Zeichen [tsaïshen'] *das* ❶ signe ❷ signal
Zeichenerklärung [tsaïshenèrklèroun'g] *die* légende
zeichnen [tsaïshnen'] *vt* dessiner

zeigen [tsaïguen'] *vt* montrer
Zeit [tsaït'] *die* temps
Zeitschrift [tsaïtchrift] *die* magazine
Zeitung [tsaïtoun'g] *die* journal
Zelt [tsèlt] *das* tente
zelten [tsèlten'] *vi* camper
Zeltplatz [tsèltplats] *der* camping
Zettel [tsètel] *der* bout de papier
Ziege [tsigue] *die* chèvre
ziehen [tsien'] *vt* tirer
Ziel [tsil] *das* but
Ziffer [tsifer'] *die* chiffre
Zimmer [tsimer'] *das* ❶ pièce ❷ chambre
Zimmermädchen [tsimer'mèdchen'] *das* femme de chambre
Zimmerschlüssel [tsimer'chlussel] *der* clé de la chambre
Zimt [tsim't] *der* cannelle
zirka [tsirka] *adv* environ
ZOB *abr de* Zentraler Omnibusbahnhof gare routière centrale
Zollabfertigung [tsolapfèrtigoun'g] *die* formalités de douane
Zollbeamte [tsolbeam'te] *der* douanier
Zollerklärung [tsolèrklèroun'g] *die* déclaration de douane
zollfrei [tsolfraï] *adj* en franchise de douane
zollpflichtig [tsolpflishtish] *adj* soumis à des droits de douane
Zopf [tsopf] *der* ❶ tresse ❷ *gâteau ou pain en forme de tresse*
zu [tsou] ◆ *prép* ❶ à ❷ chez ❸ pour ◆ *conj* [avec un infinitif] à ; de
Zubringer [tsoubrin'guer'] *der* bretelle d'autoroute
Zucchini [tsoukini] *die* courgette
Zucker [tsouker'] *der* sucre
zuckerkrank [tsouker'kran'k] *adj* diabétique
Zuckerwatte [tsouker'vate] *die* barbe à papa
zudrehen [tsoudréen'] *vt* fermer *(en tournant)*
zuerst [tsouèrst'] *adv* en premier
Zufahrtsstraße [tsoufarts'chtrasse] *die* route d'accès
zufrieden [tsoufriden'] *adj* satisfait
Zug [tsouk] *der* train
Zugabteil [tsoukaptaïl] *das* compartiment
Zugang [tsougan'g] *der* accès
Zugauskunft [tsoukaoskoun'ft] *die* informations (sur les trains)
Zugführer [tsoukfurer'] *der* conducteur de train
Zugschaffner [tsoukchafner'] *der* contrôleur du train
Zugverbindung [tsoukfèrbin'doun'g] *die* correspondance
Zukunft [tsoukoun'ft] *die* avenir
zuletzt [tsoulètst] *adv* en dernier
zumachen [tsoumarren'] *vt* fermer
Zuname [tsouname] *der* nom de famille
Zündschlüssel [tsun'tchlussel] *der* clé de contact
Zunge [tsoun'gue] *die* langue
zurück sein [tsouruk saïn'] être de retour
zurückbekommen [tsourukbekomen'] *vt* récupérer
zurückfahren [tsourukfaren'] *vi* ❶ retourner ❷ reculer
zurückgeben [tsourukguében'] *vt* rendre

zurückrufen [tsourukrufen'] *vt* rappeler

zurücktreten [tsouruktréten'] – **bitte zurücktreten!** veuillez reculer !

zurückzahlen [tsouruktsalen'] *vt* rembourser

Zusage [tsouzague] *die* acceptation

zusammen [tsouzamen'] *adv* ❶ ensemble ❷ en tout

Zusammensetzung [tsouzamen'zètsoun'g] *die* composition

Zusatz [tsouzats] *der* additif

zusätzlich [tsouzètslish] ◆ *adj* supplémentaire ◆ *adv* en plus

zuschauen [tsouchaoen'] *vi* regarder

Zuschauer [tsouchaoer'] *der* spectateur

Zuschlag [tsouchlak] *der* supplément

zuschlagpflichtig [tsouchlakpflishtish] *adj* à supplément

zuschließen [tsouchlisen'] *vt* fermer à clé

zusehen [tsouzén'] *vi* regarder

Zustand [tsouchtan't] *der* état

zusteigen [tsouchtaïguen'] – **noch jemand zugestiegen?** y a-t-il quelqu'un qui vient de monter ?

zutreffen [tsoutrèfen'] – **Zutreffendes bitte ankreuzen** veuillez cocher la case correspondante

Zweck [tsvak] *der* but

Zweibettzimmer [tsvaïbèt'tsimer'] *das* chambre double

Zwetsche [tsvetche] *die* quetsche

Zwieback [tsvibak] *der* biscotte

Zwiebel [tsvibel] *die* oignon

zwischen [tsvichen'] *prép* entre

Zwischenfall [tsvichen'fal] *der* incident

Index

INDEX

Imprimé en Italie par LA TIPOGRAFICA VARESE à Varese.
Dépôt légal : mars 2013. 311156/01.
N° projet : 11021643 - mars 2013